国家税务总局税务干部学院大连校区培训教材

Social Insurance and Non-Tax Revenue

社会保险与非税收入

◉ 主　编　刘秀君
◉ 副主编　柳叶威　柏晓峰　杨　洋

东北财经大学出版社　大连
Dongbei University of Finance & Economics Press

图书在版编目（CIP）数据

社会保险与非税收入/刘秀君主编．—大连：东北财经大学出版社，2022.8

（国家税务总局税务干部学院大连校区培训教材）

ISBN 978-7-5654-4603-0

Ⅰ．社… Ⅱ．刘… Ⅲ．①社会保险-中国-教材 ②非税收收入-财政管理-中国-教材 Ⅳ．①F842.61②F812.43

中国版本图书馆 CIP 数据核字（2022）第 128994 号

东北财经大学出版社出版

（大连市黑石礁尖山街 217 号 邮政编码 116025）

网 址：http：//www.dufep.cn

读者信箱：dufep@dufe.edu.cn

大连雪莲彩印有限公司印刷 东北财经大学出版社发行

幅面尺寸：170mm×240mm 字数：375 千字 印张：19.25

2022 年 8 月第 1 版 2022 年 8 月第 1 次印刷

责任编辑：孙晓梅 王 斌 责任校对：孙 平

封面设计：原 皓 版式设计：原 皓

定价：65.00 元

国家税务总局税务干部学院大连校区培训教材编审委员会

前　言

　　为了更好地推进国家治理体系和治理能力现代化建设，中共中央印发了《深化党和国家机构改革方案》。在这个方案中明确了要对我国国税地税征管体制进行改革，将省级和省级以下国税地税机构合并，并承担所辖区域内各项税收、非税收入征管等职责。为提高社会保险资金的征管效率，将基本养老保险费、基本医疗保险费、失业保险费等各项社会保险费交由税务部门统一征收。中共中央办公厅、国务院办公厅印发的《国税地税征管体制改革方案》中进一步明确规定，自2019年1月1日起，将基本养老保险费、基本医疗保险费、失业保险费、工伤保险费、生育保险费等各项社会保险费交由税务部门征收；同时还明确指出"按照便民、高效的原则，合理确定非税收入征管职责划转到税务部门的范围，对依法保留、适宜划转的非税收入成熟一批划转一批，逐步推进"。在党中央的指示和领导下，社会保险费和非税收入征收管理体制改革工作进展顺利，到2020年年底社会保险费征收职责全部划转到税务部门，社会保险费征收部门职责划转工作已经完成；非税收入征收管理职责划转到税务部门正在逐步推进，自2019年到2021年每年都有新的非税收入划转到税务部门进行征收管理。

　　在上述改革背景下，社会保险费和非税收入征收管理工作成为税务干部重要工作职责，社会保险和非税收入知识成为税务人员急需普及的业务常识。为了帮助税务干部以及其他人员掌握社会保险和非税收入业务知识、提升业务能力，我们编写了这本《社会保险与非税收入》教材。

　　本教材根据税务干部的学习需求，本着求真务实的原则，对社会保险和非税收入知识进行了全面梳理和介绍。教材具有以下四个特点：一是及时性。社会保险和非税收入属于税务干部的新业务、新知识，本教材的编写为税务干部及时掌握社会保险和非税收入知识提供了帮助。二是系统性。本教材的内容包括基本常识、征收管理政策等，能够使税务干部系统全面地掌握社会保险和非税收入相关知识。三是时效性。本教材融入了社会保险和非税收入的最新政策，包括2021年最新的社会保险和非税收入的降费与改革相关方面的政策等内容。四是实用性。本教材在阐述基础知识与征收管理政策基础上，还编写了参考习题。本教材可以作为学习社会保险和非税收入知识的工具书，同时对于税务干部尤其是社会保险费和非税收入业务有关岗位的税务干部更为适用。本教材也可作为社会保险和非税收入相关考试的参考资料。

本教材由王化敏、孙丽英、张久慧、李晓曼、姜敏、郭成等担任编审。

本教材由刘秀君担任主编，柳叶威、柏晓峰、杨洋担任副主编。由刘秀君、王杰、李德权、黄亦发、柳叶威、柏晓峰、杨洋等共同编写。

本书共分上下两篇，共15章。第一篇为社会保险，共分7章，包括"社会保险概述""基本养老保险""基本医疗保险""生育保险""失业保险""工伤保险""社会保险费的征收"等。第二篇为非税收入，共分8章，包括"非税收入概述""行政事业性收费""政府性基金""罚没收入""政府财产性收入""彩票公益金收入及其他非税收入""非税收入的管理""税务部门征收的非税收入项目"等。其中，第一章、第五章由刘秀君、王杰共同编写，第二章由刘秀君、柳叶威共同编写，第三章、第四章由柏晓峰编写，第六章由李德权编写，第七章由刘秀君、黄亦发共同编写，第八章由刘秀君编写，第九章、第十章由柏晓峰、柳叶威共同编写，第十一章、第十四章由杨洋编写，第十二章由柏晓峰、杨洋共同编写，第十三章由柏晓峰、柳叶威共同编写，第十五章由刘秀君、柳叶威、柏晓峰共同编写。由刘秀君负责全书统稿。

由于编者水平有限，教材中的疏漏之处在所难免，恳请读者批评指正。

编　者

2022年3月

目　录

第一篇　社会保险

第一章　　　　　**社会保险概述**／1

第一节　社会保险的内涵／1

第二节　现代社会保险制度的发展历程／8

第三节　社会保险在社会保障体系中的地位／12

第四节　社会保险基金管理／18

第五节　社会保险费的构成要素／23

第二章　　　　　**基本养老保险**／30

第一节　基本养老保险概述／30

第二节　企业职工基本养老保险／36

第三节　城乡居民基本养老保险／45

第四节　机关事业单位养老保险／50

第三章　　　　　**基本医疗保险**／58

第一节　基本医疗保险概述／58

第二节　职工基本医疗保险／61

第三节　城乡居民基本医疗保险／70

第四节　基本医疗保险的补充——其他医疗保险／73

第四章　　**生育保险** / 77
第一节　生育保险概述 / 77
第二节　生育保险政策 / 81

第五章　　**失业保险** / 87
第一节　失业保险概述 / 87
第二节　失业保险政策 / 90

第六章　　**工伤保险** / 97
第一节　工伤保险概述 / 97
第二节　工伤保险政策 / 101

第七章　　**社会保险费的征收** / 111
第一节　社会保险费的征收机构 / 111
第二节　社会保险登记 / 113
第三节　社会保险费申报 / 118
第四节　社会保险费的征收 / 120

第二篇　非税收入

第八章　　**非税收入概述** / 125
第一节　非税收入的内涵 / 125
第二节　我国非税收入的发展历程 / 131
第三节　非税收入的职能与作用 / 135

第九章　　**行政事业性收费** / 137
第一节　行政事业性收费概述 / 137
第二节　行政事业性收费项目的设立和审批 / 140
第三节　行政事业性收费的管理制度 / 146

第十章　　　政府性基金 / 169
第一节　政府性基金概述 / 169
第二节　政府性基金的设立和审批 / 173
第三节　政府性基金的管理制度 / 174

第十一章　　　罚没收入 / 184
第一节　罚没收入概述 / 184
第二节　罚没收入管理制度 / 187

第十二章　　　政府财产性收入 / 194
第一节　政府财产性收入概述 / 194
第二节　国有资源（资产）有偿使用收入 / 197
第三节　国有资本收益 / 204

第十三章　　　彩票公益金收入及其他非税收入 / 208
第一节　彩票公益金收入 / 208
第二节　其他非税收入 / 212

第十四章　　　非税收入的管理 / 214
第一节　非税收入管理体制 / 214
第二节　非税收入资金管理制度 / 218
第三节　非税收入预算管理制度 / 220
第四节　非税收入票据管理制度 / 226

第十五章　　　税务部门征收的非税收入项目 / 231
第一节　教育费附加 / 232
第二节　地方教育附加 / 237
第三节　文化事业建设费 / 242
第四节　残疾人就业保障金 / 243
第五节　废弃电器电子产品处理基金 / 245
第六节　国家重大水利工程建设基金 / 247

第七节　农网还贷资金 / 251

第八节　可再生能源发展基金 / 253

第九节　大中型水库移民后期扶持基金 / 255

第十节　跨省际大中型水库库区基金 / 257

第十一节　三峡水库库区基金 / 258

第十二节　三峡电站水资源费 / 259

第十三节　核电站乏燃料处理处置基金 / 261

第十四节　免税商品特许经营费 / 263

第十五节　油价调控风险准备金 / 265

第十六节　核事故应急准备专项收入 / 267

第十七节　石油特别收益金 / 269

第十八节　水利建设基金 / 271

第十九节　2021年划转至税务部门征收的非税收入 / 273

参考文献 / 296

第一篇 社会保险

第一章
社会保险概述

第一节 社会保险的内涵

社会保险是我国社会保障制度的重要组成部分，在我国社会保障体系中处于核心地位。社会保险在人们因年老、疾病、失业、工伤、生育等面临生存风险时发挥重要经济保障作用。

一、社会保险的概念

社会保险是政府通过立法强制实施，运用保险方式处置劳动者面临的特定社会风险，并为其在暂时或永久丧失劳动能力、失去劳动收入时提供基本收入保障的法定保险制度。

（一）社会保险应对的风险

人们的生存面临着各种风险，导致缺少经济来源，无法维持基本生活。如天灾人祸导致的生活困难；弱势人群因自身的原因面临的生活困难；每个人都会面临老、病、死、伤残、失业等生存风险。对于自然灾害的风险一般通过社会救济来解决，对于弱势群体的经济保障一般由社会福利制度来解决，而社会保险应对的风险重点在于年老、疾病、死亡、伤残、失业、生育等生存风险。

（二）社会保险由政府主导

在漫长的人类发展史中，人们对于生存风险的应对，由最初的个人、家庭应对，向政府主导的社会保险进行转化。在生产力不发达时期，当意外灾祸（如战争、自然灾害等）降临时，往往只能通过家庭、邻里、亲朋好友的力量来应对，但是家庭、邻里以及亲朋好友的能力有限，不足以应对人们老、病、死、工伤、失业以及生育等风险所需大量资金，需要政府主导解决。政府建立社会保险制度，制定法律，规定参保人权利和义务，促使社会保险制度实施。另外，政府也是社会保险基金的最后兜底者，当社会保险基金不足以发放时，政府有义务解决资金不足问题。

（三）社会保险的组成

在市场经济条件下，劳动者面临的生存风险有：因年老永久丧失劳动能力失去收入来源；因患病、工伤、失业、生育而短暂丧失劳动能力失去收入来源。劳动者永久或暂时失去收入来源，造成劳动者本人及其家属生存困难，社会保险针对这些风险提供相应的资金保障。建立社会保险制度是现代文明的标志，完善的社会保险制度是社会主义市场经济的重要保证。《中华人民共和国宪法》第四十五条规定："中华人民共和国公民在年老、疾病或者丧失劳动能力的情况下，有从国家和社会获得物质帮助的权利。"《中华人民共和国社会保险法》（以下简称《社会保险法》）第二条规定：国家建立基本养老保险、基本医疗保险、工伤保险、失业保险、生育保险等社会保险制度，保障公民在年老、疾病、工伤、失业、生育等情况下，依法从国家和社会获得物质帮助的权利。社会保险的组成，根据社会保险应对的风险种类不同设置相应的内容。世界各国根据各自的国情以及经济发展状况，设置适合本国的社会保险项目。目前，社会保险一般包括养老保险、失业保险、医疗保险、工伤保险、生育保险、伤残保险、遗嘱保险等项目。我国的社会保险包括基本养老保险、基本医疗保险、失业保险、工伤保险、生育保险五个险种。

1. 基本养老保险

我国基本养老保险包括企业职工基本养老保险、机关事业单位基本养老保险、城市居民基本养老保险、新型农村基本养老保险。2014年国务院发布《关于建立统一的城乡居民基本养老保险制度的意见》（国发〔2014〕8号），将城市居民基本养老保险与新型农村基本养老保险两项保险制度合并实施，在全国范围内建立统一的城乡居民基本养老保险制度。

2. 基本医疗保险

我国基本医疗保险包括职工基本医疗保险、城镇居民基本医疗保险、新型农村合作医疗保险，2016年国务院发布《关于整合城乡居民基本医疗保险制度的通知》（国发〔2016〕3号），整合城镇居民基本医疗保险和新型农村合作医疗两项制度，建立统一的城乡居民基本医疗保险（以下简称城乡居民医保）制度。

3. 失业保险

市场经济条件下必然会产生失业现象，失业会使人们失去生活来源，面临生活困境。而失业保险在一定程度上缓解了生活困难，有效地应对人们的失业风险。

4. 工伤保险

工伤风险包括职业病和工伤伤害，工伤风险导致的后果是增加医疗费用、因病暂时不能工作没有收入而生活困难、可能导致身体的残疾终身不能工作乃至失去生命。工伤保险对于遭受工伤伤害的人员及其家属给予资金保障，起到防范风险和保障待遇的作用。

5. 生育保险

妇女因怀孕和分娩会暂时从工作岗位中退出来不能工作、会发生产前检查以及分娩费用。为了保障妇女权益，保障劳动力的再生产，国家建立了生育保险制度，为生育妇女提供医疗服务、生育津贴和享受产假等待遇，有效应对生育风险。

（四）社会保险的保障程度

社会保险保障程度一般指保障人们的基本生活需要。当然，随着国家经济的发展，社会保险的待遇会逐步提高。

二、社会保险的特点

社会保险的内涵决定了它具有强制性、互助性、普遍性、福利性和权利与义务对应性等特征。

（一）强制性

强制性是社会保险的首要特性，概括为以下方面：

（1）社会保险由国家通过法律手段强制实施。国家通过法律规定了被保险人的权利和义务。个人要享受社会保险待遇，必须参加保险，用人单位和个人必须缴纳社会保险费，个人达到法定条件才能享受社会保险的待遇。国家利用法律约束社会保险管理部门依法履职，保障社保费要依法及时、足额征收，社保基金要安全合规运营。对于没有按照社保相关法律规定缴纳申报费的，要受到相应的处罚。

（2）社会保险的"强制性"体现为社会保险的约束性，它是社会保险制度贯彻实施的重要保证。社会保险法律制度的内容一般包括资金的筹集、资金的管理和资金的发放等制度，具体包括管理机构的设置、参保人、社会保险的征收客体、征收比例、待遇的领取条件、享受的待遇及待遇的发放、基金的管理等。

（3）我国《社会保险法》规定用人单位和职工必须参加社会保险，缴纳社会保险费，职工个人保险费的缴纳，由用人单位在支付工资时统一扣除。用人单位和个人要按时足额缴纳社会保险费，用人单位有义务代替职工代扣代缴社会保险费，否则将依法处以罚款。用人单位未按规定缴纳和代扣代缴社会保险费的，由人力资源和社会保障行政部门或者税务机关责令限期缴纳；逾期仍不缴纳的，除补缴欠缴数额外，从欠缴之日起，按日加收一定比率的滞纳金。滞纳金并入社会保险基金。

（二）互助性

1.社会保险的互助性特征，首先体现在社会保险费的来源上

社会保险费的来源由国家财政补助、用人单位和个人缴费、基金投资收益、滞纳金等组成，其中用人单位缴费和个人缴费是社会保险费的重要来源。社会保险费由多方承担，来源多种，形成社会保险基金。由于各项风险不是集中大量发生，保险待遇的发放只是基金中的一部分，而不是全部。大家共同缴费，按享受待遇的条件进行支付，抵御相应的社会风险。

2.社会保险的互济性体现为地区之间、人群之间的互济性

我国经济存着在地区间发展的不平衡性，退休人员和在岗人员的比例不一样。经济发达的地区，退休人员少，年轻人多，相对来讲社会保险基金就会充裕；而经济欠发达地区，年轻人少，退休人员相对多一些，导致社会保险基金相对少一些。我国职工基本养老保险实行省统筹，就是在省范围内，对职工基本养老保险基金统一进行筹划，让退休金相对充裕的地方资金用于资金不足地方退休人员的待遇发放，实现地区间的互济。企业职工基本养老保险采取省统筹制度，未来实行全国统筹制度，就是体现了养老保险基金富裕地区对资金短缺地区的帮助。社会保险覆盖的用人单位和个人越多，缴纳保险费越多，互助互济性就越突出。

（三）普遍性

社会保险的普遍性体现在以下三个方面：

1.社会保险保障的风险范围的普遍性

人们普遍面临的生、老、病、死、残及失业等风险都涵盖在社会保险保障的范围内。

2.社会保险保障的人群的普遍性

社会保险让全体公民都要享受保险制度的保障，制度涵盖的人群具有普遍性。一般社会保险在一国范围内实施的规律是，先在有工资收入者及其家属中实施，然后推广到全体居民，使所有社会成员都能得到保障。在我国，社会保险制度的发展初期，社会保险制度仅仅覆盖机关事业单位和国有企业的职工，涉及面较窄。随着时间的推移，我国社会保险覆盖的范围逐渐扩大。从机关事业单位、国有企业的职工，扩大到所有用人单位的职工，再到城乡居民，我国基本养老保险和基本医疗保险制度覆盖了所有人群。从覆盖的地区来看，既包括城镇职工和居民，也包括农村人口。

（四）福利性

社会保险不同于商业保险，政府实行社会保险制度的初衷是保障民众的生存安全，政府不以营利为目的。为了保障社会保险事业的顺利进行和可持续发展，在社会保险基金支付出现困难时，政府作为社会保险资金的兜底者，对于城乡居民基本

养老保险和城乡居民基本医疗保险基金都给予一定的资金补助，以确保社会保险待遇及时足额发放，保证社会保险制度能够可持续进行。

（五）权利与义务对应性

社会保险待遇享受以缴纳社会保险费为前提，社会保险有的险种由用人单位和个人共同缴纳，比如，职工基本养老保险、机关事业单位基本养老保险、职工基本医疗保险、失业保险。有的险种社会保险年费只由用人单位缴纳，比如工伤保险和生育保险。有的险种由个人缴纳，比如灵活就业人员的社会保险费。有的险种由个人和政府缴纳，比如城乡居民基本养老保险、城乡居民基本医疗保险。总之，只有缴纳社会保险费才可能享受社会保险待遇，不缴费不享受待遇。

三、社会保险的方针

按照《社会保险法》第三条的规定，社会保险制度坚持"广覆盖、保基本、多层次、可持续"的方针，社会保险水平应当与经济社会发展水平相适应。这十二字方针对我国社会保险制度从时间上、保障水平上、保险体系上、保障范围上做出了明确的指示。

（一）社会保险的方针

1. 广覆盖乃至全覆盖

广覆盖是指不断扩大社会保险覆盖面，尽量扩大社会保险参保范围，使更多的人参加社会保险，享受社会保险待遇，帮助公民抵御生存的各种风险。我国建立了适合不同人群的社会保险制度。我国社会保险制度从国有企业到非国有企业、机关事业单位；从城镇职工到灵活就业人员，再到城乡居民。其中，个人基本养老保险、基本医疗保险实现了制度全覆盖，在制度上使人人享有老有所养、病有所医。工伤保险、生育保险、失业保险适用于职业人群。

（1）从人员上广覆盖。我国先后建立了企业职工社会保险、灵活就业人员社会保险、城乡居民社会保险、机关事业单位社会保险。

（2）从地域上，我国社会保险制度覆盖了城乡广大居民，除了城镇就业人员参加社会保险以外，我国建立了城乡居民养老保险制度、城乡居民医疗保险制度，将广大城乡非就业人员纳入社会保险保障体系范围内。对进城务工农民、被征地农民的社会保险问题也做出相应规定，确保在城镇化和工业化过程中因征地拆迁而失去土地的农民、流动就业的农民不被遗漏在制度之外。

2012年10月，在中国共产党的第十八次代表大会上，我国将建立社会保险制度基本方针中的"广覆盖"改为"全覆盖"。

2. 保基本

保基本体现的是社会保险保障水平是保障参保者的基本生活水平。社会保险需要大量资金，社会保险水平应当跟经济发展水平相适应。不能超前消费，否则会加重国家、用人单位和个人缴费负担，进而导致社会保险待遇无力发放、社会保险制度不可持续性，甚至导致国家的破产。社会保险待遇水平超出经济发展水平，待遇高标准，又会使有劳动能力的人过分依赖社会保险而妨碍人们劳动的主动性、创造性的发挥，不利于经济的发展；社会保险保障水平也不能低于经济发展水平，要让公民享受经济发展的成果。

我国现阶段仍处于社会主义的初级阶段，从人均收入看我国经济水平仍属于发展中国家水平。我国经济底子薄、人口众多，地区发展不均衡。社会保险保基本，与我国经济状况相适应，符合我国的现有国情。随着国家经济的发展，社会保险的待遇会相应地提高。《社会保险法》规定了要建立基本养老保险金正常调整机制，根据职工平均工资增长、物价上涨等情况，适时提高基本养老保险待遇标准。

3.多层次

多层次是指社会保险的制度体系的多元化，如我国养老保险制度既包括基本养老保险，也有补充养老保险。基本养老保险体系包括企业职工基本养老保险、灵活就业人员基本养老保险、城乡居民基本养老保险、机关事业单位基本养老保险等，补充养老保险包括企业年金制度和职业年金制度等。医疗保险包括基本医疗保险，也包括补充医疗保险，如大病医疗保险等。我国多层次的社会保险，利于人们更好地抵御生存风险。

4.可持续

可持续是指社会保险的时间延续性是长期行为，体现的是长效运行机制。只要人们生存风险没有解除，社会保险就要相应承担责任。因为社会风险长期存在，所以要求社会保险要坚持可持续性。社会保险的可持续性有利于民众化解生存风险、提高生活安全性，为公民更好生活解除后顾之忧。随着人口老龄化程度的加重，社会保险可持续性面临着巨大的挑战。为了保障社会保险事业可持续发展，需要严格依法足额缴纳社会保险费，征收部门要做到应收尽收。对社会保险基金要严格管理，打击骗取保险及其他违法行为。对社会保险基金要进行合理的投资，在保证资金安全性的基础上，获取投资收益。

四、社会保险的基本原则

（一）权利与义务相对应

劳动者享有社会保险的法定权利，同时又负有不可推卸的责任和义务。参保者只有在履行了法定义务之后，才能享受社会保险待遇。

每个劳动者在享有参加社会保险权利的同时，必须负有缴纳社会保险的责任和义务。社会保险权利和义务对等的原则，有利于增强个人预防风险的责任，提高自我保障的意识，也能够减轻政府的负担。参保人必须参加劳动、参加社会保险、缴纳保险费，这是社会保险规定的个人义务；个人只要按照法律规定标准缴费，就能享受社保待遇，这是个人的社会保险的权利。社会保险的权利和义务不能孤立存在。

（二）公平与效率相统一

社会保险待遇水平既要体现社会公平的因素，确保每一个劳动者都能维持基本生活，又要适度体现不同劳动者之间的差别，以提高用人单位和劳动者参保缴费的积极性。社会保险的公平原则，包括社会保险制度设计要公平，这是社会保险的起点公平；社会保险的标准要统一、覆盖面要广泛、待遇水平要公平。社会保险的效率原则，对个人而言，社会保险多缴多得，少缴少得；对于社会保险管理而言，社会保险费征收效率高，基金管理科学、规范，这也体现了效率的原则。

社会保险制度改革力求做到公平与效率兼顾、统一与差别并重。

（三）待遇水平与生产力发展水平相适应

社会生产力发展水平决定社会保险待遇水平。在不同的生产力发展阶段，社会保险待遇水平也相应不同。如果社会保险超越生产力发展阶段，提供过高的待遇水平，会加重国家、用人单位和个人缴费负担，可能导致社会保险待遇无力发放、社会保险制度不可持续，甚至引发国家的破产。社会保险待遇水平超出经济发展水平，待遇高标准，又会使有劳动能力的人过分依赖社会保险而妨碍其主动性、创造性的发挥而不利于经济的发展。社会保险保障水平也不能低于经济发展水平，要让公民享受经济发展的成果。我国现阶段仍处于社会主义初级阶段，人均收入水平在世界上排名不占优势，国家经济底子薄、人口众多，地区发展不均衡，社会保险低起点，符合我国的现有国情。我国社会保险起步低、保障公民的基本生活与我国经济状况相适应。当然，随着国家经济的发展，社会保险的待遇会相应地提高。《社会保险法》规定了要建立基本养老保险金正常调整机制，根据职工平均工资增长、物价上涨等情况，适时提高基本养老保险待遇标准。

五、社会保险的主要功能

（一）抵御风险的功能

社会保险是人类生存的"安全网"，有助于抵御生存风险。人们常见的生存风险包括年老、疾病、生育、工伤、失业等风险。风险的产生有的来自人们自身的自然规律，如年老、疾病、生育；也有来自意外风险事故，如工伤；有的来自客观经济环境，如失业。而这些风险存在会使人们收入减少、费用增加，生活出现困难。社会保险正是针对上述风险进行制度设置，目的是应对以上几种生存风险。不同的社会保险险种其待遇不同，如我国基本养老保险重点解决人们的养老金待遇、死亡的丧葬费以及抚恤金待遇，实现老有所养；基本医疗保险重点解决人们治病方面的费用补偿问题，实现病有所医，摆脱因病致贫的局面等。

（二）促进社会稳定的功能

社会保险是社会的"稳定器"，一方面能够使社会成员增强安全感，改善对未来生活的心理预期；另一方面也能够缓解社会矛盾，有利于构建和谐社会环境，从而起到稳定社会的作用。

（三）调节收入再分配的功能

社会保险是收入分配的"调节器"，社会保险是收入再分配的重要手段。比如，社会保险中的失业保险制度，对于失去收入来源的失业人员给予失业保险待遇；另外，国家对于城乡居民养老保险和医疗保险给予资金资助，保障城乡居民能够减轻生活和就医负担，承担一定的收入再分配的职能。

（四）促进经济良性循环发展

1. 社会保险是经济周期的"减震器"

市场经济发展会出现周期性波动，在经济低迷，出现大量失业时，可以通过失业保险保障失业人员生活，促进消费，拉动需求，带动经济发展；当经济高涨时，社会保险支出相应减少，抑制需求，使经济平稳运行。

2. 社会保险也是经济的助推器

一方面，社会保险为经济发展提供稳定的社会环境，促进经济发展；另一方面，社会保险为市场经济的发展提供新的劳动力，维持劳动力再生产的可持续性。生育保险保障了因生育暂时退出劳动岗位的妇女的基本生活需要。对妇女给予生育津贴、产假和生产医疗费等相关待遇，使劳动力的供给和正常再生产成为可能，为经济建设和可持续发展提供了劳动力后备军。

第二节　现代社会保险制度的发展历程

现代社会保险制度随着经济发展而产生并不断地完善。国际上，德国、美国、英国等国家在社会保险的发展历程中占有重要地位。我国社会保险制度虽然起步晚，却取得了令人瞩目的巨大成就，我国保险制度体系不断完善。

一、国外现代社会保险制度的沿革

（一）初创阶段

现代意义上的社会保险制度产生于德国，其标志是俾斯麦政府建立的社会保险制度。19世纪末期德国处于工业化时代，拥有了大量的产业工人。资本家为利所驱，压榨工人，克扣待遇。工人面临着疾病、年老、工伤、失业以及家属生存风险。由于马克思主义思想的影响，当时德国工人的觉悟普遍很高，工人为了争取自己的权利，与资产阶级斗争风起云涌。为了保障国家经济的发展以及维护工人利益，俾斯麦政府先后颁布了工人医疗、工伤、养老方面的保险制度。这些制度分别是1883年颁布的《疾病社会保险法》、1884年颁布的《工伤事故保险法》和1889年颁布的《老年和残障社会保险法》，用于保障工人及其家属在疾病、养老、工伤方面的待遇。这些法律都是以单个险种制度规定为主。之后，德国政府将这些法规综合为单一的《德意志帝国民法典》，于1910年实施。这是世界上第一个具有完整社会保险体系的法典，开创了当今世界社会保险制度的先河。

德国的现代社会保险制度以立法的形式规定了参保人的权利与义务，保障的内容包括年老、疾病、工伤和失业等劳动者所面临的最主要的社会风险，明确了雇主和雇员的权利与义务，明确了享受保险的待遇要以缴费作为前提，保险费用由雇主、雇员、国家多方共同负担。社会保险费的共同承担，成为现代社会保障制度的重要标志。在德国的保险制度基础上，许多国家开始建立起具有现代社会保险性质的社会保险制度。

（二）发展阶段

这一阶段的代表国家是美国。1929年到1933年爆发了世界经济危机。受经济危机的影响，世界各国经济出现剧烈下滑。工人大量失业，人们缺少经济来源，在养老、疾病、失业风险的应对上人们显得力不从心。美国经济也同样蒙受巨大损失，工人失业，老年人的养老储蓄化为乌有，政府社会救济制度已经无法应对这样的局面。罗斯福政府为了挽救经济、改善民生待遇，采用凯恩斯经济理论，实行国家干预经济政策，建立新的社会保障制度。1935年，在罗斯福总统的领导和主持下，美国国会通过了《社会保障法》，美国历史上第一部社会保障法典生效。

"社会保障"词条首次问世就源于美国《社会保障法》，作为世界首部完整的社会保障法典，其不仅包含了社会保险的内容，也涵盖了社会救助、社会福利等方面的内容。美国的社会保险制度强调个人在社会保障中的义务。美国的《社会保障法》已经超越了社会保险的范畴，使得社会保障体系更加完备。

（三）完善与改革阶段

这一阶段的代表国家是英国。第二次世界大战期间，英国受到战争的影响，导致人们生活水平急剧下降，伤、残、病、死、穷等问题特别突出。剑桥大学经济学院院长贝弗里奇教授负责研究社会保障计划，提出了第二次世界大战后重建社会保险制度的解决方案。

1942年，贝弗里奇发表了著名的《社会保险和相关服务》报告，又称"贝弗里奇报告"，提出建立全社会的国民保险制度，包括养老保险制度、住房保险制度、伤残赔偿制度、医疗保险制度、生育保险制度等内容。其中有许多福利待遇，如全方位的医疗和康复待遇、为儿童设立的子女补贴，打破了由家庭承担的职能，因此，英国的社会保险更具有福利性。"贝弗里奇报告"明确基金来源于国家、雇主、个人缴费，提出了建立社会保障的多层次如社会保险、国民救助、自愿保险等内容；提出在国家保障的同时，也要强调个人的责任；国家对公民提供从摇篮到坟墓，从生到死的一切安全保障。英国政府采纳了贝弗里奇的建议，1948年，英国社会保障体系全面完成。英国政府对外宣布英国建成了福利国家。英国的社会保障制度被许多国家效仿，世界上出现了许多福利国家。

"贝弗里奇报告"使社会保障性待遇成为公民的一项基本权利，它对完整的现代社会保障制度的结构与轮廓进行了开创性的界定，社会保险制度也得以进一步完善。

由于福利国家的社会保险模式需要国家投入大量资金，近些年来，福利性社会保险给西方国家财政带来了沉重的负担，国外也一直在改革并探讨新的社会保险管理模式。

二、中华人民共和国社会保险制度发展概述

（一）计划经济体制下的社会保险制度

中华人民共和国成立后，为适应计划经济体制的需要，我国建立了适应当时经济条件的劳动保险制度，主要内容包括企业职工的养老保险和劳保医疗制度、机关事业单位的养老保险和公费医疗制度，其特点是国家出资、单位管理。其弊端主要有：第一，覆盖面过于狭窄，主要局限于用人单位的职工；第二，保障层次单一，国家和用人单位大包大揽，职工不缴费，缺乏自我保障意识；第三，企业办社会，分散企业精力，经营亏损时职工权益难以保障；第四，保障项目不全，如否认社会主义存在失业，没有失业保险，国有企业进人容易、减人困难，形成大量冗员等。由于历史原因，导致我国社会保险制度建设出现了很长一段时间停滞期。

（二）改革开放后各项社会保险制度的建立和完善

随着我国经济体制改革的不断深入，1986年4月通过的《中华人民共和国国民经济和社会发展第七个五年计划》在我国首次提出了社会保障的概念，提出要有步骤地建立具有中国特色的社会保障制度。1993年通过的《中共中央关于建立社会主义市场经济体制若干问题的决定》把社会保障制度列为社会主义市场经济框架的五大环节之一，标志着社会保障制度改革进入社会保障体系建设的新时期。

改革开放后我国各项社会保险制度得以建立并完善，由于后面各个章节都有各险种发展历程介绍，为了避免重复，这里只作简单介绍。

1.企业的社会保险制度改革和完善

20世纪80年代以来，我国首先建立的是与就业有关的社会保险制度。

（1）职工基本养老保险。20世纪90年代，企业职工基本养老保险制度先从覆盖国有企业再扩大到其他企业。我国企业职工养老保险费实行由国家、企业和个人共同负担的办法，实行社会统筹和个人账户相结合制度。明确规定企业职工基本养老保险的缴费标准、计发方法，建立参保缴费的约束机制等；职工基本养老保险制度更加规范化。

（2）职工医疗保险。1994年开始建立社会报酬和个人账户相结合的职工医疗保险制度，它涵盖了所有的就业人员，职工医疗保险走上了完善和发展的道路。

（3）失业保险。1999年《失业保险条例》颁布，标志着我国失业保险制度初步建成。

（4）工伤保险。1996年《企业职工工伤保险试行办法》规范了我国工伤保险制度，工伤保险走上了完善发展的道路。

（5）生育保险。1994年颁布的《企业职工生育保险试行办法》标志着规范的生育保险制度的建立。从此，生育保险处于不断改革和完善中。

2. 机关事业单位基本养老保险改革

自2014年10月1日起，将机关事业单位工作人员的退休保障制度改革成为基本养老保险制度，实行社会统筹和个人账户相结合模式。

3. 灵活就业人员社会保障制度

（1）2005年规定城镇个体工商户灵活就业人员可以参加企业职工基本养老保险，缴费比例为20%，其中8%记入个人账户，退休后按企业职工基本养老金计发办法计发基本养老金。

（2）灵活就业人员可以参加职工基本医疗保险，纳入职工基本医疗保险范畴。

4. 城乡居民社会保险制度

（1）城乡居民基本养老保险

1992年我国建立了农村居民养老保险制度，称为"老农保"，1998年暂停"老农保"制度，2009年实行了新型农村养老保险制度，称为"新农保"。2011年针对城镇居民建立城镇居民基本养老保险，2014年将"新农保"和城镇居民基本养老保险整合成城乡居民基本养老保险。

（2）城乡居民基本医疗保险

2003年制定了新型农村合作医疗制度，2004年开展试点工作。2007年实行城镇居民基本养老保险制度，2016年将新型农村合作医疗制度与城镇居民基本养老保险制度进行合并，成为统一的城乡居民医疗保险制度。

（三）社会保险法治化建设

2010年10月，我国颁布了《社会保险法》，并于2011年7月1日起施行。这是中华人民共和国成立以来第一部社会保险制度的综合性法律，确立了中国社会保险体系的基本框架。《社会保险法》规定，国家建立基本养老保险、基本医疗保险、工伤保险、失业保险、生育保险等社会保险制度。基本养老保险包括职工基本养老保险、新型农村社会养老保险和城镇居民社会养老保险；基本医疗保险包括职工基本医疗保险、新型农村合作医疗和城镇居民基本医疗保险。该法经过10多年的实践，已经比较成熟。其实施细则也有了具体规定。《社会保险法》的颁布实施是我国社会保险制度走向法治化的重要标志，我国社会保险制度发展进入新阶段，这是社会保险制度的巨大进步。

（四）社会保险费征收机构改革

我国长期以来社会保险费征收机构存在多元化问题。20世纪90年代初期，我国有多个社会保险费征收机构，既有社保经办机构负责的，也有税务部门代征的情况，征收部门不统一，征收职责不明确。这种多部门的征收增加了征收成本，也不方便缴费人缴费。为此，国家对征收机构进行改革，明确规定自2019年1月1日开始由税务部门征收各项社会保险费，这也是社会保险费征收制度的重大改革，有益于国家机构的整合以及职责的明晰。对于提高社保费足额征收、保障社会保险基金应收尽收、保障待遇发放起到重要作用。

到2020年年底，社会保险费征收职责完全划转到税务部门。

（五）建立养老保险基金中央调解制度

2018年，我国建立了养老保险基金中央调解制度。中央调剂基金由各省份养老保险基金上解的资金构成，2018年按照各省份职工平均工资的90%和在职应参保人数作为计算上解额的基数，上解比例从3%起步，逐步提高。2019年到2021年上解比例分别为3.5%、4%、4.5%。中央调剂基金实行以收定支，当年筹集的资金按照人均定额拨付的办法全部拨付地方。养老保险基金中央调解制度的建立有利于均衡地区间企业职工基本养老保险负担，促进养老保险制度可持续发展，也是我国基本养老保险实现全国统筹的初步尝试。

我国社会保险制度取得了巨大的成就，社会保险事业发展进入新时期。

第三节　社会保险在社会保障体系中的地位

社会保障是构建和谐社会的重要基础，是人类社会的"稳定器"和"安全网"，社会保障制度直接关系着亿万百姓的切身利益，是全面建成小康社会，构建社会主义和谐社会的重要内容。社会保障问题是全社会关注的热点问题，社会保障制度属于政府主导。根据国际劳工组织《社会保障最低标准公约》（1952），对于人们共同面对的社会风险，包括老年（含病残和遗属抚恤）、疾病、伤残、生育、工伤、失业、死亡和家庭困难等，社会保障都相应设立了子项目。

一、社会保障的定义

社会保障是指国家和社会通过立法对国民收入进行分配和再分配，对社会成员特别是生活有特殊困难的人的基本生活权利给予保障的社会安全制度。社会保障的本质是维护社会公平进而促进社会稳定发展。《中华人民共和国宪法》规定："中华人民共和国公民在年老、疾病或者丧失劳动能力的情况下，有从国家和社会获得物质帮助的权利。"

二、社会保障的功能

（一）保障基本生活

保障公民的基本生活，是社会稳定和经济发展的前提，也是社会保障最核心的功能。国家建立社会保障体系，保障公民的基本生活，免除劳动者的后顾之忧，不仅是经济发展和社会稳定的需要，也是人权保障的重要内容，是社会进步的体现。如今，社会保障已经成为国际公约和绝大多数国家法律明确规定的公民的一项基本权利。

（二）维护社会稳定

19世纪资本主义国家之所以要创建社会保障制度，其根本原因就是要以此巩固资本主义生产方式，缓和阶级矛盾，维护资产阶级政权的统治和社会稳定。所以说，社会保障是工人阶级长期斗争的结果。第二次世界大战后，社会主义在许多国家取得胜利，促使资本主义国家政府更加重视社会保障，加大力度发展社会福利事业，其根本目的就是缓和阶级矛盾，维持资产阶级统治。我国是社会主义国家，社会主义国家的本质是解放、发展生产力，消灭剥削，消除两极分化，最终实现共同富裕。实行社会保障，有利于缩小社会贫富差距，增进社会整体福利，是社会主义国家实现共同富裕目标的一项重要手段，从而从根本上维护社会稳定。

（三）促进经济发展

（1）社会保障可以调节社会总需求，平抑经济波动。当经济衰退而失业率上升、人民生活水平下降时，失业保险和社会救济有助于提高社会购买力，拉动有效需求，促进经济复苏；当经济高涨而失业率下降时，社会保障支出相应缩减，从而使即期的社会总需求不致过度膨胀。而且，政府可以通过调整社会保障费（税）率和待遇支付标准，主动调节社会总需求，减少经济波动。

（2）社会保障基金的长期积累和投资运营有助于完善资本市场。我国股市产生的时间短，经常中期性波动，风险加大，要么投资过热，要么就过于低迷，股价不能反映企业的价值。社会保险基金大规模参与对于平抑市场价格走势起到重要作用。

（3）社会保障确保劳动者在丧失经济收入或劳动能力的情况下，能维持自身及其家庭成员的基本生活，保证劳动力再生产进程不致受阻或中断。同时，国家还可以通过生育、子女抚育和教育津贴等形式对劳动力再生产给予资助，以提高劳动力资源的整体素质。

（四）保持社会公平

社会保障是市场经济国家保持社会公平的一种重要手段，其作用主要表现在两个方面：一是通过保障全体社会成员的基本生活，在一定程度上消除社会发展过程中因意外灾害、失业、疾病等因素导致的机会不均等，使社会成员尽可能平等地参与市场公平竞争；二是通过在全体社会成员之间的风险共担，实现国民收入的再分配，缩小贫富差距，减少社会分配结果的不公平。

三、我国社会保障体系的内容

社会保障体系由国家通过立法制定。随着国家经济社会的发展，社会保障体系的项目会不断地完善，保障全社会成员基本生存与生活需要，特别是保障公民在年老、疾病、伤残、失业、生育、死亡、遭遇灾害、面临生活困难时的特殊需要。国家通过国民收入分配和再分配实现。由社会福利、社会保险、社会救助、社会优抚和安置等各项不同性质、作用和形式的社会保障制度构成整个社会保障体系。社会保险、社会救助和社会福利共同构成了社会保障体系的主体。党的十八大报告提出，要统筹推进城乡社会保障体系建设。要坚持全覆盖、保基本、多层次、可持续方针，以增强公平性、适应流动性、保证可持续性为重点，全面建成覆盖城乡居民的社会保障体系。

（一）我国社会保障的组成内容

1. 社会保险

（1）概念

社会保险是政府通过立法强制实施，运用保险方式保护劳动者面临的特定社会风险，并为其在暂时或永久丧失劳动能力、失去劳动收入时提供基本收入保障的法定保险制度。社会保险在社会保障体系中居于核心地位，它是社会保障体系的最重要组成部分，是实现社会保障的基石。社会保险的目的是保障被保险人的基本生活需要，养老保险、医疗保险、工伤保险、失业保险和生育保险属于最基本性的需要，是基本的社会保障内容，具有普遍性，受众人群也最多。社会保险的针对人群是法定范围内的社会劳动者。社会保险的手段以补偿劳动者的收入损失为内容。社会保险的资金主要是由国家资助，社会补助，用人单位（雇主）、劳动者（雇员）依法缴费共同形成的。

（2）基本内容

在我国，社会保险体系包括基本养老保险、基本医疗保险、失业保险、工伤保险、生育保险。其中，基本养老保险涵盖企业职工基本养老保险、机关事业单位基本养老保险、城乡居民基本养老保险；基本医疗保险包括职工医疗保险、城乡居民医疗保险。

2. 社会福利

社会福利分为广义的社会福利和狭义的社会福利。广义的社会福利是全体公民普遍受益的福利制度，它处于社会保险最高层次。努力增加国民的待遇，是社会保障制度建立的终极目标，体现了以人为本的发展理念。狭义的社会福利是指对社特殊人群的照顾，如对孤寡老人、残疾人、孤儿的生活照顾。

（1）广义的社会福利在社会保障体系中的地位。广义的社会福利，属于高层次的社会保障举措。它覆盖全体国民，当一个国家达到很高的经济水平，人民生活水平也很高时，社会福利制度往往会被当作社会保障的重心。广义的社会福利依赖于经济的更好的发展，为福利事业提供资金的保障。

（2）我国社会福利制度体系是针对特殊人群，如那些生活困难的孤寡老人、孤儿和残疾人等提供生活保障而建立的制度。我国的社会福利制度通过法律保障实施。如《中华人民共和国老年人权益保障法》、《中华人民共和国残疾人保障法》和《农村五保供养工作条例》等法律法规，对城市孤寡老人、依法规定的残疾人和孤儿设立福利机构，政府出钱供养，对农村孤寡老人、符合供养条件的残疾人和孤儿实行集中供养与分散供养相结合；可以开办福利企业容纳残疾人就业，国家还通过设立残疾人就业保障基金帮助帮残疾人获取就业机会。

3.社会救助

社会救助的目的是保障被救助者的最低生活需要，社会救助的对象主要是生活困难的低收入人群以及灾民，社会救助的基金来源主要是国家及社会群体。

我国社会救助以最低生活保障和灾民救助制度为基础，以医疗、教育、住房、司法等专项救助为辅助，以优惠政策相配套，以社会互助为补充。政府责任明确，社会广泛参与。我国已经建成了与经济社会发展水平相适应的、覆盖城乡的社会救助体系。我国的社会救助体系切实保障困难群众的基本生活，促进社会稳定和经济社会和谐发展。我国的社会救助体系包括针对城乡贫困人口的基本生活救助，以及五保户救济；还包括各项专项救助，包括医疗救助、住房救助、教育救助以及法律援助；再就是临时、应急救助，包括城市流浪乞讨人员救助、自然灾害救助以及临时救助。

社会救助是最低层次的社会保障举措，也是最早产生的社会保障制度。首先，它覆盖的对象是社会底层的人群，即贫困个人和家庭，受众数量有限；其次，保障的待遇相当于当地的最低生活水平。按照贫困人口约为全体人口10%或10%以下的国际通用标准，如果社会救助完善，至少可以保障全国10%的居民生活安定，有利于国家社会安定。

4.社会优抚

社会优抚的保障对象是军人及其家属，是社会保障的特殊构成部分，属于特殊范围的社会保障。社会优抚安置目的是优待和抚恤；社会优抚的基金来源是国家财政拨款。

5.补充保险

补充保险包括企业年金、职业年金、商业保险等。

（1）企业年金制度

为了提高劳动者在退休后的待遇水平，国家在职工基本养老保险的基础上，推出了企业年金制度作为基本养老保险的补充，退休人员除了享受来自统筹账户发放的基础养老金和个人账户养老金以外，还能享受到来自企业年金账户的养老金待遇。我国2017年发布的《企业年金办法》中规定，企业年金按照不超过企业职工工资总额的8%缴纳，企业的职工按照不超过本人工资的4%进行缴纳。

由于企业效益存在差异，国家规定企业年金制度采取自愿原则。

（2）职业年金制度

职业年金制度是针对机关事业单位职工建立的制度。用人单位按工资总额的8%缴纳，个人按工资收入的4%缴纳，用人单位和个人缴纳的资金都进入个人年金账户，由国家规定机构进行投资运作。职业年金不得提前支取，到退休时按月享受年金账户养老保险待遇。职业年金制度是基本养老保险制度的重要补充。按照机关事业单位养老改革办法规定，机关事业单位要强制参加职业年金制度。

（3）商业保险

商业保险包含养老保险、医疗保险和意外伤害险等。

（二）社会保险与商业保险的关系

社会保险是在传统商业保险的基础上产生的，社会保险与商业保险共同发挥作用，更好地应对人们的生存风险。在市场经济条件下，二者不能互相代替，缺一不可。

1. 社会保险与商业保险的共性

（1）都基于特定风险事故的共同分担

商业保险和社会保险都是针对人们生存的特定风险给予经济补偿。二者应对的风险包括年老、疾病、意外等，都是集中多数人的资金对于发生风险的人给予补偿。因为人们发生风险的时间和地点是不同的，集合众人的资金对发生风险的人进行给付是社会保险和商业保险共同的特点。

（2）都是处理偶然性损失

偶然性损失是不可预知的、不期望发生的，在被保险人控制之外的。比如什么时候生病、生什么病、病的程度都不可预知，商业保险和社会保险处理的都是偶然性的损失。

（3）同样进行风险转移

风险转移是风险管理的一种重要技术。在商业保险中，纯粹的风险都转移到保险人身上；在社会保险中，被保险人的风险全部或部分地转移到社会保险制度系统上，通过风险转移机制，提供社会保障。

（4）都对被保险人的损失进行补偿

风险事件发生导致被保险人遭受经济损失，保险赔偿针对被保险人进行全部或部分现金补偿。

（5）两者都须缴纳足够的保险费来应付保险制度所需费用

保险制度的正常运转需要足够的保险资金作后盾。商业保险由各保险公司经营，商业保险的补偿资金来源于保险人的缴费，保险人只有缴纳保费，保险关系才能建立。被保险人不缴纳商业保险，就不能享受商业保险赔付待遇。社会保险也是一样，养老保险、医疗保险、失业保险都需要用人单位和个人缴纳规定的保险费，在满足条件下才能享受相应的保险待遇；工伤保险和生育保险个人不缴费，但用人单位必须缴纳保险费用，职工才能享受生育保险和工伤保险待遇。没有足够的保险费来源就不能及时足额地赔付。

2. 社会保险与商业保险的区别

（1）实施方式不同

社会保险由国家立法强制实施，属于政府行为，凡是符合法定条件的劳动者，都必须按照国家法律规定参加社会保险；商业保险则是一种经营行为，保险人与投保人之间遵循平等自愿原则，自主投保。

（2）实施目的不同

社会保险是劳动者的基本权利，不以营利为目的，其出发点是为了保障劳动者的基本生活，维护社会稳定；商业保险是金融企业的经营活动，根本目的是获取利润，在此前提下按照保险合同给予经济补偿。

（3）特征不同

社会保险具有强制性、互济性、福利性和普遍性；商业保险具有自愿性、赔偿性和营利性。

（4）资金来源不同

社会保险费用按照国家或地方政府规定的统一缴费比例进行筹集，行政强制实施；资金来源于用人单位和个人的缴费，同时政府作为主体，是社会保险费的最后兜底者，一定程度上政府需要对社会保险费进行补助。商业保险费视险种、险情而定，由投保人承担，保险公司作为中介人，不负担任何费用。

（5）政府承担的责任不同

社会保险是公民享有的一项基本权利，政府对社会保险承担最终的兜底责任；商业保险受市场竞争机制制约，政府职责主要是依法对商业保险进行监管，保护投保人的利益。

（6）立法范畴不同

社会保险是国家对劳动者应尽的义务，属于劳动立法范畴；而商业保险是一种金融活动，属于经济立法范畴。

（7）保障水平不同

社会保险金支付是根据投保人缴费年限（工作年限）、在职工资水平等条件，按规定付给，以保障最基本生活为前提；而商业保险金是按照签订的经济合同给付，只要符合投保条件，被保险人可以获得高水平的保障。

（8）实施主体和对象不同

社会保险由各级政府成立专门机构负责基金筹集、支付和管理，其对象是法定范围内的社会成员，制度涵盖全体民众；商业保险则由各保险公司进行自主经营，为了保证盈利性，商业保险对被保险人具有选择性。

社会保险是多层次社会保障体系的主体，商业保险可以作为社会保险的补充，是多层次社会保障体系的一个组成部分。

四、社会保险在社会保障中的地位

（1）从险种上来看，社会保险保障的风险包括生、老、病、死、伤残、失业等，这些是每个人都要面对的风险，也是社会保障最重要、最基本的项目。从项目来看社会保险是社会保障的核心。所以社会保险制度属于基本层次的社会保障举措。

（2）从受众的人群来看，社会保险覆盖的对象是社会中绝大多数人，也就是用自己脑力、体力劳动获取生活资料而赖以为生的劳动者群体，包括工薪劳动者群体和个体劳动者群体。劳动者群体是社会财富，包括物质财富和精神财富的主要创造者群体，是繁衍人口的基本群体，是保家卫国的主力军。

（3）社会保险在社会保障支出中需要的资金最多，任务最重。社会保险支付的费用在所有现代国家的社会保障支出中都占最大比例，其中，养老保险和医疗保险是整个社会保障体系中需要资金最大的两项。

（4）社会保险保障受益人的基本生活水平，维持生存，有利于社会的安定。社会保险事业做得好也是保障民生的重要体现，所以社会保障往往被当作社会保险看待，甚至混为一谈。当一个国家的社会保险制度非常完善，其运行机制非常科学有效时，那么这个国家的广大劳动者的生活就会有基本的保障，社会生产同样也会得到保证。

综上所述，社会保障是社会的稳定器和安全网，而在社会保障体系中，社会保险是最重要、最基本的项目，是社会保障制度的核心。

第四节　社会保险基金管理

社会保险制度的实施，包括基金的筹集、基金账户管理、预算管理、使用管理、投资管理以及监督管理等。社会保险基金的筹集，是整个社会保险制度的首要环节，需要采取一定的筹资模式保证社会保险基金的合理筹集，为后续的发放提供资金的支持。本节围绕着社会保险基金来源、筹集模式、基金具体管理展开。

一、社会保险基金来源

社会保险基金来源有政府补贴、用人单位和个人缴费、社会保险基金投资收益、社会捐赠以及其他来源。

（一）政府补贴

社会保险的主导者是政府，城乡居民养老保险和城乡居民医疗保险除了个人缴款外，由政府进行补助；在社会保险基金不能满足保险待遇发放时，政府负责兜底，不足部分由政府财政资金来解决。

（二）用人单位和个人缴费

用人单位和个人缴费构成了社会保险基金的重要来源。除了工伤保险和生育保险由用人单位单独缴纳外，其他各项保险需要用人单位及其职工个人共同缴纳。用人单位及其职工必须强制参加社会保险，职工个人的保险费用由用人单位代扣代缴，为职工代扣代缴社会保险费是用人单位的法定义务。城乡居民养老保险和城乡居民医疗保险需要个人缴纳保险费，灵活就业人员的养老保险和医疗保险基金由个人缴费构成。城乡居民的养老保险、医疗保险以及灵活就业人员参加保险采取自愿的原则。

（三）社会保险基金投资收益

社会保险基金的投资收益即社会保险基金投资运营所获得的收益。实行完全积累制或部分积累制筹集社会保险基金的国家，当年的保险基金总额扣除当年保险给付后的余额可用来进行投资运营，其投资运营的收入也是社会保险基金的重要来源。

（四）社会捐赠

社会捐赠是由社会团体、经济组织和个人自愿向社会保障部门捐款。由此所募集的资金，也成了社会保险基金的重要来源之一。

（五）其他来源

其他来源包括滞纳金和违反法律规定的社保费罚款收入等。

二、社会保险的筹资模式

社会保险基金的筹集模式包括现收现付式、完全积累式、部分积累式三种形式。

（一）现收现付制

1.定义

现收现付制是根据一个缴费周期（通常指一年）预测需要支付的保费数量，根据需要支付的保险费数量，对用人单位和个人按一定的比例进行筹集，一般余额很小。通常做法是社会保险基金根据上年度实际开支总额，加上年度预计增支的总额求得应付社会保险费数额，当年提取比率则是根据预测需求总额占工资总额的比例确定的。有的国家采取征社会保险税的形式筹集收入，有的国家以收费的形式筹集社会保险资金。此种筹资方式一般要使提取总额略大于预测支付总额，支付之后能略有结余但结余很少。从世界上来看，现收现付制在社会保险筹资模式中占主导地位。中华人民共和国成立初期的养老保险采用的就是现收现付筹资模式，由用人单位缴费和国家财政拨款共同构成养老保险基金，按期向退休者支付养老金。此种模式虽然无须担忧大量资金结余所带来的保值升值和资金安全问题，却也使用人单位和国家财政背上了过重的负担。

2.优缺点

（1）现收现付制的优点

政府通过集中筹集资金，来应对社保待遇的发放。基金余额很少，可以避免通货膨胀造成的社会保险基金贬值的风险，也不用考虑社保基金投资运营保值增值的问题，而且这种模式简便易行，便于管理，可依需求增长及时调整征缴比例，保持收支平衡。这种筹资方式属于代际间的互助行为，共同应对年老失去生活来源的风险，如一些国家的养老保险基金由用人单位和在岗人员缴税（费）筹集，用于支付退休人员的工资，起到了在岗人员对退休人员的帮助。

（2）现收现付制的缺点

这种筹资模式缺乏长远规划，没有必要的储备积累，难以应付人口老龄化的危机，随着一国人口老龄化趋势的加快、老年人口的增多和社会保险待遇水平的提高，社会保险缴费提取比例也随之上升，个人、企业、国家的负担加重，甚至导致支付危机。同时，减少了整个社会的资金储蓄渠道，不利于经济发展。

（二）完全积累制

1.定义

完全积累制是以纵向平衡原则为指导的筹资模式，该模式是将当年的社会保险缴费完全用于社会保险基金积累，并全部记入受益人的个人账户，在达到一定条件后（如退休）再从社会保险个人账户支取社会保险待遇。这种模式的主要特征是：建立个人账户，雇主与雇员的缴费全部记入雇员的个人账户；保险待遇支付是缴费确定型；个人账户积累基金进行投资运营，缴费额和投资回报率决定保险待遇水平。

2.优缺点

（1）完全积累制的优点

社会成员为自己参加社会保险缴费，这样可以大大提高个人缴费的积极性，同时也可以实现自我保障，在人口老龄化高峰到来时，不会引起代际冲突。

（2）完全积累制的缺点

互济性差。以养老保险为例，完全积累制的筹资模式不能改变那些终生收入低、年老劳动能力下降后的社会成员的困境，也很难抵御社会成员因长寿而带来的风险。另外，庞大的基金储备也难以抵御通货膨胀等市场风险，基金保值增值难。世界上只有少数几个国家社会保险实行完全积累式。

（三）部分积累制

1. 定义

社会保险的部分积累制筹资模式综合现收现付制和完全积累制两种模式的优点，消除弊端，将社会保险基金的筹资分成两个部分，即社会统筹账户部分和个人账户部分，社会统筹账户采用现收现付式，用于解决现在退休人员养老待遇发放需要，个人账户基金来自个人的缴费，采取完全积累式作为个人以后退休资金的一部分。我国用人单位养老保险和医疗保险都采用这种模式。我国《社会保险法》第十一条规定："基本养老保险实行社会统筹与个人账户相结合。"基本养老保险基金由用人单位和个人缴费以及政府补贴等组成。以我国职工基本养老保险为例，用人单位除个别省市低于工资总额的16%以外，其他地区都按照工资总额的16%缴纳保险费，进入社会统筹账户，采取现收现付制，作为企业退休人员的养老待遇的一个组成部分；企业在岗职工按上年月工资平均数额的8%缴纳养老保险费，进入个人账户，个人账户部分采取基金积累制，个人将来退休后每月按一定比例领取个人账户资金作为退休资金的一部分。个人退休金由统筹账户发放的基础养老金和个人账户的基金加上收益的一定比例组成。

2. 优缺点

（1）部分积累制的优点

将现收现付制和完全积累制两种模式结合起来的目的是吸收这两种模式的优点，既要保证参保人的待遇，又为社会经济发展增加了储蓄基金，有利于经济发展。这也是全球社会保险制度的创新。

（2）部分积累制的缺点

由于受利率、工资增长率、通货膨胀率以及人口因素变动的影响，收支平衡模型趋于复杂，基金积累充足度受到了挑战。另外，如果社会统筹基金与个人账户基金不严格执行分账管理，当社会统筹基金不能满足社会保险待遇发放需要时，考虑动用个人账户积累的基金支付社会保险待遇，将导致个人账户成为"空账户"，弥补亏空的养老金仍要政府补助，加重了财政负担。

三、社会保险基金管理

（一）账户管理

社会保险基金按照险种划分为基本养老保险基金、基本医疗保险基金、工伤保险基金、失业保险基金和生育保险基金。各基金要纳入财政专户管理，分别建账，分别核算。社会保险基金按照收付实现制进行核算。

（二）预算管理

社会保险基金进行预算管理能够保障社会保险费从筹集到支出按计划指标执行，体现了社会保险从筹集到支出的规范性，便于对基金进行监督管理，提高基金使用的安全性，保障社会保险的可持续发展。

社会保险基金预算编制要坚持收支平衡、略有结余的原则，不能搞赤字预算。社会保险基金预算编制要在结合考虑上年预算执行情况下，结合当年社会保险参保人数、领取人数的变化情况，缴费基数变化情况，经济变化情况等编制预算。

社会保险基金预算按照统筹层次分为全国社会保险基金预算和地方社会保险基金预算，地方社会保险基金预算包括省级、市级预算等。也可以按照险种单独编制预算。

（三）使用管理

社会保险基金要严格遵守专款专用、专户储存的原则，社会保险基金的发放应合法合规，任何单位和个人不得挪用。社会保险经办机构的办公经费和人员经费由财政出资，不得挤占社保基金。任何单位违法违规骗取社会保险基金都要负相应的法律责任。

（四）投资管理

社会保险采用完全积累式和部分积累式筹集来的基金数额巨大，社保基金关乎老百姓生存安全，社保基金保值增值尤其重要，社保基金管理首先考虑基金的安全性，其次是投资收益性。为了应对通货膨胀，做到社保基金保值增值，应该进行规划，合理投资。

投资管理应遵循安全性、收益性、流动性以及分散性等基本原则，社会保险基金的投资途径包括存入银行、购买债券、进行资本投资等。

社会保险投资方式可以是政府直接投资，也可以采取委托投资方式。

（五）监督管理

社会保险基金监督管理部门包括行政部门、审计部门以及人民代表大会。监督的事项包括财务监督、征收监督、支付监督以及结余监督。

财务监督内容包括：社会保险政策、法规；合理组织、筹集、支付、运营社会保险基金的整个财务活动。

征收监督内容包括：企业申报的职工工资总额、职工人数、少缴漏缴社会保险费情况、缴费数据的真实性等；社会保险经办机构是否存在入账不及时、社会保险基金是否被挤占挪用、收入户资金是否按规定及时足额转入财政专户等。

支出监督内容包括：支出项目、数额是否合法合规；数额是否准确；是否挪用社会保险基金；受益人是否存在骗取社会保险基金的行为。

结余管理的重点在投资运营监督上，任何地区、部门、单位和个人都不得动用结余基金进行其他任何形式的直接或间接投资（养老保险个人账户基金除外），不得用于平衡财政预算或挪作他用。对结余基金的监督主要包括：是否按照社会保险基金投资原则进行投资；有无挤占挪用基金及非法动用基金；是否按规定及时足额拨入支出户等。

第五节　社会保险费的构成要素

社会保险费的构成要素是确定社保费数额和社保费征管的重要因素，社会保险费的构成要素具体包括参保范围、缴费基数以及缴费标准。社保费具体数额是由社保缴费基数的一定比例或者固定费额来确定的。

一、社会保险费的参保范围

社保费的参保范围跟社会保险的覆盖范围一致，在我国社会保险的参保范围包括用人单位和个人。

（一）用人单位

用人单位包括所有的企业、事业单位、机关单位、按照公务员法管理的单位、参照公务员法管理的机关（单位）按照规定参加保险，缴纳保险费用。企业和事业单位需要缴纳的社会保险种类有企业职工基本养老保险、职工医疗保险、失业保险、工伤保险和生育保险，机关需要缴纳社会保险费的险种有养老保险、医疗保险及生育保险。

（二）个人

社保费涉及个人缴费按照不同社保体系来划分：基本养老保险缴费个人，包括城镇职工、机关事业单位员工、灵活就业人员以及城乡居民：基本医疗保险缴费个人，包括城镇职工、机关事业单位员工、灵活就业人员以及城乡居民；失业保险的缴费个人，包括城镇职工、事业单位职工。

个人不用缴纳生育保险和工伤保险，生育保险和工伤保险费由用工单位缴纳。

二、社会保险费的缴费基数

社会保险费的数额是按照缴费基数的一定比例来确定的。

社会保险的缴费基数是指缴纳社保费的标的物，即对什么征费。它是计算用人单位和个人缴费数额的重要数据和基础，也是发放社会保险待遇的重要依据。社会保险缴费基数也是税务机关征收社保费的主要要素，企业申报社保费的基数也是税务部门社保费检查的重点。缴费基数每年确定一次。社会保险缴费基数跟职工工资相关联，社保缴费基数随着经济的发展不断增长。

（一）缴费基数的类别

缴费基数包括用人单位的缴费基数和个人缴费基数。用人单位社保缴费基数以本单位职工工资总额作为缴费基数，或者以本单位职工个人缴费基数之和作为基数。社保缴费实践中一般以本单位职工上年月平均工资总额或者上月职工工资总额作为缴费基数，也可以以本单位职工上年个人缴费基数之和或者上月职工个人缴费之和作为缴费基数，企业社会保险缴费基数和企业年金缴费基数一致，机关事业单位社会保险缴费基数和职业年金缴费基数相同。

个人缴费基数包括职工缴费基数和城乡居民缴费基数以及灵活就业人员的缴费基数。

（二）社会保险缴费基数涉及的名词

1. 灵活就业人员

灵活就业是指在劳动时间、收入报酬、工作场所、保险福利、劳动关系等方面不同于传统主流的就业方式。灵活就业人员是指在劳动年龄范围内（男60周岁、女50周岁以下）以非全日制、临时性、季节性、弹性工作等灵活多样形式实现就业或再就业的人员，包括无雇工的个体工商户、未在用人单位参加基本养老保险的非全日制从业人员以及其他灵活就业人员。具体指：自雇型就业人员，有个体经营者和合伙经营者两种类型；自主就业者，如律师、自由撰稿人、歌手、模特、中介服务工作者等；临时就业人员，如家庭小时工、街头小贩、其他类型的打零工者。

2. 社会保险年度的规定

由于社会保险费征收是以工资作为基数，而工资每年都会变化，用来衡量职工缴费上下限的当地社会平均工资就会发生改变。每年社保经办机构都需要一定时间核定下一年的社保缴费基数，这里所说的下一年被称作社会保险年度。社会保险年度各地方有不同的规定，有的自7月1日至第二年的6月30日，有的自3月1日至第二年的2月末，还有的自1月1日至12月31日。设定社会保险年度，重点是为了确定一年的缴费基数。用人单位要在每个社会保险年度起始月的前一个月向社保经办机构申报下一年度的社会保险缴费基数，包括用人单位和职工个人的缴费基数。

3. 职工工资总额

工资总额是指用人单位在一定时期内直接支付给本单位全部职工的劳动报酬总额。工资总额的计算应以直接支付给职工的全部劳动报酬为根据。工资总额由计时工资、计件工资、奖金、津贴和补贴、加班加点工资以及特殊情况下支付的工资六个部分组成。

（1）计时工资

计时工资是指按计时工资标准（包括地区生活费补贴）和工作时间支付给个人的劳动报酬。包括：

① 对已完成工作按计时工资标准支付的工资，即基本工资部分；

② 新参加工作职工的见习工资（学徒的生活费）；

③ 根据国家法律、法规和政策规定，因病、工伤、产假、计划生育假、婚丧假、事假、探亲假、定期休假、停工学习、执行国家或社会义务等原因按计时工资标准或计时工资标准的一定比例支付的工资；

④ 实行岗位技能工资制的单位支付给职工的技能工资及岗位（职务）工资；

⑤ 职工个人按规定比例缴纳的社会保险费、职工受处分期间的工资、浮动升级的工资等；

⑥ 机关工作人员的职务工资、级别工资、基础工资，工人的岗位工资、技术等级（职务）工资。

（2）计件工资

计件工资是指对已做工作按计件单价支付的劳动报酬。包括：

① 实行超额累进计件、直接无限计件、限额计件、超定额计件等工资制，按劳动部门或主管部门批准的定额和计件单价支付给个人的工资；

② 按工作任务包干方法支付给个人的工资；

③ 按营业额提成或利润提成办法支付给个人的工资。

（3）奖金

奖金是指支付给职工的超额劳动报酬和增收节支的劳动报酬。包括：

① 生产（业务）奖，包括超产奖、质量奖、安全（无事故）奖、考核各项经济指标的综合奖、提前竣工奖、外轮速遣奖、年终奖（劳动分红）等；

② 节约奖，包括各种动力、燃料、原材料等节约奖；

③ 劳动竞赛，包括发给劳动模范、先进个人的各种奖金；

④ 机关、事业单位各类人员的年终一次性奖金，机关工人的奖金，体育运动员的平时训练奖；

⑤ 其他奖金，包括从兼课酬金和业余医疗卫生服务收入提成中支付的奖金、运输系统的堵漏保收奖、学校教师的教学工作量超额酬金、从各项收入中以提成的名义发给职工的奖金等。

（4）津贴和补贴

津贴和补贴是指为了补偿职工特殊或额外的劳动消耗和因其他特殊原因支付给职工的津贴，以及为了保证职工工资水平不受物价影响支付给职工的物价补贴。

① 津贴。包括：

第一，补偿职工特殊或额外劳动消耗的津贴及岗位性津贴。包括：高空津贴、井下津贴、流动施工津贴、高温作业临时补贴、艰苦气象台（站）津贴、微波站津贴、冷库低温津贴、邮电人员外勤津贴、夜班津贴、中班津贴、班（组）长津贴、环卫人员岗位津贴、广播电视天线工岗位津贴、盐业岗位津贴、废品回收人员岗位津贴、殡葬特殊行业津贴、城市社会福利事业单位岗位津贴、环境监测津贴、课时津贴、班主任津贴、科研辅助津贴、卫生临床津贴和防检津贴、农业技术推广服务津贴、护林津贴、林业技术推广服务津贴、野生动物保护工作津贴、水利防汛津贴、气象服务津贴、地震预测预防津贴、技术监督工作津贴、口岸鉴定检验津贴、环境污染监控津贴、社会服务津贴、特殊岗位津贴、会计岗位津贴、野外津贴、水上作业津贴、艺术表演档次津贴、演出场次津贴、艺术人员工种补贴、运动队班（队）干部驻队津贴、教练员培训津贴、运动员成绩津贴、运动员突出贡献津贴、责任目标津贴、领导职务津贴、岗位目标管理津贴、专业技术职务津贴、专业技术岗位津贴、技术等级岗位津贴、技术工人岗位津贴、普通工人作业津贴及其他为特殊行业和苦脏累险等特殊岗位设立的津贴。

机关工作人员岗位津贴。包括：公安干警值勤津贴、警衔津贴、交通民警保健津贴、海关工作人员岗位津贴、审计人员外勤工作补贴、税务人员税收征收津贴（包括农业税收）、市场监督管理人员外勤津贴、人民法院干警岗位津贴、人民检察院干警岗位津贴、司法助理员岗位津贴、监察和纪检部门办案人员补贴、人民武装部工作人员津贴、监狱劳教所干警健康补贴等。

第二，保健性津贴。包括：卫生防疫津贴、医疗卫生津贴、科技保健津贴、农业事业单位发放的有毒有害保健津贴以及其他行业职工的特殊保健津贴等。

第三，技术性津贴。包括：特级教师津贴、科研课题津贴、研究生导师津贴、工人技师津贴、中药老药工技术津贴、特殊教育津贴、高级知识分子特殊津贴（政府特殊津贴）等。

第四，年功性津贴。包括：工龄工资、工龄津贴、教龄津贴、护士护龄津贴等。

第五，地区津贴。包括艰苦边远地区津贴和地区附加津贴等。

第六，其他津贴。例如：支付给个人的伙食津贴（火车司机和乘务员的乘务津贴、航行和空勤人员伙食津贴、水产捕捞人员伙食津贴补贴、汽车司机行车津贴、体育运动员和教练员伙食补助费、少数民族伙食津贴、小伙食单位补贴、单位按月发放的伙食补贴、补助或提供的工作餐等）、上下班交通补贴、洗理卫生费、书报费、工种粮补贴、过节费、干部行车补贴、私车补贴等。

②物价补贴。包括：为保证职工工资水平不受物价上涨或变动影响而支付的各种补贴，如副食品价格补贴，粮、油、蔬菜等价格补贴，煤价补贴，水电补贴，住房补贴，房改补贴等。

（5）加班加点工资

加班加点工资是指按规定支付的加班工资和加点工资。

（6）特殊情况下支付的工资

特殊情况下支付的工资包括：

①特殊项目构成的工资：

第一，发放给本单位职工的"技术交易奖酬金"。

第二，住房补贴或房改补贴。房改一次性补贴款，如补贴发放到个人，可自行支配的计入工资总额内；如补贴为专款专用，存入专门的账户，不计入工资总额统计［《国家统计局关于房改补贴统计方法的通知》（统制字〔1992〕80号）］。

第三，单位发放的住房提租补贴、通信工具补助、住宅电话补助［国家统计局《关于印发1998年年报劳动统计新增指标解释及问题解答的通知》（国统办字〔1998〕120号）］。

第四，单位给职工个人实报实销的职工个人家庭使用的固定电话话费、职工个人使用的手机费（不含因工作原因产生的通信费，如不能明确区分公用、私用均计入工资总额）、职工个人购买的服装费（不包括工作服）等各种费用［《国家统计局办公室关于印发2002年劳动统计年报新增指标解释及问题解答的通知》（国统办字〔2002〕20号）］。

第五，为不休假的职工发放的现金或补贴［《国家统计局办公室关于印发2002年劳动统计年报新增指标解释及问题解答的通知》（国统办字〔2002〕20号）］。

第六，以下属单位的名义给本单位职工发放的现金或实物（无论是否记入本单位财务账目）［《国家统计局办公室关于印发2002年劳动统计年报新增指标解释及问题解答的通知》（国统办字〔2002〕20号）］。

第七，单位为职工缴纳的各种商业性保险［《国家统计局办公室关于印发2002年劳动统计年报新增指标解释及问题解答的通知》（国统办字〔2002〕20号）］。

第八，试行企业经营者年薪制的经营者，其工资正常发放部分和年终结算后补发的部分［《国家统计局办公室关于印发2002年劳动统计年报新增指标解释及问题解答的通知》（国统办字〔2002〕20号）］。

第九，商业部门实行的柜组承包，交通运输部门实行的车队承包、司机个人承包等，这部分人员一般只需定期上缴一定的所得，其余部分归己。对这些人员的缴费基数原则上采取全部收入扣除各项（一定）费用支出后计算［国家统计局《关于印发劳动统计问题解答的通知》（制司字〔1992〕39号）］。

第十，使用劳务输出机构提供的劳务工，其人数和工资按照"谁发工资谁统计"的原则，如果劳务工的使用方不直接支付劳务工的工资，而是向劳务输出方支付劳务费，再由劳务输出方向劳务工支付工资，应由劳务输出方统计工资和人数；如果劳务工的使用方直接向劳务工支付工资，则应由劳务使用方统计工资和人数。输出和使用劳务工单位的缴费基数以谁发工资谁计算缴费基数的原则执行［国家统计局《关于印发2004年劳动统计年报新增指标解释及问题解答的通知》（国统办字

〔2004〕48号）〕。

第十一，企业销售人员、商业保险推销人员等实行特殊分配形式参保人员的缴费基数原则上由各地依据国家统计局有关规定根据实际情况确定。

②其他工资，如附加工资、保留工资以及调整工资补发的上年工资等。

（7）不列入工资总额的范围

包括以下方面：

① 根据国务院发布的有关规定发放的创造发明奖、国家星火奖、自然科学奖、科学技术进步奖，支付的合理化建议和技术改进奖以及支付给运动员在重大体育比赛中的重奖。

② 有关劳动保险和职工福利方面的费用。职工保险福利费用包括医疗卫生费、职工死亡丧葬费及抚恤费、职工生活困难补助、文体宣传费、集体福利事业设施费和集体福利事业补贴、探亲路费、计划生育补贴、冬季取暖补贴、防暑降温费、婴幼儿补贴（即托儿补助）、独生子女牛奶补贴、独生子女费、"六一"儿童节给职工的独生子女补贴、工作服洗补费、献血人员营养补助及其他保险福利费。

③ 劳动保护的各种支出。包括：工作服、手套等劳动保护用品，解毒剂、清凉饮料，以及按照国务院1963年7月19日劳动部等七单位规定的范围对接触有毒物质、矽尘作业、放射线作业和潜水、沉箱作业，高温作业等五类工种所享受的由劳动保护费开支的保健食品待遇。

④ 有关离休、退休、退职人员待遇的各项支出。

⑤ 支付给外单位人员的稿费、讲课费及其他专门工作报酬。

⑥ 出差补助、误餐补助。指职工出差应购卧铺票实际改乘座席的减价提成归己部分；因实行住宿费包干，实际支出费用低于标准的差价归己部分。

⑦ 对自带工具、牲畜来企业工作的从业人员所支付的工具、牲畜等的补偿费用。

⑧ 实行租赁经营单位的承租人的风险性补偿收入。

⑨ 职工集资入股或购买企业债券后发给职工的股息分红、债券利息以及职工个人技术投入后的税前收益分配。

⑩ 劳动合同制职工解除劳动合同时由企业支付的医疗补助费、生活补助费以及一次性支付给职工的经济补偿金。

⑪ 劳务派遣单位收取用工单位支付的人员工资以外的手续费和管理费。

⑫ 支付给家庭工人的加工费和按加工订货办法支付给承包单位的发包费用。

⑬ 支付给参加企业劳动的在校学生的补贴。

⑭ 调动工作的旅费和安家费中净结余的现金。

⑮ 由单位缴纳的各项社会保险、住房公积金。

⑯ 支付给从保安公司招用的人员的补贴。

⑰ 按照国家政策为职工建立的企业年金和补充医疗保险，其中单位按政策规定比例缴纳的部分。

4. 职工的上年度月平均工资总额

职工的上年度月平均工资总额是指职工在上一年的 1 月 1 日至 12 月 31 日整个日历年度内所取得的全部货币收入，包括计时工资、计件工资、奖金、津贴和补贴、加班加点工资、特殊情况下支付的工资。

针对用人单位工资发放形式的多样化，职工在确定缴费基数时应注意以下方面：

① 单位从职工工资中直接代扣代缴的各项社会保险费、住房公积金和个人所得税等，应纳入缴费基数；

② 单位以现金或银行存款形式支付给职工个人的交通补贴、电话补贴、误餐补贴、过节费以及支付高温、高空、井下、有毒有害等特殊岗位的津贴，应纳入缴费基数；

③ 单位通过税后利润提成或分红的办法支付给职工个人的工资，应纳入缴费基数；

④ 实行底薪制的职工，根据营业额或经营业绩提成取得的收入，应纳入缴费基数；

⑤ 实行业务承包或费用包干，单位不再报销差旅费用的职工，其承包收入中的 60% 应纳入缴费基数。

三、社会保险缴费标准

社会保险缴费标准分为比率费率和固定费额两种模式。

（一）比例费率

比例费率是以用人单位的工资总额或缴费个人的工资收入为准，规定一定的百分率，从而计算社会保险费。采用比率费率制缴纳社会保险的主要目的是补偿被保险人遭遇风险事故期间所丧失的收入，以维持其最低的生活标准，因此必须参照其平时赖以为生的收入，一方面作为衡量给付的标准，另一方面又作为保费计算的根据。我国企业、机关事业单位、灵活就业人员社会保险费以比例费率形式确定缴纳社保费。

（二）固定费额

固定费额缴费形式不是按社保基数的一定比例计算社保费数额，而是按确定数额征收社会保险费。在我国，城乡居民的养老保险和医疗保险采取固定费额形式缴费。

第一节　基本养老保险概述

我国养老保险体系包括基本养老保险、补充养老保险、个人储蓄型养老保险。其中，基本养老保险是我国社会保险最重要的组成部分，对于解决人们老年生活经济来源、实现老有所养起到重要经济保障作用。在我国，基本养老保险分为企业职工基本养老保险、城镇居民社会养老保险、新型农村居民社会养老保险，还有整合后的城乡居民基本养老保险以及机关事业单位养老保险。2014年国务院出台了《国务院关于建立统一的城乡居民基本养老保险制度的意见》。文件规定，到2020年之前，完成城镇居民基本养老保险和新型农村居民社会养老保险制度整合工作。因此，城镇居民社会养老保险和新型农村居民社会养老保险这两种保险就被城乡居民基本养老保险取代。本教材的基本养老保险只介绍企业职工基本养老保险、城乡居民基本养老保险、机关事业单位养老保险。

一、基本养老保险的内涵

（一）概念

基本养老保险，是指公民达到国家规定的缴费年限以及达到国家规定的领取养老待遇的年龄并办理退休手续以后，由国家和社会提供养老金，获取老年基本生活资金来源的保险制度。

（二）特点

基本养老保险除了具有社会保险的特点以外，还具有以下特点：

1.受众面最广、需要基金量最大、影响最广泛

由于几乎每个人都要面临年老的生存风险，基本养老保险保障的人群最广泛。在我国，基本养老保险制度已经覆盖了所有人群，即包括企业职工基本养老保险、

城乡居民基本养老保险以及机关事业单位养老保险。随着人们寿命的延长，基本养老保险需要的资金最多。基本养老保险影响最广泛。解决老有所养是每个国家都必须面对的最重要的民生问题。

2. 基本养老保险待遇享受的权利与缴费义务的一致性

（1）属于用人单位的职工，用人单位和个人都必须参加保险，缴纳保险费，缴纳保险费用是职工享受养老待遇的一个重要条件。

（2）没有用人单位的个人，在我国包括灵活就业人员和城乡居民，这些人要享受养老金待遇，必须缴纳保险费。

3. 保障基本生活

基本养老保险就是保障参保人员在老年时享受基本生活待遇，免除老年人的后顾之忧。

（三）基本原则

1. 强制性与自愿性原则

基本养老保险根据参保人群的不同，分为自愿性保险和强制性保险。对于企业职工基本养老保险、机关事业单位养老保险，由于采取用人单位和职工个人共同缴纳，所以实行强制性原则；对于灵活就业人员以及城乡居民等，由于没有在单位参加工作，社会保险费主要来源于个人缴纳，考虑到他们的实际经济状况，采取了自愿性原则。

2. 全覆盖原则

企业职工基本养老保险的制度覆盖所有的人群，即包括企业的职工、机关事业单位工作人员以及城乡居民。这里的企业包括国有企业、集体企业、个体企业、外资企业、港澳台企业以及企业化管理的事业单位等。我国基本养老保险在制度上已经实现了全覆盖。

3. 权利与义务对等原则

待遇的享受必须以缴纳保险费用为条件。用人单位的职工享受基本养老保险待遇的条件是用人单位及其职工都必须参加保险，依法按时足额缴纳保险费用；没有用人单位的个人只能自己按照国家规定依法按时足额缴纳保险费用。依法按时缴纳基本养老保险费也是社会保险的权利与义务对等原则的具体体现。

4. 待遇水平调整机制原则

企业职工基本养老保险待遇不是固定不变的，随着经济的发展和通胀率的上升，企业职工养老保险待遇会相应提高，体现了国家对退休人员的照顾。

（四）我国基本养老保险体系

我国基本养老保险目前包括企业职工基本养老保险、城乡居民基本养老保险、机关事业单位养老保险。

二、基本养老保险的发展历程

（一）世界养老保险起源和发展

在工人阶级斗争的强大压力下，德国于1889年颁布《老年和伤残保险法》，这标志着现代社会养老保险的诞生。19世纪末到20世纪上半叶，欧洲各国先后建立了强制性的养老保险制度。20世纪30年代，美国爆发了空前的经济危机，许多退休者无法维持基本生活。为此，美国于1935年制定了《社会保障法》，建立起一整套老年及孤寡人员保险制度，目的在于保证所有合法劳动者都能享受到最低水平的退休收入。

（二）我国基本养老保险发展历程

我国基本养老保险制度发展的脉络是先从用人单位开始建立养老保险制度，机关事业单位以及企业的职工享受养老保险待遇，养老保险费用由政府和企业负担，个人不用缴费；没有就业单位的人员不能享受养老保险待遇。为了减轻政府和企业的负担，我国社会保险逐渐向政府、企业和个人共同承担养老费用进行转化。享受基本养老保险的人群从机关事业单位、企业，到灵活就业人员，再到广大城乡居民，社会保险制度实现了全覆盖。

1. 企业基本养老保险制度的建立和发展（1951—1992年）

企业基本养老保险制度经历了养老保险费由国家、企业共同承担，向国家、企业以及个人共同承担的转化。

（1）起步阶段（1951—1965年）

1951年2月26日政务院颁布了《中华人民共和国劳动保险条例》（以下简称《劳动保险条例》），这标志着我国开始建立基本养老保险制度，到1965年逐步走向正规化和制度化。

（2）停滞阶段（1966—1984年）

从1966年到1976年，是我国养老保险制度遭遇严重破坏的阶段，社会保险基金统筹调剂制度停止，相关负担全部由企业自理，社会保险变成了企业保险，正常的退休制度中断。

（3）恢复与发展完善时期（1985年至今）

在这个阶段，我国结合国际先进理念，创新发展了社会保险的筹资模式，实行社会统筹与个人账户相结合的养老保险模式，改变了养老金的确定办法，建立了基本养老金增长机制，实施了基本养老金社会化发放。

主要包括以下几个方面：

①实行养老保险费三方负担与社会统筹

自1984年开始，我国由企业负担的"企业保险"先后实行了养老保险费社会统筹。在国有企业率先实行按工资一定比例统一筹集资金，离退休人员养老金统一支付，并逐步扩大到各级城镇企业。

1991年6月，国务院发布《国务院关于企业职工养老保险制度改革的决定》（国发〔1991〕33号），实行养老保险费社会统筹改革，改变养老保险费由国家、企业负担的模式，实行国家、企业、个人三方共同负担，提出建立基本养老保险、企业补充养老保险和个人储蓄养老保险相结合的多层次养老保险体系。

②社会统筹与个人账户相结合试点

1993年，党的十四届三中全会通过《中共中央关于建立社会主义市场经济体制若干问题的决定》，提出了养老保险实行社会统筹与个人账户相结合的原则。1995年3月，国务院发布《国务院关于进一步深化企业职工养老保险制度改革的通知》（国发〔1995〕6号），确定了我国企业职工养老保险制度改革的目标和社会统筹与个人账户相结合的原则，对建立个人账户、基本养老金计发办法等重大问题作了重大改革。同时还提出了社会统筹与个人账户相结合的具体办法，并允许各地结合本地实际情况选择试点。

③建立统一企业职工基本养老保险制度

1997年7月，国务院发布《国务院关于建立统一的企业职工基本养老保险制度的决定》（国发〔1997〕26号），提出在1998年年底前，在全国范围内实行统一的企业职工基本养老保险制度。

④养老保险省级统筹改革

1998年，国务院出台《国务院关于实行企业职工基本养老保险省级统筹和行业统筹移交地方管理有关问题的通知》（国发〔1998〕28号），要求1998年年底以前，各省、自治区、直辖市（以下简称省、区、市）实行企业职工基本养老保险省级统筹（以下简称省级统筹），建立基本养老保险基金省级调剂机制，调剂金的比例以保证省、区、市范围内企业离退休人员基本养老金的按时足额发放为原则。2000年，在省、区、市范围内基本实现统一企业缴纳基本养老保险费比例，统一管理和调度使用基本养老保险基金，对社会保险经办机构实行省级垂直管理。

在1998年8月31日以前实行基本养老保险行业统筹（以下简称行业统筹）企业的基本养老保险工作，按照先移交后调整的原则，全部移交省、区、市管理。自1998年9月1日起，由省、区、市社会保险经办机构负责收缴行业统筹企业基本养老保险费和发放离退休人员基本养老金。跨省、区、市的，按单位或其分支机构的注册登记地进行属地划分，其基本养老保险工作分别移交所在省、区、市社会保险经办机构管理。

2019年4月国务院办公厅发布《国务院办公厅关于印发降低社会保险费率综合方案的通知》，明确各省必须在2020年年底前实现职工基本养老保险省级统筹。

⑤完善城镇社会保障体系试点

2000年，国务院发布《关于完善城镇社会保障体系的试点方案》（以下简称《试点方案》），提出了进一步完善社会保障体系的基本原则和目标任务，确定了调整和完善我国社会养老保险的主要政策，决定于2001年在辽宁省及其他省（自治区、直辖市）确定的部分地区进行试点。2004年，试点扩大到东北的吉林省和黑龙江省。其试点方案主要包括以下四个方面：

第一，确定企业缴费比例。企业缴费比例一般为企业工资总额的20%左右，高于20%的地区可暂时不变。企业缴费不再划入个人账户，全部纳入社会统筹基金，并以省为单位进行调剂。

第二，调整并逐步做实个人账户。职工个人按本人工资的8%缴纳，并全部记入个人账户。个人账户规模由本人缴费工资的11%调整为8%。个人账户逐步做实，企业缴费不再划入。

第三，统筹基金和个账基金分别管理。社会统筹基金不能占用个人账户基金，做实后的个人账户基金由省级社保经办机构统一管理和运营。

第四，改革基本养老金计发办法。基本养老金由基础养老金和个人账户养老金组成。缴费累计满15年的人员，退休后发给基本养老金，以个人累计缴费年限为参数计算计发比例，每满一年增发一个百分点；累计缴费不满15年的人员，不发给基本养老金，个人账户储存额一次性支付给本人；个人账户养老金为职工退休时个人账户储存额除以按城镇人口平均预期寿命、本人退休年龄、利息确定的计发月数。

⑥完善企业职工基本养老保险制度

由于我国人口老龄化的加剧，基本养老保险基金存在缺口，挤占了个人账户的资金，为了坐实个人账户，2005年年底，我国对企业职工基本养老保险制度进行了改革，具体做法有：

第一，逐步做实个人账户。在东北三省试点的基础上，扩大做实个人账户试点，确定河南等8个省、市、区进行做实个人账户试点。

第二，改革基本养老金计发办法。从2006年1月1日起，个人账户的规模统一由本人缴费工资的11%调整为8%，全部由个人缴费形成，单位缴费不再划入。

缴费年限累计满15年的人员，退休后按月发给基本养老金；基本养老金由基础养老金和个人账户养老金组成；基础养老金月标准以当地上年度在岗职工月平均工资和本人指数化平均缴费工资的平均值为基数，缴费每满一年发给1%；个人账户养老金月标准为个人账户储存额除以计发月数，计发月数根据职工退休时城镇人口平均预期寿命、本人退休年龄、利息等因素确定。同时对其他人员做出了相应的规定。

第三，鼓励个体工商户和灵活就业人员参保并统一了参保政策。当前及今后一个时期，要以非公有制企业、城镇个体工商户和灵活就业人员参保为重点，扩大基本养老保险覆盖范围。以个体身份参保的人员缴费基数为当地上年在岗职工平均工资，缴费比例为20%，其中8%记入个人账户，退休后按企业职工基本养老金计发办法计发基本养老金。

第四，2018年国家建立了职工基本养老保险中央调剂制度，用于平衡各省之间的养老保险待遇的发放问题。

第五，2019年社会保险费制度改革，职工基本养老保险用人单位缴费比例可以降到16%。低于16%的地方要实行过渡办法。到2020年年底职工基本养老保险实行省级统筹。

2. 城乡居民基本养老保险

（1）农村居民养老保险制度的建立

1992年我国建立了农村居民养老保险制度，称为"老农保"，1998年暂停"老农保"制度。2009年为了改善农村居民养老待遇，我国发布了《关于开展新型农村居民社会养老保险试点的指导意见》（国发〔2009〕32号），标志着我国农村居民养老保险制度的建立。

（2）城镇居民养老保险制度的建立

2011年，为了保障城镇居民的养老待遇，我国颁布了《国务院关于开展城镇居民社会养老保险试点的指导意见》（国发〔2011〕18号），从此，城镇居民养老保险制度在我国得以建立。

（3）农村居民养老保险与城镇居民养老保险制度的合并实施

2014年2月，国务院颁布了《国务院关于建立统一的城乡居民基本养老保险制度的意见》（国发〔2014〕8号），明确指出，到"十二五"末期在全国基本实现新型农村居民社会养老保险与城镇居民社会养老保险合并实施。规定到2020年前，全面建成公平、统一、规范的城乡居民基本养老保险制度。

3. 机关事业单位养老保险制度的建立

长期以来，我国养老保险制度实行机关事业单位养老保险制度和企业职工养老保险制度的"双轨制"模式，存在待遇不公的情形。依据《国务院关于机关事业单位工作人员养老保险制度改革的决定》（国发〔2015〕2号），自2014年10月1日开始实施机关事业单位养老保险制度改革，实行社会统筹和个人账户相结合的模式。这标志着我国机关事业单位养老保险制度的建立。

至此，我国养老保险制度从制度层面覆盖了所有的人群，在制度上做到了"老有所养"。

第二节　企业职工基本养老保险

我国企业职工基本养老保险建设始于20世纪80年代，经过不断的发展日趋完善。企业职工基本养老保险为企业职工退休后提供基本经济来源，能够解除职工后顾之忧，实现老有所养和维护社会安定。

企业职工基本养老保险简称职工基本养老保险，是指用人单位及其职工依法缴纳养老保险费用达到法定领取养老金待遇的社会保险制度。用人单位及其职工必须强制参加职工基本养老保险并缴纳保费，代扣代缴职工保费是用人单位的法定职责。职工基本养老保险费用由用人单位和个人共同承担，当职工养老基金短缺不足以发放时，由国家和政府提供补助。

一、企业职工基本养老保险的内涵

（一）概念

企业职工基本养老保险，是指企业职工达到国家规定的缴费年限以及达到国家规定的领取养老待遇的年龄并办理退休手续以后，由国家和社会提供养老金，获取老年基本生活资金来源的保险制度。

（二）特点

企业职工基本养老保险具有以下特点：

（1）待遇享受针对的是所有企业的职工。

（2）保险费来源由用人单位和职工个人共同缴纳。

（3）企业职工基本养老保险待遇享受的权利与缴费义务的一致性。

（4）企业职工基本养老保险实行省统筹筹资模式。

用人单位和职工个人都必须参加保险，缴纳保险费，用人单位和职工个人缴纳保险费用是职工享受养老待遇的一个重要条件。

（三）基本原则

1.企业职工基本养老保险实行强制性原则

企业职工基本养老保险实行强制性原则，目的在于养老保险保障制度的可持续性和养老待遇的及时发放。

企业职工基本养老保险要求用人单位及其职工都要强制参加保险，缴纳保险费，缴费是用人单位和职工个人的法定义务。职工个人缴费由用人单位代扣代缴。对于不按法律规定缴纳保险费，国家规定了具体的处罚措施。

2.权利与义务对等原则，待遇的享受必须以缴纳保险费用为条件

用人单位的企业职工享受基本养老保险待遇的条件是用人单位及其职工都必须

参加保险，依法按时足额缴纳保险费用，没有用人单位的个人只能自己按照国家规定依法按时足额缴纳保险费用。依法按时缴纳基本养老保险费也是社会保险的权利义务对等原则的具体体现。

3.待遇水平调整机制原则

随着经济的发展，养老保险的待遇水平会随之提高。

二、企业职工基本养老保险的筹资模式和资金基金来源

（一）职工养老保险的筹资模式及账户内容

1.采取部分积累模式

我国职工基本养老保险筹资模式采取部分积累式，即社会统筹和个人账户相结合模式，用人单位及其职工共同承担养老保险费。用人单位基本养老保险费，记入基本养老保险统筹基金，用于支付退休金的基础养老金部分。我国企业缴纳基本养老保险费要全面实行省级统筹。职工缴纳基本养老保险费，资金属于个人所有，具有储蓄性质，记入个人账户，不得提前支取，退休时从个人账户领取个人账户养老金。

无雇工的个体工商户、未在用人单位参加基本养老保险的非全日制从业人员以及其他灵活就业人员参加基本养老保险的，应当按照国家规定缴纳基本养老保险费，分别记入基本养老保险统筹基金和个人账户。

2.职工个人账户相关内容

企业职工的个人账户由用人单位代替办理，在社会保险经办机构开立个人账户，并办理个人缴费登记。个人账户号码是居民身份证代码。个人账户记载的主要信息有：姓名、性别、社会保障号码、参加工作时间、视同缴费年限、个人首次缴费时间、个人历年缴费基数、历年缴费月数、历年记账利息、个人账户储存额等信息。

个人账户所有权属于职工个人，用于记录职工个人缴纳的养老保险费以及缴费产生的利息金额。个人账户资金包括个人的社保费缴费以及保费利息。国家规定养老保险个人账户利息不得低于银行存款定期利息并免征利息税。余额可以继承，但资金不得提前支取。职工达到退休条件后按月领取个人账户退休金待遇。因此，个人账户是个人缴费数据的重要记录，也是领取个人账户养老金的重要数据来源和依据。

（二）企业职工养老保险的基金来源

基金来源主要包括以下几个方面：

（1）用人单位和个人的缴费；

（2）政府补助；

（3）基金的利息；

（4）其他收入，如滞纳金等。

三、企业职工基本养老保险的参保范围

《社会保险法》第十条规定："职工应当参加基本养老保险，由用人单位和职工共同缴纳基本养老保险费。无雇工的个体工商户、未在用人单位参加基本养老保险的非全日制从业人员以及其他灵活就业人员可以参加基本养老保险，由个人缴纳基本养老保险费。"

企业职工基本养老保险的参保范围具体包括：

（一）城镇各类企业及其职工

城镇各类企业职工是城镇职工养老保险的主力军，是制度最先覆盖的人群，具体包括以下三类：

（1）国有企业、城镇集体企业、外商投资企业、城镇私营企业和其他城镇企业职工，包括企业招用的在中国境内合法就业的外国人、企业招用的农民合同制职工。

（2）社会力量所办学校等民办非企业单位职工。

（3）机关事业单位编制外已签订劳动合同或已形成事实劳动关系的人员。

（二）城镇个体工商户及其从业人员、灵活就业人员

个体工商户是有经营能力的公民，其经市场监督管理部门登记，从事工商业经营。个体工商户业主及其雇员和帮工应当参加城镇职工养老保险。1997年，《国务院关于建立统一的企业职工基本养老保险制度的决定》（国发〔1997〕26号）规定："进一步扩大养老保险的覆盖范围，基本养老保险制度要逐步扩大到城镇所有企业及其职工。城镇个体劳动者也要逐步实行基本养老保险制度，其缴费比例和待遇水平由省、自治区、直辖市人民政府参照本决定精神确定。"

灵活就业人员是指以非全日制、临时性、季节性、弹性工作等灵活多样的形式实现就业的人员。这类人员在工作时间、劳动报酬、工作场所、劳动关系等方面与传统的建立在工厂制度基础上的劳动者不一样，有的没有用人单位，有的与用人单位没有建立固定的劳动关系，但是他们提供了某种形式的劳动，有劳动收入，可以将他们纳入职工基本养老保险覆盖范围内。随着现代经济社会的发展，尤其是技术的进步和经济结构的变化，就业形式会越来越灵活，灵活就业人员会越来越多，将其纳入职工基本养老保险覆盖范围内，有利于扩大基本养老保险的覆盖面，保护灵活就业人员的社会保险权益。考虑到灵活就业人员的收入情况不同，其参加基本养老保险完全由个人缴费，并采取自愿参加的形式。

四、企业职工基本养老保险的缴费基数和缴费标准

企业职工基本养老保险基金主要由用人单位和个人承担。

《社会保险法》第十一条规定："基本养老保险实行社会统筹与个人账户相结合。基本养老保险基金由用人单位和个人缴费以及政府补贴等组成。"《社会保险法》第十二条规定："用人单位应当按照国家规定的本单位职工工资总额的比例缴纳基本养老保险费，记入基本养老保险统筹基金。职工应当按照国家规定的本人工资的比例缴纳基本养老保险费，记入个人账户。无雇工的个体工商户、未在用人单位参加基本养老保险的非全日制从业人员以及其他灵活就业人员参加基本养老保险的，应当按照国家规定缴纳基本养老保险费，分别记入基本养老保险统筹基金和个人账户。"

（一）用人单位缴费基数和缴费标准

1. 缴费基数

《社会保险法》规定用人单位缴纳基本养老保险的基数为企业职工工资总额。2006年国家对社会保险缴费基数做了进一步规范，规定用人单位的缴费基数可以是企业职工总额，也可以是本单位职工个人缴费基数之和。实践中，企业职工基本养老保险实行的是省级统筹，未来要实行全国统筹，统一缴费基数的口径势在必行。自2019年开始，逐步用个人缴费基数之和来核定用人单位缴费基数。

2. 缴费标准

2019年5月以前，用人单位缴纳基本养老保险的比例为20%，为了减轻企业负担，国家实行了阶段性降低企业缴纳的养老保险比例，比例降为19%。国家规定企业职工基本养老保险单位缴费比例超过19%的省、区、市，单位缴费比例降至19%的省、区、市，基金累计结余可支付月数高于9个月的，可阶段性执行19%的单位缴费比例至2019年4月30日。具体比例由省、区、市人民政府确定，各地实际征收比例也不一样，具体的比例由基本养老保险的抚养比例来确定。2019年社保费降费政策规定，职工基本养老保险用人单位的缴费比例可以降到16%。

基本养老保险抚养比例，是指在职职工与退休人员的数量之比。比例越大，说明在岗职工越多。基本养老保险费缴费多，而退休人员少，领取退休金数额少，基本养老保险基金余额相对充裕，这样的地方职工基本养老比例就低一些。有的地方，退休人员比较多，又要做实个人账户，用人单位缴费比例比其他地区高。过高的缴费基数和缴费比例，增加了企业负担，影响了职工工资增长。经济欠发达地区缴费比例高，也影响了这些地区的竞争力。因此，提高养老保险的统筹层次，以平衡经济发达地区和欠发达地区用人单位的缴费负担。

用人单位缴纳的养老保险费记入基本养老保险的社会统筹基金，用于当期的养老保险待遇支付，实行现收现付。

用人单位不按规定申报应缴纳的社会保险费数额的，由社会保险经办机构暂按该单位上月缴费数额的110%确定应缴数额；没有上月缴费数额的，由社会保险经办机构暂按该单位的经营状况、职工人数等有关情况确定应缴数额。缴费单位补办申报手续并按核定数额缴纳社会保险费后，由社会保险经办机构按照规定结算。缴费基数一年核定一次，经核定的基数一年不变。

（二）企业职工个人缴费基数和缴费标准

1. 一般规定

按照现行政策，职工个人按照本人缴费工资的8%缴费，记入个人账户。缴费工资为本人上一年度的月平均工资。月平均工资应按照国家统计局的规定列入工资总额统计项目计算，包括计时工资、计件工资、奖金、津贴和补贴以及加班加点工资等收入。月平均工资超过本省全口径就业人员平均工资300%的部分，按300%计入个人缴费工资基数；低于本省全口径就业人员平均工资60%的，按照60%计算缴费工资基数。本人上一年度的月平均工资介于本省全口径就业人员平均工资60%~300%之间的，要据实缴纳。职工个人缴纳的养老保险费全部记入个人账户，形成个人账户基金，用于退休后个人账户养老金的发放。

2. 特殊规定

一些特殊类型的职工另行规定：

（1）新招职工（包括研究生、本科生、大中专毕业生等）以起薪当月工资收入作为缴费工资基数；从第二年开始，按上一年实发工资的月平均工资作为缴费工资基数。

（2）单位派出的长期脱产学习人员、经批准请长假的职工，保留工资关系的，以脱产或请假的上年月平均工资作为缴费基数。

（3）单位派到境外、国外工作的职工，按本人出境（国）上年在本单位领取的月平均工资作为缴费工资基数，次年的缴费工资基数按上年本单位平均工资增长率进行调整。

（4）失业后再就业的职工，以再就业起薪当月的工资作为缴费工资基数，从次年起，按上一年实发工资的月平均工资作为缴费工资基数。起薪当月工作时间不满一个月的应换算成一个月，来确定当月缴费工资。

特殊类型的职工基本养老保险缴费基数也存在上下限的问题。

个人缴费不计征个人所得税，由企业在发放工资时代为扣缴，离退休人员不缴纳养老保险。

（三）灵活就业人员的缴费基数和缴费标准

城镇没有雇工的个体工商户和灵活就业人员参加基本养老保险的缴费基数在本省全口径就业人员平均工资60%~300%之间进行选择。在此基础上，各省根据经济状况来确定具体基数。具体基数设定各地不统一。缴费比例为20%，其中8%记入个人账户，12%记入社会统筹账户，所有缴费均由个人承担。

无雇工的个体工商户、未在用人单位参加社会保险的非全日制从业人员以及其他灵活就业人员，可以直接向社会保险费征收机构缴纳社会保险费。

五、企业职工基本养老保险的待遇

（一）企业职工领取养老金的条件

《社会保险法》第十六条规定："参加基本养老保险的个人，达到法定退休年龄时累计缴费满15年的，按月领取基本养老金。参加基本养老保险的个人，达到法定退休年龄时累计缴费不足15年的，可以缴费至满15年，按月领取基本养老金；也可以转入新型农村社会养老保险或者城镇居民社会养老保险，按照国务院规定享受相应的养老保险待遇。"

按照法律规定，企业职工领取基本养老保险待遇必须同时符合下列条件：第一是达到法定退休年龄，办理退休手续；第二是用人单位和个人依法缴纳养老保险费，个人达到法定缴费年限。

1. 退休年龄的规定

（1）法定退休年龄，具体是指男工人和男干部年满60周岁，女干部年满55周岁，女工人年满50周岁；

（2）从事井下、高空、高温、繁重体力劳动和其他有害健康工种的职工，男年满55周岁，女年满45周岁，连续工龄或工作年限满10年；

（3）男年满50周岁，女年满45周岁，连续工龄或工作年限满10年的，经医院证明，并经劳动鉴定委员会确认，非因公完全丧失劳动能力的职工；

（4）城镇个体工商户等自谋职业者、农民合同制工人以及采取各种灵活方式就业人员在男年满60周岁，女年满55周岁时，累计缴费年限满15周年，可按规定领取基本养老金。

参保职工达到退休年龄时，要及时办理退休手续。办理退休手续是领取养老保险待遇的必要条件。

2. 缴费年限的规定

职工享受养老保险的待遇必备的条件是用人单位和个人都必须依法缴纳养老保险费，到退休时，个人要累计满15年才能领取退休金。缴费年限包括实际缴费年限和视同缴费年限。视同缴费年限是指职工全部工作年限中，其实际缴费年限之前的按国家规定可以算作缴纳保险费连续工作时间。职工在实行基本养老保险费制度之前，按国家规定计算为连续工龄的时间，都可以作为"视同缴费年限"，机关事业单位人员调入企业后，参加企业职工基本养老保险，其原有的工作年限视同缴费年限；复员退伍军人、城镇下乡知识青年被招为合同制工人，并且参加了基本养老保险的，其军龄及下乡期间按国家规定计算为连续工龄的年限，可视同缴费年限。

退休时缴费不足15年的，可以缴费至满15年，然后享受待遇。如果继续缴费有困难的，可以转入新型农村社会养老保险或城镇居民社会养老保险。不想转入的，将个人账户资金退给本人，由本人自己负责养老。

（二）具体待遇

（1）领取退休金。

（2）领取丧葬补助金、遗属抚恤金。参加基本养老保险的职工，因病或者非因工死亡的，其遗属可以领取丧葬补助金和抚恤金。

（3）其他规定。参加企业职工基本养老保险的个人，在未达到法定退休年龄时因病或者非因工致残完全丧失劳动能力的，可以领取病残津贴。病残津贴是基本养老保险基金对未达到法定退休年龄时因病或者非因工致残、完全丧失劳动能力的参保人员的基本生活补助。病残津贴的标准，全国不统一。

（三）养老金的计算

1.计算公式

养老金=基础养老金+个人账户养老金

2.养老金的确定

企业职工的退休金由两个部分组成，一部分来自统筹账户的基础养老金，一部分来自个人账户养老金。

1997年，《国务院关于建立统一的企业职工基本养老保险制度的决定》（国发〔1997〕26号）对不同类型的人员规定了不同的基本养老金计发办法。1997年以前退休的人员，按照原来制度发放养老金，这类人被称为"老人"。1997年以前参加工作，1997年以后还没有退休，处于新老保险制度转化时期的职工被称为"中人"。1997年以后参加工作的人员被称为"新人"。分别对应三种养老金计算模式。

（1）"新人"基本养老金计算

"新人"基本养老金的计算公式为：

基本养老金=基础养老金+个人账户养老金

个人账户养老金=个人账户总额÷计发月数

$$①\ \frac{基础}{养老金}=\left(\frac{退休时当地上年度}{在岗职工月平均工资}+\frac{本人指数化月}{平均缴费工资}\right)÷2×\frac{累计缴}{费年限}\left(\frac{含视同}{缴费年限}\right)×1\%$$

$$\frac{本人指数化月}{平均缴费工资}=\frac{职工本人的平均}{缴费工资指数}×\frac{职工退休时当地上年度}{在岗职工月平均工资}$$

$$\frac{平均缴费}{工资指数}=\left(\frac{第1月缴费工资}{第1月职工平均工资}+\frac{第2月缴费工资}{第2月职工平均工资}+\cdots+\frac{第N月缴费工资}{第N月职工平均工资}\right)÷N\frac{N为实际}{缴费月数}$$

职工缴费工资也就是职工缴费基数。

②个人账户养老金的计发月数及退休年龄，见表2-1。

表2-1 个人账户养老金计发月数表

退休年龄	计发月数	退休年龄	计发月数	退休年龄	计发月数
40	233	50	195	60	139
41	230	51	190	61	132
42	226	52	185	62	125
43	223	53	180	63	117
44	220	54	175	64	109
45	216	55	170	65	101
46	212	56	164	66	93
47	208	57	158	67	84
48	204	58	152	68	75
49	199	59	145	69	65

（2）"中人"基本养老金计算

由于"中人"在制度改革前没有缴纳个人保险费，本人退休时，个人账户中的资金相对较少，获取的退休金相对就少。为了改善"中人"的退休待遇，"中人"退休后在发给基础养老金和个人账户养老金的基础上，再发给过渡性养老金，解决"中人"的过渡问题。

"中人"养老金的计算公式为：

基本养老金=基础养老金+个人账户养老金+过渡性养老金

过渡性养老金=本人指数化月平均缴费工资×视同缴费年限×R

R为计发系数，各地在1%～1.4%之间进行选择，具体数额由各统筹地区政府决定。

基础养老金和个人账户养老金的计算公式同"新人"养老金的计算公式。

调节金：如果统一制度后，在设计"中人"过渡办法时，即使取了过渡性养老金计发系数的上限，也解决不了新老待遇的有机衔接问题，就需要用"调节金"来平衡过渡问题。

（3）"老人"基本养老金计算

对于"老人"，仍按照其退休时核定的养老金进行给付，一般为本人退休时标准工资的一定百分比，并随以后基本养老金的调整而增加养老保险待遇。同时，"老人"可以享受的基本养老金可以按当地职工上一年度平均工资增长率的一定比例进行调整，具体办法在国家政策指导下由省、自治区、直辖市人民政府确定，即"老人老办法"。

"老人"养老金的计算公式为：

"老人"养老金=旧制度的退休金+调整养老金

六、企业职工基本养老保险的转移接续

由于就业人员流动性大，存在同一个统筹地方更换岗位或到异地就业问题。对于这部分人员，存在养老关系转移和接续问题。

为切实保障参加城镇企业职工基本养老保险人员的合法权益，促进就业人员合理流动，保障职工合法权益，国家有关部门颁布了《城镇企业职工基本养老保险关系转移接续暂行办法》（国办发〔2009〕66号），规定我国养老保险按照属地管理原则进行管理，即劳动者在哪里就业，就在哪里参保，建立养老保险关系。职工跨统筹地区流动，除了转移基本养老保险关系和个人账户档案外，还要转移个人账户基金；参保人员跨统筹范围工作调动，社会保险经办机构要将转移前后的个人账户储存额合并计算。

参保人员到统筹地以外地方流动就业的，由原参保所在地社会保险经办机构开具参保缴费凭证，本人基本养老保险关系应随同转移到新参保地。参保人员达到领取基本养老保险待遇条件的，其在各地的参保缴费年限合并计算，个人账户储存额（含本息）累计计算；未达到待遇领取年龄，不得终止基本养老保险关系并办理退保手续；其中，出国定居和到我国香港、澳门、台湾地区定居的，按国家有关规定执行。

针对同一统筹范围内的流动，只转移养老保险关系和个人账户档案，不转移基金。

参保人员跨省流动就业转移基本养老保险关系时，1998年以前个人账户的累计利息可以全部转移，1998年以后的个人账户资金可以全部转移。对于统筹基金部分，以本人1998年1月1日以后各年度实际缴费工资为基数，按12%的总和转移，参保缴费不足1年的，按实际缴费月数计算转移。

跨省流动就业的参保人员养老保险待遇领取地有以下规定：第一，基本养老保险关系在户籍所在地的，由户籍所在地负责办理待遇领取手续，享受基本养老保险待遇；第二，基本养老保险关系不在户籍所在地，而在其基本养老保险关系所在地累计缴费年限满10年的，在该地办理待遇领取手续，享受当地基本养老保险待遇；第三，基本养老保险关系不在户籍所在地，且在其基本养老保险关系所在地累计缴费年限不满10年的，将其基本养老保险关系转回上一个缴费年限满10年的原参保地办理待遇领取手续，如果户籍所在地以外的统筹地缴费都不满15年的，应在户籍所在地办理领取养老保险手续，享受基本养老保险待遇。

七、企业职工基本养老保险基金管理

企业职工基本养老保险基金由政府补助、用人单位和个人缴费等组成，企业职工基本养老保险基金是职工养老资金的重要来源，其数额巨大，加强职工养老保险基金管理意义重大。

我国按照用人单位缴费和个人缴费分立不同的账户进行管理。国家要求用人单位和个人必须参加保险，依法按时、足额缴纳保险费，社会保险费征收不能减免，少缴、欠费要加收滞纳金或处罚款。

企业职工基本养老保险基金要进行财政专户存储，专款专用。任何挤占、挪用养老保险基金行为都是违法行为，要负法律责任。

企业职工基本养老保险基金的运营管理主要是指对养老保险基金的结余部分进行投资运营，确保基金的保值增值。对于养老保险基金要加强监督管理，保证基金安全。

企业职工基本养老保险基金要单独进行预算编制，遵循收支平衡、略有结余的原则。

第三节　城乡居民基本养老保险

2014年，按照党的十八大精神和十八届三中全会关于整合城乡居民基本养老保险制度的要求，依据《社会保险法》有关规定，在总结新型农村社会养老保险和城镇居民社会养老保险试点经验的基础上，国务院颁布了《国务院关于建立统一的城乡居民基本养老保险制度的意见》（国发〔2014〕8号），将新型农村社会养老保险和城镇居民社会养老保险两项制度合并实施，在全国范围内建立统一的城乡居民基本养老保险。

一、城乡居民基本养老保险的内涵

（一）城乡居民基本养老保险的概念

城乡居民基本养老保险是由国家建立的、用于保障城乡非从业人员老年生活来源的一项社会保险制度。城乡居民养老保险本着自愿原则，资金来源于政府补助、个人缴费、集体补助等，实行个人账户和统筹基金相结合模式。符合参保条件就可以参加城乡居民养老保险，符合领取待遇条件就可以领取城乡居民养老保险待遇，而且两种户籍缴费、领取待遇的条件和规则相同。

（二）城乡居民基本养老保险的特点

1. 国家提供资金支持

为了减轻城乡居民的缴费负担，城乡居民基本养老保险除了个人缴费以外，国家对城乡居民个人账户给予一定的资金补助，同时，在待遇发放上，城乡居民基础养老金由政府提供。

2. 按固定费额确定缴费标准

城乡居民基本养老保险不按照比例征收，而是采取固定费额制进行缴费。具体缴费标准由当地根据国家规定制定。

（三）基本原则

1. 低起步、广覆盖原则

考虑到城乡居民的经济状况，我国城乡居民基本养老保险采取自愿原则，规定从低到高不同缴费档次，便于人们参加保险，目的是让多数人都有能力参加保险，增加保险覆盖面。

2. 采取自愿原则

由于城乡居民收入不稳定，收入水平相对较低，考虑到城乡居民的实际缴费能力，我国对城乡居民基本养老保险采取自愿缴费原则。

3. 坚持普惠性和保障性原则

我国城乡居民养老保险覆盖范围包括年满16岁（不含在校学生）的所有非从业居民。社会统筹发放的基础养老金完全由政府支付。在实行城乡居民养老保险制度时已经达到60岁以上的城乡居民，即使没有缴费，也享受国家的基础养老金待遇。参加城乡居民养老保险的参保人，其养老金待遇既有来自个人账户的养老金，还有来自国家补助的基础养老金，体现国家对城乡居民的关心照顾。

二、城乡居民基本养老保险的筹资模式与基金来源

（一）筹资模式

城乡居民养老保险采取社会统筹和个人账户相结合模式。社会统筹基金由国家拨款构成。个人账户用于记录个人缴费以及政府补助等相关信息。

（二）基金来源

个人账户基金来源包括个人缴费、集体补助、政府补贴、账户基金的利息。

1. 个人缴费

城乡居民养老保险采取自愿原则，参保者按年确定一定缴费额度。城乡居民缴费按国家规定由低到高设置多个档次，供参保人选择。地方政府根据国家规定以及地方经济状况，可以增设缴费档次。

2. 集体补助

有条件的村集体经济组织应当对参保人缴费给予补助，鼓励有条件的社区将集体补助纳入社区公益事业资金筹集范围。鼓励其他社会经济组织、公益慈善组织、个人为参保人缴费提供资助。补助、资助金额不超过当地设定的最高缴费档次标准。

3. 政府补贴

（1）城乡居民养老保险基金除了个人缴费以外，政府对每个参保人每年缴费都给予一定的补助，并进入个人账户，成为个人账户的一项资金来源。

（2）对重度残疾人等缴费困难群体，地方人民政府为其代缴部分或全部最低标准的养老保险费。

4. 账户基金的利息

个人账户储存额每年参考中国人民银行公布的金融机构人民币一年期存款利率计息。支付结构设计为两部分：一部分是统筹账户的基础养老金，统筹账户基金来自政府财政补助；另一部分是国家为城乡参保人建立终身记录的养老保险个人账户。

三、城乡居民基本养老保险参保范围

年满16周岁（不含在校学生）、非国家机关和事业单位工作人员以及不属于企业职工基本养老保险覆盖范围的城乡居民，可以在户籍地自愿参加城乡居民基本养老保险。

四、城乡居民基本养老保险的缴费标准

（一）个人缴费标准

参加城乡居民养老保险的居民应当按规定缴纳养老保险费。按年缴费，缴费标准分为每年100元、200元、300元、400元、500元、600元、700元、800元、900元、1 000元、1 500元、2 000元等12个档次，省、区、市人民政府可以根据实际情况增设缴费档次，最高缴费档次标准原则上不超过当地灵活就业人员参加职工基本养老保险的年缴费额，并报人力资源和社会保障部备案。人力资源和社会保障部会同财政部依据城乡居民收入增长等情况适时调整缴费档次标准。参保人自主选择缴费档次，多缴多得。目前，各地缴费档次不统一。

（二）集体补助标准

有条件的村集体应当对参保人缴费给予补助，补助标准由村民委员会召开村民会议民主确定。鼓励其他经济组织、社会公益组织、个人为参保人缴费提供资助。

集体补助不超过当地个人缴费最高档次标准。

（三）政府补贴标准

政府补贴包括对个人账户的补贴和基础养老金发放的支付。城乡居民养老保险除了个人缴费以外，政府每年都会按照个人缴费档次给予一定数额的资金补助，政府补助资金进入个人账户。政府还要对符合领取条件的参保人全额支付城乡居民基础养老金，其中中央财政对中西部地区按中央确定的基础养老金标准给予全额补助，对东部地区给予50%的补助。

地方政府应当对参保人缴费给予补贴，补贴标准不低于每人每年30元；对选择较高档次标准缴费的，可给予适当鼓励，对选择500元及以上档次标准缴费的，补贴标准不低于每人每年60元，具体标准和办法由省、区、市人民政府确定。自2020年起，全国城乡居民基本养老保险基础养老金最低标准提高至每人每月93元。政府补助不超过当地个人缴费最高档次标准。

五、城乡居民基本养老保险的待遇

（一）城乡居民基本养老保险的领取条件

（1）参加城乡居民养老保险的个人，年满60周岁、累计缴费满15年，且未领取国家规定的基本养老保障待遇的，可以按月领取城乡居民养老保险待遇。

（2）城乡居民养老保险制度实施时，已年满60周岁、未享受城镇职工基本养老保险待遇的，不用缴费，可以按月领取基础养老金。

（3）距领取年龄不足15年的，应按年缴费，也允许补缴，累计缴费不得低于15年。

（4）距领取年龄超过15年的，应按年缴费，累计缴费不少于15年。

（二）城乡居民基本养老金的组成

城乡居民养老金由基础养老金和个人账户养老金组成，支付终身。

（1）基础养老金

城乡居民基础养老金由国家提供，中央确定基础养老金最低标准，建立基础养老金最低标准正常调整机制，根据经济发展和物价变动等情况，适时调整全国基础养老金最低标准。地方人民政府可以根据实际情况适当提高基础养老金标准；对长期缴费的，可适当加发基础养老金，提高和加发部分的资金由地方人民政府支出，具体办法由省、区、市人民政府规定，并报人力资源和社会保障部备案。

（2）个人账户养老金

个人账户养老金的月计发标准为个人账户全部储存额除以139（与现行城镇职工基本养老保险个人账户养老金计发系数相同）。参保人死亡，个人账户中的资金余额，除政府补贴外，可以依法继承。政府补贴的余额用于继续支付其他参保人的养老金。

六、城乡居民基本养老保险关系的转移接续

为了做好城乡居民的养老保险转移接续工作，2014 年国家颁布了《城乡养老保险制度衔接暂行办法》，该办法重点规定了制度衔接适用人群、申请条件、参加企业职工基本养老保险和城乡居民养老保险两种保险的人员办理衔接手续问题、待遇、领取及领取地问题。

（一）城乡居民养老保险与职工养老保险转移接续

1. 适用人群

凡是参加城乡居民养老保险和参加职工养老保险两个险种的需要办理衔接手续的人员（以下简称两种保险），其中不包括已经按规定领取养老保险待遇的人员。

2. 享受待遇的规定

参加上述两种保险的人员达到领取职工养老保险条件的，可以从城乡居民养老保险转入职工基本养老保险，按职工养老保险发放待遇。职工养老保险缴费不足 15 年的，可以申请转入城乡居民养老保险，在达到城乡居民养老保险领取待遇条件时，领取相应待遇。

3. 待遇的领取地规定

凡是办理两种制度衔接手续的，先按职工养老保险制度确定待遇领取地，并将职工养老保险关系归集到待遇领取地。

4. 手续的办理地

从城镇职工养老保险转入城乡居民养老保险的，在转入城乡居民养老保险待遇地提出申请办理，从城乡居民养老保险转入企业职工养老保险的，在转入企业职工养老保险待遇地申请办理手续。

5. 个人账户的处理

从城乡居民企业职工养老保险转入企业职工养老保险的，将城乡居民个人账户储蓄额并入企业职工养老保险个人账户，城乡居民养老保险缴费年限不合并计算或折算职工养老保险年限。

从城镇职工养老保险转入城乡居民养老保险的，城镇职工养老保险个人账户全部储存额并入城乡居民养老保险个人账户，城镇职工养老保险的缴费年限合并计算为城乡居民养老保险的缴费年限。

参保人员若在同一年度内同时参加城镇职工养老保险和城乡居民养老保险的，其重复缴费时段（按月计算，下同）只计算城镇职工养老保险缴费年限，并将城乡居民养老保险重复缴费时段相应个人缴费和集体补助退还本人。

6. 不同养老保险制度的衔接

（1）"老农保"参保人员转入城乡居民社会养老保险时，可将"老农保"个人账户储存额记入城乡居民社会养老保险个人账户。

（2）城乡居民社会养老保险与被征地农民养老保障制度的衔接，按照"只叠加、不扣减、不冲销"的原则执行。

（二）城乡居民养老保险转移

参加城乡居民养老保险的人员，在缴费期间户籍迁移、需要跨地区转移城乡居民养老保险关系的，可在迁入地申请转移养老保险关系，一次性转移个人账户全部储存额，并按迁入地规定继续参保缴费，缴费年限累计计算。已经按规定领取城乡居民养老保险待遇的，无论户籍是否迁移，其养老保险关系不转移。

七、城乡居民基本养老保险的基金管理

城乡居民养老保险基金纳入社会保障基金财政专户，实行收支两条线管理，单独记账、核算，按有关规定实现保值增值，逐步由县级统筹向省级统筹转化。

第四节　机关事业单位养老保险

长期以来我国机关事业单位没有纳入养老保险体系，导致了养老保险制度"双轨制"情况的出现。同时，我国养老保险基金受到人口老龄化影响，对于养老保险资金需求增长加快。为了公平，也为了减轻政府财政负担，增加养老保险费资金来源，我国于2014年10月1日开始实行机关事业单位养老保险制度改革。2015年1月国务院出台《国务院关于机关事业单位工作人员养老保险制度改革的决定》（国发〔2015〕2号），对机关事业单位养老改革作了具体的规定。

机关事业单位基本养老保险制度的政策依据有：《社会保险法》、《国务院关于机关事业单位工作人员养老保险制度改革的决定》（国发〔2015〕2号）、《人力资源和社会保障部、财政部关于贯彻落实〈国务院关于机关事业单位工作人员养老保险制度改革的决定〉的通知》（人社部发〔2015〕28号）。

机关事业单位的养老保险制度是国家通过立法的形式，规定机关事业单位工作人员参加养老保险，缴纳保险费，达到领取待遇的条件时享受养老保险待遇的养老保险制度。制度规定由用人单位和在编员工个人承担养老保险费用，用于保障机关事业单位工作人员老年生活经济来源。

一、机关事业单位养老保险制度发展历程

机关事业单位由于不像企业那样处于经济体制改革的最前沿，其改革的重点是建立规范的公务员制度和事业单位人事管理制度，养老保障改革的进程相对滞缓，总体仍维持单位退休制度，这是形成"双轨制"的历史原因。

随着社会主义市场经济的发展，机关事业单位现行退休制度逐步暴露出一些矛盾，如退休费用由财政或单位承担，单位之间负担畸轻畸重；一些地区的单位，特别是一些基层事业单位不堪重负，甚至无法保证及时足额支付退休费；退休费是按"最终工资"的一定比例分档计算的，难以充分体现工作人员整个职业生涯的劳动贡献。

从全社会的角度看也有两大问题凸显：一是由于制度模式不同，机关事业单位与企业之间养老保险关系相互转移接续困难，制约了人力资源合理流动和有效配置；二是机关事业单位与企业之间的退休费（养老金）待遇确定和调整难以统筹协调。

自20世纪90年代以来，一些地区和行业对改革机关事业单位养老保险制度进行了探索，多个省、区、市先后开展了局部试点，全国约几千万人参加。按照国家统一部署，部分科研院所和经营性文化事业单位相继启动"事业转企业"改革。2008年，国务院决定在5个省市先行开展事业单位养老保险制度改革试点，与事业单位分类改革配套推进。这些改革取得了一些局部经验，为全面实施改革奠定了实践基础。

二、机关事业单位养老保险制度改革意义、基本思路和基本原则

（一）改革的目标与意义

以邓小平理论、"三个代表"重要思想、科学发展观为指导，深入贯彻党的十八大、十八届三中、四中全会精神和党中央、国务院决策部署，坚持全覆盖、保基本、多层次、可持续方针，以增强公平性、适应流动性、保证可持续性为重点，改革现行机关事业单位工作人员退休保障制度，逐步建立独立于机关事业单位之外、资金来源多渠道、保障方式多层次、管理服务社会化的养老保险体系。

（二）基本思路

改革的基本思路坚持"一个统一、五个同步"。

1."一个统一"

"一个统一"即改革现行的机关事业单位退休养老制度，建立与企业职工等城镇从业人员统一的社会统筹与个人账户相结合的基本养老保险制度，实行同样的缴

费标准、计发办法、调整机制，从制度和机制上化解"双轨制"矛盾。

2."五个同步"

"五个同步"，具体是指：

（1）机关与事业单位同步改革

机关与事业单位目前虽然在人事管理、工资和福利制度等方面的政策有区别，但历史上一直实行相同的退休制度。同步推进改革在制度设计上没有重大障碍，也能避免单独改革事业单位引发的攀比。

（2）职业年金与基本养老保险制度同步建立

通过建立职业年金，形成多层次的养老保险体系，在优化机关事业单位退休人员待遇结构的同时，保持待遇水平总体不降低。

（3）养老保险制度改革与工资制度改革同步推进

坚持增量改革的原则，在建立个人缴费制度的同时适当增加工资，以减轻参保人员当期收入负担，增强缴费的承受能力。

（4）待遇调整机制与计发办法同步改革

机关事业单位退休人员待遇调整，不再与同职级在职工作人员工资增长挂钩，而与企业退休人员统筹安排，充分体现再分配更加注重公平的原则。

（5）改革在全国范围内同步实施

借鉴已有改革经验，在充分研究论证基础上，机关事业单位养老保险制度改革不再搞局部试点，可以避免先改与后改的矛盾。

（三）基本原则

1.公平与效率相结合

既体现国民收入再分配更加注重公平的要求，又体现工作人员之间贡献大小的差别，建立待遇与缴费挂钩机制，多缴多得、长缴多得，提高单位和职工参保缴费的积极性。

2.权利与义务相对应

机关事业单位工作人员要按照国家规定切实履行缴费义务，享受相应的养老保险待遇，形成责任共担、统筹互济的养老保险筹资和分配机制。

3.保障水平与经济发展水平相适应

立足社会主义初级阶段基本国情，合理确定基本养老保险筹资和待遇水平，切实保障退休人员基本生活，促进基本养老保险制度可持续发展。

4.改革前与改革后待遇水平相衔接

立足增量改革，实现平稳过渡。对改革前已退休人员，保持现有待遇并参加今后的待遇调整；对改革后参加工作的人员，通过建立新机制，实现待遇的合理衔接；对改革前参加工作、改革后退休的人员，通过实行过渡性措施，保持待遇水平不降低。

5. 解决突出矛盾与保证可持续发展相促进

统筹规划、合理安排、量力而行，准确把握改革的节奏和力度，先行解决目前城镇职工基本养老保险制度不统一的突出矛盾，再结合养老保险顶层设计，坚持精算平衡，逐步完善相关制度和政策。

三、机关事业单位的基本养老保险筹资模式和基金来源

机关事业单位基本养老保险实行社会统筹与个人账户相结合筹资模式，用人单位和个人都要缴纳养老保险费，机关事业单位基本养老保险费由单位和个人共同负担。单位缴纳的基本养老保险费进入统筹账户，个人缴费记入个人账户。个人账户由个人缴费形成，个人账户储存额只用于参保人员养老，不得提前支取。每年按照国家统一公布的记账利率计算利息，免征利息税。参保人员死亡的，个人账户余额可以依法继承。

机关事业单位的退休金主要由统筹账户发放的基础养老金和个人账户发放的个人账户养老金组成。

四、机关事业单位基本养老保险的参保范围

根据《中华人民共和国公务员法》（以下简称《公务员法》）管理的单位、参照《公务员法》管理的机关（单位）、事业单位及其编制内的工作人员需要参加机关事业单位基本养老保险。

参加机关事业单位基本养老保险的事业单位是指经国家机构编制部门批准设立纳入机构编制管理的事业单位。对于应转为企业但尚未到位的事业单位，已参加企业职工基本养老保险的仍继续参加；尚未参加的，暂时参加机关事业单位基本养老保险，待其转企改制到位后，按有关规定纳入企业职工基本养老保险范围。

机关事业单位在参加机关事业单位基本养老保险的基础上，应当为本单位工作人员建立职业年金。职业年金的参保范围、缴费标准，与其基本养老保险参保范围、缴费标准相一致。

五、机关事业单位养老保险的缴费基数和缴费标准

（1）用人单位的缴费基数以职工上年个人缴费工资基数之和作为缴费基数，比例为16%。

（2）个人缴纳基本养老保险费的基数为个人的工资收入，实践中以本人上年月平均工资作为缴费基数，新入职的人员以起薪当月收入作为缴费基数。个人工资收

人要本着保底限高的原则，低于本省全口径就业人员平均工资60%的，按本省全口径就业人员平均工资的60%计算；个人工资超过本省全口径就业人员平均工资300%的部分，不作为缴费基数，不计入个人缴费工资基数。个人缴费的比例为本人缴费工资的8%，由单位代扣代缴。

本单位工资总额为参加机关事业单位养老保险工作人员的个人缴费工资基数之和。机关单位（含参公管理的单位）工作人员的个人缴费工资基数包括：本人上年度工资收入中的基本工资、国家统一的津贴补贴（艰苦边远地区津贴、西藏特贴、特区津贴、警衔津贴、海关津贴等国家统一规定纳入原退休费计发基数的项目）、规范后的津贴补贴（地区附加津贴）、年终一次性奖励；事业单位工作人员的个人缴费工资基数包括：本人上年度工资收入中的基本工资、国家统一的津贴补贴（艰苦边远地区津贴、西藏特贴、特区津贴等国家统一规定纳入原退休费计发基数的项目）、绩效工资。其余项目暂不纳入个人缴费工资基数。

六、机关事业单位养老保险的待遇

（一）领取待遇的条件

第一，参加机关事业单位养老保险，按规定累计缴纳保险费满15年。

2014年机关事业单位养老保险制度实施后达到退休年龄但个人缴费年限累计不满15年的人员，可以延长缴费至15年（缴费年限包括视同缴费年限），也可以申请转入城乡居民养老保险。不想转入城乡居民养老保险的可以要求终止基本养老关系，将个人账户储蓄额一次性支付给本人。

改革后获得省部级以上劳模、有重大贡献的高级专家等荣誉称号的工作人员，在职时给予一次性奖励，退休时不再提高基本退休费计发比例，奖励所需资金不得从养老保险基金中列支。对于改革前已获得此类荣誉称号的工作人员，退休时给予一次性退休补贴并支付给本人，资金从原渠道列支。退休补贴标准由各省、区、市根据平衡衔接的原则予以确定。

第二，达到了国家法定退休年龄并办理退休手续。

（二）养老保险待遇

机关事业单位养老金由基本养老金和职业年金组成。

机关事业单位养老金=基本养老金+职业年金

1. 基本养老金

基本养老金=基础养老金+个人账户养老金

基本养老金跟企业模式一样，由统筹账户发放的基础养老金和个人账户养老金组成，按照"新人新办法、老人老办法、中人发给过渡性养老金"的模式处理。

（1）"新人"。2014年10月1日机关事业单位养老保险制度实施后参加工作的机关事业单位参保人员属于"新人"。个人缴费年限累计满15年的人员，退休后按月发给基本养老金。

基本养老金=基础养老金+个人账户养老金

$$\text{基础养老金}=\text{退休时当地上年度在岗职工月平均工资}\times(1+\text{本人平均缴费工资指数})\div2\times\text{缴费年限}\times1\%$$

$$\text{本人平均缴费工资指数}=(\text{各年个人缴费工资}/\text{各年上年当地上年度在岗职工月平均工资之和})/\text{退休时在机关事业单位的实际缴费年限}$$

个人账户养老金=个人账户储蓄额÷计发月数

（2）"中人"。2014年10月1日机关事业单位养老保险制度实施前参加工作、实施后退休的属于"中人"。因为这部分人改革实施前没有缴纳个人养老金，退休后个人账户养老金相对于"新人"来说会降低，因此，对于"中人"，在发给基础养老金和个人账户养老金的基础上，再依据视同缴费年限长短发给过渡性养老金。所谓视同缴费年限，是指养老保险制度实施前在机关事业单位的工作时间。

"中人"的基本退休金=基础养老金+个人账户养老金+过渡性养老金

$$\text{基础养老金}=\text{退休时当地上年度在岗职工月平均工资}\times(1+\text{本人平均缴费工资指数})\div2\times\text{缴费年限}(\text{含视同缴费年限})\times1\%$$

同时，为确保"中人"改革后待遇不降低，设立10年过渡期，过渡期内"中人"退休实行新老待遇计发办法对比，按新办法（包括职业年金）计发待遇低于老办法的，按老办法执行，保持待遇不降低。按新办法计发待遇高于老办法的，超出部分，第一年退休的（2014年10月1日至2015年12月31日）发放超出部分的10%，第二年发放20%，依此类推，到第10年（2024年1月1日至2024年9月30日）发放超出部分的100%。过渡期结束后，执行新办法。过渡性养老金只有"中人"才享有。

$$\text{过渡养老金}=\text{退休时当地上年度在岗职工月平均工资}\times\text{本人视同缴费指数}\times\text{视同缴费年限}\times\text{过渡系数}$$

其中，过渡系数与机关事业单位养老保险统筹地区企业职工基本养老保险过渡系数保持一致，由各省统一确定，数值在1%~1.4%之间。

（3）"老人"。2014年10月1日养老保险制度改革实施前已经离体、退休的机关事业单位工作人员属于"老人"，继续按照国家规定的原待遇标准发放基本养老金，同时执行基本养老金调整办法。

2. 职业年金

机关事业单位的员工达到领取养老保险金待遇条件时，同样可以享受职业年金待遇，可以采取按月领取职业年金的养老金待遇，领完为止，也可以一次性支取用于购买商业养老保险产品。职业年金可以继承，定居国外人员的职业年金个人账户资金，可根据本人要求一次性支付给本人。

（1）机关事业单位职业年金制度是为了增加退休人员的退休待遇，在基本养老保险基础上，建立的补充养老保险制度，并规定了在基本养老保险基础上，再由用人单位按照基本养老保险的基数征收8%，个人按缴费基数4%进行征收，用人单位缴费和个人缴费都进入个人年金账户，个人年金账户不得提前支取，退休后可以按月领取来自年金账户的养老金，也可以申请一次性购买商业养老保险。养老金账户余额可以继承。

（2）机关事业单位职业年金的缴费基数跟职工基本养老保险的基数相同，比例为8%。个人职业年金缴费基数跟个人基本养老保险基数一致，比例为4%。

（3）职业年金账户资金来源于用人单位和个人的缴费以及账户资金的收益。

七、机关事业单位基本养老保险的转移接续

（1）机关事业单位人员在同一统筹地区机关事业单位之间进行流动的，只转移养老保险关系，不转移基金。

（2）参保人员跨统筹范围流动或在机关事业单位与企业之间流动，在转移养老保险关系的同时，基本养老保险个人账户储存额随同转移，并以本人改革后各年度实际缴费工资为基数，按12%的总和转移基金，参保缴费不足1年的，按实际缴费月数计算转移基金。转移后基本养老保险缴费年限（含视同缴费年限）、个人账户储存额累计计算。

（3）职业年金的转移接续。工作人员变动工作单位时，职业年金个人账户资金可以随同转移。工作人员升学、参军、失业期间或新就业单位没有实行职业年金或企业年金制度的，其职业年金个人账户由原管理机构继续管理运营。新就业单位已建立职业年金或企业年金制度的，原职业年金个人账户资金随同转移。

（4）视同缴费年限的确定。

①对于改革前参加企业职工基本养老保险、改革后参加机关事业单位养老保险的人员，其参加企业养老保险的实际缴费年限应当予以确认，与参加机关事业单位养老保险的实际年限合并计算。

②职工自机关事业单位进入企业工作之月起，参加企业职工的基本养老保险，单位和个人按规定缴纳基本养老保险费，建立基本养老保险个人账户，原有的工作年限视同缴费年限，退休时按企业的办法计发基本养老金。

八、机关事业单位基本养老保险的基金管理

（1）机关事业单位基本养老保险基金单独建账，单独核算，与企业职工基本养老保险基金分别管理使用。

（2）机关事业单位基本养老保险基金的预算管理。

机关事业单位的基本养老保险基金纳入财政专户，实行收支两条线管理，专款专用。任何组织和个人不得侵占或者挪用。

（3）机关事业单位基本养老保险在保证安全的前提下，按照国务院的要求，做到保值增值。

第一节 基本医疗保险概述

我国医疗保险体系包括基本医疗保险和补充医疗保险。其中，基本医疗保险是我国社会保险重要的组成部分，对于人们因疾病带来的经济损失进行经济补偿，从而降低和消除疾病风险。

在我国，基本医疗保险分为职工基本医疗保险和城乡居民基本医疗保险。本章除了介绍职工基本医疗保险、城乡居民基本医疗保险以外，也介绍了补充医疗保险等内容。

一、基本医疗保险的内涵

（一）基本医疗保险的概念

基本医疗保险，是指参保人按照国家规定的缴费要求，因病治疗达到法定医疗费补偿规定，由国家和社会提供医疗补偿资金，从而减少因病带来的经济损失的社会保险制度。基本医疗保险是社会保险制度中最重要的险种之一，它与基本养老保险、工伤保险、失业保险、生育保险等共同构成现代社会保险制度。我国基本医疗保险目前包括职工基本医疗保险和城乡居民基本医疗保险。

（二）基本医疗保险的特点

1.受众面最广、需要基金量大、影响最广泛

由于每个人都有可能面临疾病的风险，基本医疗保险保障的人群最为广泛，重点解决病有所医问题。在我国，基本医疗保险制度已经覆盖了所有人群，既覆盖企业职工，也覆盖城乡居民。

2.基本医疗保险个人要享受医疗保险待遇，必须先缴纳医疗保险费

（1）属于用人单位的职工，用人单位和个人都必须参加职工基本医疗保险并缴

纳保险费，缴纳保险费用是享受医疗保险待遇的必要条件。

（2）没有用人单位的个人，包括灵活就业人员和城乡居民。灵活就业人员可以参加职工基本医疗保险并缴纳保险费，享受职工医疗保险待遇；城乡居民可以参加城乡居民医疗保险并缴纳保险费，才有资格享受医疗保险待遇。因此，对于个人来说，只有缴纳医疗保险费用才具有享受医疗保险待遇的条件。

3. 具有互济性

互济是医疗保险的一个重要特点。医疗保险基金只用于少数参保人患病时进行诊断治疗的费用偿付，对于医疗保险而言，每个人发生风险的概率大不相同，但在基金筹集时并不考虑这种差异，而是按统一标准筹集。这样就会出现每个人享受的医疗保险待遇不一定等于其对医疗保险基金贡献的情况，这就是医疗保险基金互济性的体现。对整体而言，是多数人共济少数人，年轻人共济老年人，健康的共济患病的，病轻的共济病重的；对个体而言，年轻时、无病时帮助别人，年老时、有病时被别人帮助。人们之所以需要医疗保险，也就是因为它能分摊损失、互助共济，避免因个人重大疾病带来的经济风险，从而实现社会安定的目的。

（三）基本医疗保险制度的基本原则

1. "低水平、全覆盖"原则

"低水平"是指基本医疗保险的保障水平要与社会主义初级阶段生产力发展水平相适应，这是建立基本医疗保险制度必须遵循的一个重要原则。建立基本医疗保险制度，要从中国的国情出发，根据国家、企业和个人的实际承受能力，确定合理的基本医疗保险水平。

"全覆盖"是指已经建立了针对所有人的医疗保险制度。我国基本医疗保险制度的建立，先从国有企业展开，然后扩大到所有用人单位，包括机关事业单位、社会团体等，再进一步到广大城乡居民。扩大基本医疗保险覆盖范围是改革的一个重要原则，如果没有"全覆盖"，社会保险所遵循的大数法则就无法体现，就不能有效地分散风险、均衡负担，也无法体现社会互助共济的作用。医疗保险全覆盖原则也体现了公平原则。

2. 实行属地管理

基本医疗保险费按照属地原则进行管理，也实行市、县级统筹制度。

二、基本医疗保险的发展历程

（一）职工基本医疗保险制度的建立和发展

1. 计划经济时期

城镇医疗保障制度主要由职工公费医疗制度和职工劳保医疗制度组成，制度的建立始于20世纪50年代初。劳保医疗制度的覆盖对象主要包括国有企业和集体企业职工、退休人员以及这些职工的家属。公费医疗制度的覆盖对象则主要包括机关、事业单位工作人员，还包括其家属的医疗费用补助或统筹。

2.改革开放时期

20世纪80年代，由于社会经济环境发生了重大变化，企业的医疗保险财政负担增加，部分地区的企业以及事业单位率先进行多种形式的改革探索，改革形式主要有：由职工个人负担一部分医疗费用，通过将个人的经济利益与医疗费用相联系，避免职工个人产生过度的医疗卫生需求，控制医疗费用上涨。1984年，卫生部和财政部联合出台了《关于进一步加强公费医疗管理的通知》，政策要求开展公费医疗制度改革，传统的医疗保障制度进入了改革开放新时期的探索阶段。1985年，劳动人事部等国家部委又发布了《关于改革社会保障制度的研究提纲（初稿）》，提出了医疗费用社会统筹等相关要求，部分地区的试点改革由此展开。1988年3月，国务院成立医疗保险改革研讨小组，对医疗保险改革展开进一步探讨。1989年，财政部和卫生部联合出台《关于公费医疗管理办法的通知》，进一步规定了公费医疗开支的自费项目。此后，国家将城镇医疗保障制度改革的思路统一为实行医疗保险基金社会统筹和个人账户相结合，推动了城镇职工医疗保障制度的改革与发展。1990年11月，劳动部为明确劳保医疗制度的改革方向，召开了全国部分省市医疗保障制度改革会议，要求国家、集体和个人三方合理分担医疗卫生费用，逐步探索建立多种形式的医疗保险制度，劳保医疗制度改革试点在全国范围内展开。1992年，国家医改委又出台了《国务院关于职工医疗制度改革的决定（讨论稿）》，提出建立社会保险基金的做法，这一决定进一步推动了城镇医疗保障制度的发展。

总体来说，改革开放初期的医疗保障制度改革主要分为两个阶段。第一个阶段为20世纪80年代，改革方向是在探索多渠道筹资的基础上约束个人的就医行为。其主要特点是在原有制度的基础上弥补缺陷，根据原有制度缺乏有效的制约机制的缺陷，建立了供需双方的制约机制，从而约束供需双方的道德风险，抑制医疗卫生费用的急剧增长。第二阶段为20世纪80年代末至今，主要特点是探索向社会医疗保险制度转变的结构性改革。探索重点在于实行医疗保险的社会统筹和建立个人账户，实现医疗费用的社会统筹。这一时期的医疗保障制度改革取得了成效，通过引入风险制约机制，改革基金管理制度，对于约束医疗机构和患者对医疗卫生服务的过度供给和需求起到了有效的作用，减少了医疗卫生资源的浪费，抵制了医疗费用的过度上涨。同时，逐渐使个人接受了个人应当承担一部分缴费责任的观念，为后来的改革奠定了基础。这一阶段的改革逐步适应了国家经济体制改革宏观环境变化的需要。

1988年，国务院开始对机关事业单位的公费医疗制度和国有企业的劳保医疗制度进行改革，颁布了《国务院关于建立城镇职工基本医疗保险制度的决定》（国发〔1998〕44号），开始在全国建立城镇职工基本医疗保险制度。建立城镇职工基本医疗保险制度工作从1999年年初开始启动，1999年年底基本完成。《国务院关于建立城镇职工基本医疗保险制度的决定》的颁布，标志着我国医疗保险制度的改革进入了一个崭新的阶段。

（二）农村居民医疗保险制度的建立

为了保障广大农村居民的医疗待遇，减轻其医疗费用负担，2003年国务院颁布了《关于建立新型农村合作医疗制度的意见》（国办发〔2003〕3号）。这标志着农村新型合作医疗保险制度得以确立，对于解决农民看病难、看病贵、因病致贫的问题起到了重要作用。

（三）城镇居民医疗保险制度的建立

为了保障广大城镇非从业居民的医疗待遇，减轻其医疗费用负担，2007年国务院颁布了《国务院关于开展城镇居民基本医疗保险试点的指导意见》（国发〔2007〕20号）。这标志着城镇居民非从业人员医疗保险制度得以确立，对于缓解城镇非从业人员医疗负担起到重要作用。

（四）整合农村医疗保险和城镇居民医疗保险

为了完善医疗保险制度，2016年国务院颁布了《国务院关于整合城乡居民基本医疗保险制度的意见》（国发〔2016〕3号），明确将城镇居民医疗保险和农村合作医疗保险制度进行整合，实行统一的城乡居民基本医疗保险制度。

我国的职工基本医疗保险和城乡居民基本医疗保险体系，实现了医疗保险的全覆盖，对于减轻民众的医疗负担，摆脱因病致贫、因病返贫起到了重要的作用。

第二节　职工基本医疗保险

职工基本医疗保险，也称作城镇职工基本医疗保险，是我国基本医疗保险的重要组成部分，职工基本医疗保险是针对用人单位职工疾病风险进行保障的社会保险制度。

一、职工基本医疗保险的内涵

（一）职工基本医疗保险的概念

职工基本医疗保险，是指用人单位职工按照国家规定的缴费要求，因病治疗达到法定医疗费补偿规定，由国家和社会提供医疗补偿资金，从而减少因病带来的经济损失的社会保险制度。

（二）职工基本医疗保险的特点

除了基本医疗保险的特点以外，职工基本医疗保险还具有以下的特点：

1. 费用由用人单位和职工个人共同缴纳

职工基本医疗保险保费由用人单位和职工个人共同缴纳，共同成为职工基本医疗保险的缴费来源。

2. 权利义务的对应性

属于用人单位的职工，用人单位和个人都必须参加职工基本医疗保险并缴纳保险费，缴纳保险费用是享受医疗待遇的必要条件。

3. 覆盖面广，参与度高

职工基本医疗保险覆盖面包括了所有的用人单位及其职工，覆盖面广。由于人们具有对疾病风险防范的意识，主观上参加保险的积极性高，医疗保险参与度高。

（三）职工基本医疗保险的基本原则

1. 强制征收原则

职工基本医疗保险基金是依法强制筹集的，并严格按照法律的规定管理和使用。企业和个人都不能违反法律的规定。所有参保对象都应按期足额缴纳医疗保险费，拒缴、欠缴都属违规甚至违法行为。医疗保险基金是老百姓的"救命钱"，直接关系到参保人的切身利益，在基金的管理和使用方面也要严格按照有关的法律法规运行。

2. 社会统筹和个人账户相结合原则

用人单位缴费大部分进入统筹账户，一部分进入个人账户，个人缴费进入个人账户。

3. 属地化管理原则

职工医疗保险实行市县级统筹，实行属地化管理。

二、职工基本医疗保险的筹资模式和基金来源

（一）筹资模式

我国职工基本医疗保险筹资模式采取部分积累式，即社会统筹和个人账户相结合模式，用人单位及其职工共同承担医疗保险费。用人单位基本医疗保险费，记入基本医疗保险统筹基金，用于支付职工在生病住院时发生的按法律规定给予一定补偿的医疗费用。目前，我国企业缴纳基本医疗保险费实行市级统筹。职工缴纳基本医疗保险费，存入个人账户，资金属于个人所有，不能提取现金，只能用于治病发生的费用。

个人账户是指职工医疗保险个人专用账户，是医疗保险结算机构为每一个参保人员建立的医疗保险账户，用于记录、储存个人缴纳的基本医疗保险费和从单位缴费中划入的基本医疗保险费，它是专门为每个参保职工设立的医疗保险专用资金账户。

参保人员个人账户由以下三部分组成：

第一是个人缴纳的基本医疗保险费，其全部划入个人账户。

第二是用人单位缴纳的基本医疗保险费按照规定比例强制划入的部分。个人账户划入比例，随用人单位和参保个人的费率变化而调整，具体比例由统筹地区根据个人账户的支付范围和职工年龄等因素由统筹地区确定，一般为用人单位缴费的30%左右。

第三是个人账户储存额的利息收入。退休人员本人不再缴费，但也要为其建立个人账户，其资金完全从统筹基金中划拨。对退休人员个人账户的计入金额和个人负担医疗费的比例给予适当照顾。

个人账户的本金和利息为个人所有，只能用于基本医疗保险，但可以结转使用和继承。职工和退休人员死亡时，其个人账户存储额划入其继承人的个人账户，继承人未参加基本医疗保险的，个人账户存储额可一次性支付给继承人，没有继承人的，个人账户存储额纳入基本医疗保险统筹基金。

（二）基金来源

职工基本医疗保险基金来源包括用人单位和个人的缴费、政府补助、基金的利息以及其他资金，其中，用人单位和个人的缴费是职工基本医疗保险基金的重要来源，一般在职工基本医疗保险基金不足时，由政府提供补助。

三、职工基本医疗保险的参保范围

（一）参保范围基本规定

根据《国务院关于建立城镇职工基本医疗保险制度的决定》（国发〔1998〕44号）的规定，职工基本医疗保险的参保范围覆盖城镇所有用人单位，企业（国有企业、集体企业、外商投资企业、私营企业等）、机关、事业单位、社会团体、民办非企业单位及其职工，都要参加职工基本医疗保险。部队所属用人单位及其无军籍从业人员也在参保范围之内。乡镇企业及其职工、城镇个体经济组织业主及其从业人员是否参加职工基本医疗保险，由各省、区、市人民政府决定。

根据《社会保险法》的规定，职工应当参加职工基本医疗保险，由用人单位和职工按照国家规定共同缴纳基本医疗保险费。无雇工的个体工商户、未在用人单位参加职工基本医疗保险的非全日制从业人员以及其他灵活就业人员可以参加职工基本医疗保险，由个人按照国家规定缴纳职工基本医疗保险费。

（二）参保范围特殊规定

1. 破产企业

2009年，人力资源和社会保障部、财政部、国务院国有资产监督管理委员会、监察部《关于妥善解决关闭破产国有企业退休人员等医疗保障有关问题的通知》要求，各地要制定具体的实施办法，切实将尚未参保的、关闭破产集体企业等其他各类关闭破产企业退休人员和困难企业职工纳入职工基本医疗保险。中央财政对此项工作做得好的地区，通过以奖代补的方式给予一次性奖励。对确有困难、难以参加职工基本医疗保险的，经省级人民政府批准纳入城镇居民基本医疗保险，中央财政按照城镇居民基本医疗保险有关规定给予补助。省级人民政府要明确参加城镇居民基本医疗保险企业的具体标准和审批程序，省级人力资源和社会保障等部门要认真按照规定严格组织实施，防止有缴费能力的企业逃避城镇职工基本医疗保险的缴费责任，损害退休人员和职工权益。

2. 失业人员

《社会保险法》规定，失业人员在领取失业保险金期间，参加职工基本医疗保险，享受基本医疗保险待遇。失业人员应当缴纳的基本医疗保险费从失业保险基金中支付，个人不缴纳基本医疗保险费。

3. 退役军人

按照《中国人民解放军军人退役医疗保险暂行办法》的规定，军人退出现役后，按照国家规定不参加职工基本医疗保险的，由军人所在单位后勤（联勤）机关财务部门将军人退役医疗保险金发给本人；按照国家规定应当参加职工基本医疗保险的，由军人所在单位后勤（联勤）机关财务部门将军人退役医疗保险金转入军人安置地的社会保险经办机构。

4. 内退职工

内退职工是指不到法定退休年龄，由用人单位办理内退手续，停止其工作并由用人单位按一定标准支付工资的职工。由于用人单位办理的内退手续并不具备法定条件，内退不属于法定退休，充其量只是减员增效的企业行为。因此，内退人员不能享受退休人员的医疗保险待遇，必须按照在职职工的参保条件参保，其参保方式和医疗保险待遇与在职职工完全一致。

5. 离退休职工

根据《国务院关于建立城镇职工基本医疗保险制度的决定》（国发〔1998〕44号）的规定，退休人员参加基本医疗保险、达到国家规定的最低累计缴费年限，个人不缴纳基本医疗保险费。对退休人员个人账户的计入金额和个人负担医疗费的比例给予适当照顾。离休人员、老红军的医疗管理办法由省、自治区、直辖市人民政府制定。离休人员、老红军不参加医疗保险制度改革，原有的医疗待遇保持不变，所需费用仍按原渠道解决。如果原来在政府机关或事业单位工作，那么就在原单位报销；如果原来在企业工作，那么就在原企业的福利费用中报销。对于个别经营效益不好、医疗费用报销确有困难的单位，由同级人民政府财政解决。

四、职工基本医疗保险的缴费基数与缴费标准

（一）缴费基数

1.用人单位缴费基数

用人单位以国家规定的职工工资总额为缴费基数。

2.职工个人缴费基数

职工以本人工资收入为缴费基数，但不得低于所在市县上年度从业人员社会平均工资的60%，超过所在市县上年度从业人员社会平均工资的300%的部分不算作基数。介于60%~300%的据实缴费。职工工资总额是指直接支付给职工的全部劳动报酬，工资总额由下列六部分组成：计时工资、计件工资、奖金、津贴和补贴、加班加点工资、特殊情况下支付的工资。

按照《社会保险法》和《社会保险费征缴暂行条例》的规定，缴费单位不按规定及时申报应缴纳的基本医疗保险费数额的，依照以下的原则进行处理：缴费单位不按规定申报应缴纳的社会保险费数额的，由基本医疗保险经办机构按照法律所规定的依据确定缴费单位应当缴纳的基本医疗保险费，一般按该单位上月缴费数额的110%确定应缴数额；如果没有缴费单位上月缴费数额，由基本医疗保险经办机构暂时按该单位的经营状况、职工人数等有关情况确定应缴数额。

3.没有雇工的个体工商户以及灵活就业人员的缴费基数

没有雇工的个体工商户以及灵活就业人员的缴费基数，以上一年度本市全口径城镇就业人员平均工资的数额作为缴费基数，各地不统一，具体情况根据当地规定。

（二）缴费标准

用人单位缴费率控制在职工工资总额的6%左右，职工缴费率一般为本人工资收入的2%。无雇工的个体工商户和灵活就业人员的医疗保险缴费比例全国不统一。

五、职工基本医疗保险的待遇

（一）享受医疗保险待遇的条件

1.退休人员缴费年限的规定

职工基本医疗保险的缴费年限，是指职工退休后继续享受医疗保险待遇，不需要再缴纳基本医疗保险费所达到的最低缴纳基本医疗保险费的年限。目前，对此没有全国统一的规定，由各统筹地区根据本地情况来确定。从目前各地方规定的情况来看，一般要求达到退休年龄时，男性参保人员缴费年限要达到25~30年，女性参保人员缴费年限要达到20~25年（地区不同，规定有别）。按照国家的规定办理了

退休手续，享受退休人员的基本医疗保险待遇的，不再缴纳基本医疗保险费。未达到规定的医疗保险缴费年限的，法律规定其可以采用补缴的方式缴费至国家规定的最低年限，补缴的费用包括其实际缴费年限与国家规定的最低缴费年限相差的期间内，应当由用人单位和个人缴纳的全部医疗保险费用。

2.用人单位和个人依法按时缴纳医疗保险费，可以享受医疗保险待遇

用人单位按规定办理城镇职工基本医疗保险参保登记手续并足额缴费的，缴费当月月底划拨个人账户，参保人员自缴费次月起享受基本医疗保险待遇。用人单位与职工解除或终止劳动关系，在办理社会保险关系中止手续后，就业转失业人员个人账户结余资金可继续使用，但不享受基本医疗保险统筹、大病待遇；其重新就业时，在新录用单位续办参保手续后，可继续享受基本医疗保险统筹、大病待遇。

用人单位参加职工基本医疗保险后中断或未足额缴费，自次月起暂停其职工参保人员（包括退休、退职人员）的基本医疗保险待遇，并中止向个人账户划账；用人单位在3个月内补足欠费的，从补缴次月起恢复享受基本医疗保险待遇，补划个人账户，欠费期间发生的医疗费用按规定支付；欠费超过3个月的，用人单位在按规定补缴后，可恢复参保人员待遇及资格，补记个人账户，缴费年限连续计算，但欠费期间发生的医疗费用统筹基金和大病医疗救助基金不予支付。

3.灵活就业人员

灵活就业人员首次参加职工基本医疗保险，从参保缴费次月起可使用个人账户就医、购药，连续足额缴费满6个月后，可享受基本医疗保险统筹、大病待遇。灵活就业人员参加职工基本医疗保险后中断或未足额缴费，自次月起暂停其基本医疗保险待遇，并中止向个人账户划账；在3个月内补足欠费的，补划个人账户，缴费年限连续计算，并从补缴次月起恢复享受基本医疗保险待遇；欠费超过3个月再次缴费的，必须连续缴费满6个月，方可享受职工基本医疗保险待遇，实际连续缴费年限重新计算。灵活就业人员欠费期间发生的医疗费用统筹基金和大病医疗救助基金不予支付。

4.退休职工

用人单位参保前已退休（职）的人员不缴纳基本医疗保险费。参保后退休的人员在在职期间缴纳的职工基本医疗保险费年限必须达到当地规定的最低缴费年限。不足年限的，在办理退休手续时，由用人单位或职工个人以全市上年度职工月平均工资为基数，按单位和个人合计费率补足所差年份的职工基本医疗保险费，可享受职工基本医疗保险待遇。职工参保前符合国家规定的连续工龄或工作年限可视同缴费年限。参保后新办理退休的人员，参保单位必须及时持经过市劳动保障部门审核的企业职工退休审批表，到医保中心为其办理退休人员医疗保险登记手续，登记后方可享受退休人员医疗保险待遇。

（二）职工基本医疗保险的待遇

1. 职工基本医疗保险基金的支付范围

（1）个人账户支付范围包括下列项目：在定点医疗机构门（急）诊的医疗费用；在定点零售药店购药的费用；起付标准以下的医疗费用；起付标准以上、最高支付限额以下应当由个人负担的医疗费用；最高支付限额以上应当由个人负担的医疗费用。

关于起付标准额度和最高支付限额的规定，国家设定一定额度作为统筹基金开始支付的标准，在起付线及以下由个人承担，起付金额以上统筹基金才有支付责任。最高限额是指统筹基金支付的最高额度界限，超过最高限额的部分，统筹基金不予支付。

（2）统筹基金的支付范围包括以下项目：住院治疗的医疗费用；急诊抢救留院观察并收入住院治疗的，其住院留院观察7日内的医疗费用；血液透析、恶性肿瘤放化疗、肾移植后服抗排异药等特殊病种的门诊医疗费用。达到支付的起点金额，统筹基金才有责任支付医疗费用，超过最高支付限额的部分，统筹基金不承担支付费用的责任，在支付起点到最高限额之间的医疗费用才能由个人和统筹账户各承担一定的比例。统筹基金支付的起点被称作起付线，最高限额也叫封顶线。

2. 职工基本医疗保险基金的支付模式

支付模式，是现代医疗保障制度的核心设计，由于医疗保险重点在于大病医疗保险上，因此哪些费用由社会统筹支付，对民众医疗费用进行补偿，我国实践中有如下规定：

（1）起付线的规定

按照"医疗保险基金与参保者个人共同负担住院医疗费"的基本医疗保险制度改革原则，参保者在定点医疗机构实际发生的属于基本医疗保险"目录"范围内的住院医疗费，个人先承担一部分后，医疗保险基金才按规定比例支付。个人先承担的住院医疗费数额标准，就是医疗保险经办机构规定的医疗保险费用支付的"起付线"。其特点一是起付线以下的医疗费用由病人自负或病人与其单位分担，增强了被保险人的费用意识，有利于减少浪费；二是将大量的小额医疗费用剔除在医疗保险偿付范围之外，减少了保险结算工作量，有利于降低管理成本；三是小额费用由被保险人自负，有利于保障高额费用疾病风险，即保大病。

如按费用或病种划分统筹账户支付范围，可以年度累计发生费用设定统筹基金起付标准，职工在一个年度内累计达到一定费用（如1 000元），就可以进行统筹基金支付。如以门诊住院划分统筹账户支付范围，统筹基金起付标准控制在工资的10%左右，还要考虑门诊中个人负担医疗费用的因素，不能单纯在住院费用中按10%的控制标准设定起付标准。住院起付标准也不能就设定一个，如在一个年度内住院病人每次都要跨这个"门槛"或跨一次后再住院就不跨"门槛"，前者导致多次住院病人负担过重，后者对统筹基金产生的支付压力过大。比较适宜的办法是依次递减设定每次住院起付标准，如首次住院起付标准为当地年平均工资的7%，第二次为5%，第三次为3%。

（2）封顶线的规定

封顶线也叫最高支付限额保险，是与起付线相反的费用分担方法。该方法规定一个医疗保险年度内医疗保险基金支付给每位参保人的最高限额，医疗保险机构只支付低于封顶线的费用，超出封顶线的费用由参保者自付。封顶线管理的特点有以下三方面：一是在社会经济发展水平和各方承受能力比较低的情况下，医疗保险只能首先保障享受人群广、费用比较低、各方都可以承受的一般医疗。因而本着保障基本医疗、扩大享受面的原则，将高额医疗费用剔除在保险支付范围之外。二是有利于限制参保者对高额医疗服务的过度需求，以及医疗服务提供方对高额医疗服务的过度提供。三是有利于鼓励参保者重视卫生保健，防止小病酿成大病。

（3）按比例自付

按比例自付又称共付保险，即医疗保险经办机构和参保者按一定的比例共同支付医疗费用，这一比例又称共同负担率或共同付费率。个人自付比例是指医疗保险政策规定准予支付的医疗费用中由参保者个人承担的比例。按比例自付可以是固定比例，也可以是变动比例。按比例自付简单直观，易于操作，参保者可根据自己的支付能力适当选择医疗服务，有利于调节医疗消费，控制医疗费用；由于价格需求弹性的作用，参保者往往选择价格相对较低的服务，有利于降低卫生服务的价格。但是对不同人群和不同收入状况采用统一自付比例，可能出现卫生服务的不公平性。

（4）混合支付

在医疗保险支付制度的建立中，往往将两种以上的支付办法结合起来应用，形成优势互补，更有效地促使合理需求，控制医疗费用的过度增长。例如，对低费用实行起付线，对高费用实行封顶线，并对中间段费用实行按比例给付的方法，被认为是既能够合理保障，又能够有效制约的办法。

根据《国务院关于建立城镇职工基本医疗保险制度的决定》的规定，要确定统筹基金的起付标准和最高支付限额，起付标准原则上控制在当地职工年平均工资的10%左右，最高支付限额原则上控制在当地职工年平均工资的4倍左右。起付标准以下的医疗费用，从个人账户中支付或由个人自付。起付标准以上、最高支付限额以下的医疗费用，主要从统筹基金中支付，个人也要负担一定比例。超过最高支付限额的医疗费用，可以通过商业医疗保险等途径解决。

3.待遇给付资金渠道

（1）一般人员的待遇给付

起付标准、最高支付限额以及在起付标准以上和最高支付限额以下医疗费用的个人负担比例，由统筹地区根据以收定支、收支平衡的原则确定。

职工基本医疗保险的待遇标准按照国家规定执行。符合基本医疗保险药品目录、诊疗项目、医疗服务设施标准以及急诊、抢救的医疗费用，按照国家规定从基本医疗保险基金中支付。参保人员在协议医疗机构发生的医疗费用，符合基本医疗保险药品目录、诊疗项目、医疗服务设施标准的，按照国家规定从基本医疗保险基金中支付。参保人员医疗费用中应当由基本医疗保险基金支付的部分，由社会保险经办机构与医疗机构、药品经营单位直接结算。社会保险经办机构根据管理服务的需要，可以与医疗机构、药品经营单位签订服务协议，规范医疗服务行为。医疗机构应当为参保人员提供合理、必要的医疗服务。

医疗费用依法应当由第三人负担，第三人不支付或者无法确定第三人的，由基本医疗保险基金先行支付。参保人员确需急诊、抢救的，可以在非协议医疗机构就医；因抢救必须使用的药品可以适当放宽范围。参保人员急诊、抢救的医疗服务具体管理办法由统筹地区根据当地实际情况制定。社会保险行政部门和卫生行政部门应当建立异地就医医疗费用结算制度，方便参保人员享受基本医疗保险待遇。个人跨统筹地区就业的，其基本医疗保险关系随本人转移，缴费年限累计计算。

（2）特殊人员的待遇给付

离休人员、老红军的医疗待遇不变，医疗费用按原资金渠道解决，支付确有困难的，由同级人民政府帮助解决。离休人员、老红军的医疗管理办法由省、区、市人民政府制定；二等乙级以上革命伤残军人的医疗待遇不变，医疗费用按原资金渠道解决，由社会保险经办机构单独列账管理。医疗费支付不足部分，由当地人民政府帮助解决。

4.职工基本医疗保险基金不予支付的范围

（1）应当从其他保险基金中支付的医疗费用

职工因工负伤或者患职业病，经鉴定属于工伤的，由工伤保险基金支付相关医疗费用。职工因自身身体机理病变或者非因工负伤产生的医疗费用，一般可由医疗保险基金支付相关医疗费用；女职工已缴纳生育保险的，因怀孕、分娩等并非自身身体机理病变而产生的治疗医疗费，应由生育保险基金支付报销。

（2）应当由第三人负担的医疗费用

第三人侵权造成参保人人身损害而产生的治疗医疗费用由侵权行为人承担，赔偿参保人的经济损失。此外，《社会保险法》第三十条第二款还规定，医疗费用依法应当由第三人负担，第三人不支付或者无法确定第三人的，由基本医疗保险基金先行支付。基本医疗保险基金先行支付后，有权向第三人追偿。

（3）在境外发生的医疗费用

境外患病治疗的医疗费用，一般由出境人员自行购买商业境外保险解决，不属于国内基本医疗保险的支付范围。

六、职工基本医疗保险关系的转移接续

职工基本医疗保险参保人员跨统筹地区流动就业，新就业地有接收单位的，由单位按照《社会保险费征缴暂行条例》的相关规定办理登记手续，参加新就业职工基本医疗保险；无接收单位的，个人应在中止原基本医疗保险关系后的3个月内到新就业地经办机构办理登记手续，按当地规定参加职工基本医疗保险或城镇居民基本医疗保险。

职工基本医疗保险参保人员跨统筹地区流动就业并参加新就业地职工基本医疗保险的，由新就业地经办机构通知原就业地经办机构办理转移手续，不再享受原就业地城镇基本医疗保险待遇。建立个人账户的，个人账户原则上随其医疗保险关系转移划转，个人账户余额（包括个人缴费部分和单位缴费划入部分）通过经办机构办理转移。

七、职工基本医疗保险的基金管理

职工基本医疗保险基金纳入财政专户管理，专款专用，不得挤占挪用。社会保险经办机构负责基本医疗保险基金的筹集、管理和支付，并要建立健全预决算制度、财务会计制度和内部审计制度，由各级财政预算解决。职工基本医疗保险基金统一由医疗保险基金经办机构依法管理，按照医疗保险种类分户建账、分账核算、自求平衡，不得相互挤占和调剂，社会保险经办机构的事业经费不得从基金中提取。职工基本医疗保险基金财务管理应结合医疗保险事业的特点，严格按照国家的财务制度、审计制度及其他管理制度执行，充分发挥财政、审计、银行和经办机构内部财务监督、内部审计的财务管理职能。

第三节 城乡居民基本医疗保险

改革开放以来，我国先是针对企业职工建立医疗保险制度后扩大到所有的用人单位，而后针对农村居民人员大病住院费用补偿问题建立了新型农村合作医疗保险制度，针对城镇居民建立了城镇居民医疗保险制度。

为了体现公平的原则，也为了缓解农村居民因病致贫或因病返贫，减轻看病负担，国家建立了新型农村合作医疗保险并于2003年在全国部分地区进行试点，2010年基本实现了所有农村人口的覆盖；为了让老百姓都能享受到医疗保险待遇，让医疗保险覆盖所有的人群，2007年我国又建立了针对城镇居民医疗保障的城镇居民医疗保险制度。自此，医疗保险覆盖我国所有的人群。2016年，国务院印发

的《关于整合城乡居民基本医疗保险制度的意见》中规定，推进城镇居民医疗保险和新型农村合作医疗制度整合，逐步在全国范围内建立统一的城乡居民医疗保险制度。2018年，国家医保局会同财政部、人力资源和社会保障部、国家卫生健康委员会联合印发了《关于做好2018年城乡居民基本医保保险工作的通知》，规定全国范围内统一的城乡居民医疗保险制度将全面启动实施。

整合城镇居民基本医疗保险和新型农村合作医疗两项制度，建立统一的城乡居民基本医疗保险制度，是推进医药卫生体制改革、实现城乡居民公平享有基本医疗保险权益、促进社会公平正义、增进人民福祉的重大举措，对促进城乡经济社会协调发展、全面建成小康社会具有重要意义。

一、城乡居民基本医疗保险的内涵

（一）城乡居民基本医疗保险的概念

城乡居民基本医疗保险是在整合城镇居民基本医疗保险和新型农村合作医疗两项保险的基础上建立的针对广大城乡非就业居民的医疗保险，使得城乡非就业居民能够病有所医。

（二）城乡居民基本医疗保险的特点

（1）参保范围主要是城乡的非从业人员。

（2）以政府为主导。城乡居民基本医疗保险在筹资上政府是主要缴费主体，体现了政府社会保险责任以及对城乡居民的关心和照顾。

（3）城乡居民基本医疗保险只能对住院治疗费用给予一定的补偿。

（4）政府补助的标准不断提高。

（三）城乡居民基本医疗保险的基本原则

（1）实行市（地）级统筹，鼓励有条件的地区实行省级统筹。

（2）坚持公平原则。做到"六个统一"：统一覆盖范围、统一筹资政策、统一保障待遇、统一医保目录、统一定点管理、同一基金管理。

（3）报销就高不就低、用药就宽不就窄、定点医院就多不就少。

（4）基金管理上坚持收支平衡略有结余的原则。

二、城乡居民基本医疗保险的参保范围

城乡居民医保制度参保范围包括现有城镇居民医保和新农合所有应参保（合）人员，即参保人员属于除职工基本医疗保险参保人员以外的其他所有城乡居民。农民工和灵活就业人员依法参加城镇职工基本医疗保险，有困难的可按照当地规定参加城乡居民医保。各地要完善参保方式，促进应保尽保，避免重复参保。

城乡居民基本医疗保险的参保人员具体包括：（1）城乡非从业居民；（2）不属于城镇职工基本医疗保险制度参保范围的中小学阶段的学生（包括职业高中、中专、技校学生）、少年儿童；（3）依法参加职工基本医疗保险有困难的进城务工人员和灵活就业人员；（4）新生儿、大学生以及已取得居住证的常住人口等特殊人群。

三、城乡居民基本医疗保险的缴费标准

坚持多渠道筹资，继续实行以个人缴费与政府补助相结合为主的筹资方式，鼓励集体、单位或其他社会经济组织给予扶持或资助。城乡居民基本医疗保险政府补助资金由户籍地财政承担，按照医疗保障支出责任市级分档分担办法，市财政对各区市县给予补助。大学生参保所需政府补助资金，按照高校隶属关系，由同级财政负责安排。

各地要统筹考虑城乡居民医保与大病保险保障需求，按照基金收支平衡的原则，合理确定城乡统一的筹资标准。现有城镇居民医保和新农合个人缴费标准差距较大的地区，可采取差别缴费的办法，利用2～3年时间逐步过渡。整合后的实际人均筹资和个人缴费不得低于现有水平。

完善筹资动态调整机制。在精算平衡的基础上，逐步建立与经济社会发展水平、各方承受能力相适应的稳定筹资机制。逐步建立个人缴费标准与城乡居民人均可支配收入相衔接的机制。合理划分政府与个人的筹资责任，在提高政府补助标准的同时，适当提高个人缴费比重。2020年国家规定城乡居民医疗保险缴费个人一年不得低于280元，人均财政补助标准新增30元，达到每人每年不低于550元。各地在此基础上，根据当地的具体情况，可以适当增加缴费额度。

四、城乡居民基本医疗保险的待遇

城乡居民在住院看病时享受城乡居民基本医疗保险待遇。城乡居民在住院时也像职工医疗保险一样，有起付线和封顶线的规定。城乡居民住院时，先要支付一笔相当于起付线的资金，在起付线和封顶线之间发生的医疗费用，按照医院的级别报销规定的比例费用，其余医疗费用需要自己负担。城乡居民基本医疗保险参保人员住院发生的支付范围内医疗费用，有起付标准和年度最高支付限额的规定，起付标准以内的医疗费用，由个人承担；起付标准以上、年度最高支付限额以下的医疗费用，由统筹基金按照一定比例支付。城乡居民医疗保险的起付标准以及封顶线各地不一致，应按照当地规定执行。

五、城乡居民基本医疗保险的基金管理

经办机构应当建立健全基金预决算制度、财务会计制度和内部审计等制度，做好基金的管理和支付工作。遵循保障适度、收支平衡的原则，均衡城乡保障待遇，逐步统一保障范围和支付标准，为参保人员提供公平的基本医疗保障。妥善处理整合前的特殊保障政策，做好过渡与衔接。

城乡居民基本医疗保险费由税务部门负责征收，纳入财政专户管理，单独列账，专款专用，任何单位和个人不得挤占、挪用。城乡居民医保基金主要用于支付参保人员发生的住院医疗费用，稳定住院保障水平，进一步完善门诊统筹。审计机关按照职责，对城乡居民基本医疗保险基金的收支、管理和投资运营情况实施监督。

第四节　基本医疗保险的补充——其他医疗保险

我国的基本医疗保险在制度上覆盖城镇就业人口、城镇非就业人口和农村人口。它包括城镇职工基本医疗保险和城乡居民基本医疗保险。在享受基本医疗保险之外，个人还需要承担一定的医疗费用。这也会对基本医疗保险参保人的经济生活产生影响，根据个人的负担能力，我国在基本医疗保险基础上，还建立了补充医疗保险。补充医疗保险包括大额医疗费用补助、公务员医疗补助等，此外，商业医疗保险，也属于补充医疗保险的一种，用以满足城乡居民的医疗保障需求。

一、大额医疗费用补助

（一）职工大额医疗费用补助

1.定义

职工大额医疗费用补助是政府组织和建立的面向除实行公务员医疗补助之外的其他城镇职工基本医疗保险参保人员的一种补充医疗保险，目的是对参保人员年度医疗费用超过封顶线的部分进行补助。大额医疗费用补助保险，是各地在推进基本医疗保险制度改革过程中，探索出的一种解决封顶线以上大额医疗费用的医疗补助办法。

2.保障对象

大额医疗费用补助保险最初由地方政府随同基本医疗保险的建立在参保职工中强制执行，由当地社会保险经办机构负责经办，是一种社会性的补充保险。除实行公务员医疗补助之外的其他单位和职工在参加城镇职工基本医疗保险的同时，应向

社会保险经办机构缴纳大额医疗补助费，用于支付参保人员超过封顶线部分的医疗费用。

3. 筹资标准

保险费一般由每个职工一年缴纳一定额度费用的办法筹集，由社会保险经办机构建立大额医疗费用补助金，与基本医疗保险基金分开管理，分别核算。在实践中，各地的缴费标准不统一。有按职工缴费工资基数的一定比例收取的，也有按固定额度收取的，其中以后者居多。有的地区职工大额医疗费用补助的资金完全由参保单位缴纳或者完全由参保职工缴纳，也有的地区由参保职工和单位共同缴纳，还有的地区规定资金不足支付时财政给予适当补贴，其中以由参保职工和用人单位共同缴纳的情形居多。

4. 待遇

大额医疗费用补助主要用于支付参保职工封顶线以上的医疗费用。参保职工发生超过封顶线的医疗费用，由大额医疗费用补助金按一定比例支付。参保人员停止享受基本医疗保险或住院费用统筹保险待遇的同时，停止享受大额医疗费用补助保险待遇。参保人员满足大额医疗费用补助保险条件后，仍然执行基本医疗保险规定的各等级医院的起付标准、自付比例，以及乙类药品的自付比例、支付部分费用的诊疗项目的自付比例。

（二）城乡居民大病保险

1. 定义

城乡居民大病保险（以下简称大病保险）是基本医疗保障制度的拓展和延伸，是对大病患者发生的高额医疗费用给予进一步保障的一项新的制度性安排。大病保险原则上实行市（地）级统筹，鼓励省级统筹或全省（区、市）统一政策、统一组织实施，提高抗风险能力。

2. 保障对象

大病保险的保障对象为城乡居民基本医保参保人，保障范围与城乡居民基本医保相衔接。由于大病保险覆盖所有城乡居民基本医保参保人群，大病患者看病就医负担有效减轻。

3. 筹资标准

各地结合当地经济社会发展水平、患大病发生的高额医疗费用情况、基本医保筹资能力和支付水平，以及大病保险保障水平等因素，科学细致做好资金测算，合理确定大病保险的筹资标准。

4. 待遇

从城乡居民基本医保基金中划出一定比例或额度作为大病保险资金。城乡居民基本医保基金有结余的地区，利用结余筹集大病保险资金；结余不足或没有结余的地区，在年度筹集的基金中予以安排。完善城乡居民基本医保的多渠道筹资机制，保证制度的可持续发展。参保人患大病发生高额医疗费用，由大病保险对经城乡居民基本医保按规定支付后个人负担的合规医疗费用给予保障。

大病保险制度与医疗救助等制度紧密衔接，共同发挥托底保障功能，有效防止发生家庭灾难性医疗支出，城乡居民医疗保障的公平性得到显著提升。

二、公务员医疗补助制度

公务员医疗补助是在城镇职工基本医疗保险制度基础上对国家公务员的补充医疗保障，是保持国家公务员队伍稳定、廉洁，保证政府高效运行的重要措施。根据《关于建立城镇职工基本医疗保险制度的决定》，国家公务员在参加基本医疗保险的基础上，享受医疗补助政策。这种医疗补助政策实际上就是适用于公务员的一种补充医疗保险。根据劳动保障部、财政部《关于实行国家公务员医疗补助的意见》的要求，国家公务员医疗补助是为了保障国家公务员参加基本医疗保险后，原有的医疗待遇水平不降低，按照原来公费医疗资金渠道给予适当补助的一种基本医疗保险补充形式。公务员医疗补助的补助水平要与当地经济发展水平和财政负担能力相适应，并随经济发展有所提高。同时，按照现行财政管理体制，医疗补助经费由同级财政列入当年财政预算，具体补助标准应根据原公费医疗的实际支出、基本医疗保险的筹资水平和财政承受能力等情况合理确定。医疗补助经费主要用于基本医疗保险统筹基金最高支付限额以上，符合基本医疗保险用药、诊疗范围和医疗服务设施标准的医疗费用补助；在基本医疗保险支付范围内，个人自付超过一定数额的医疗费用补助；中央和省级人民政府规定享受医疗照顾的人员，在就诊、住院时按规定补助的医疗费用。补助经费的具体使用办法和补助标准，由各地按照收支平衡的原则做出规定。医疗补助经费由同级财政列入当年财政预算，专款专用、单独建账、单独管理，与基本医疗保险基金分开核算。

三、商业医疗保险

商业医疗保险是医疗保障体系的组成部分，单位和个人自愿参加。国家鼓励用人单位和个人参加商业医疗保险。商业医疗保险是指由保险公司经营的、营利性的医疗保障。消费者依一定数额交纳保险金，遇到重大疾病时，可以从保险公司获得一定数额的医疗费用。

商业保险公司开办的补充医疗保险分为两种情况：一种情况是由已参加基本医疗保险的单位和个人向商业保险公司投保，用以作为高额医疗费用的补充医疗保险，如厦门模式。基本医疗保险的封顶线即为商业补充医疗保险的起付线，起付线以上的高额医药费由商业医疗保险承担，但商业保险公司一般仍规定一个给付上限，如每年的补偿金额不超过15元万人民币或20万元人民币。目前国内部分商业保险公司已经积极地介入了补充医疗保险市场。另一种情况是由各大商业保险公司提供的针对某些特殊疾病的"重大疾病保险""癌症保险"等商业保险险种，也能为职工超过封顶线的高额医疗费用提供一定程度的补偿。

另外，我国在建立补充医疗保险制度之外，对于无力参加基本医疗保险的和参保后无力继续缴纳基本医疗保险费用的困难人群，建立了城乡医疗救助制度，由政府财政提供资金支持，使得这部分人员享受医疗保障。城乡医疗救助是医疗保障的兜底制度，体现了国家对城乡经济困难群体的关心和照顾。

第一节　生育保险概述

一、生育保险的内涵

（一）生育保险的概念

生育保险是指国家通过立法实施，在女性劳动者因怀孕和分娩暂时中断劳动时，由国家和社会提供医疗服务、生育津贴和产假的一种社会保险制度。生育保险同其他社会保险项目一样，随着经济的发展和社会的需要而产生，有其客观必然性。其目的在于保障生育女性在特殊时期的基本生活和医疗保健需要，确保其身体恢复及整个社会的人口再生产。

（二）生育保险的特点

生育保险是社会经济和社会保障发展到一定阶段的产物，作为社会保险的重要组成部分，它具有社会保险的一些基本特征，如强制性、社会性和公平性等。但由于生育行为的特殊性，生育保险必然具有其自身的一些特点：

1. 覆盖范围比较窄

享受生育保险的对象主要是处于生育期间的女性劳动者，因而待遇享受人群相对比较窄，并且享受时间相对比较集中，一般为育龄期。其根本目的是保证女职工生育期间的基本生活，帮助其尽快恢复劳动能力，重返工作岗位。随着社会进步和经济发展，一些国家和地区允许在女职工生育后，给予配偶一定假期以照顾妻子，并发给假期工资；还有些国家和地区为男职工的配偶提供经济补助。

2. 限制条件比较多

生育保险的给付大多受各国婚姻政策和人口政策的限制。有些国家对享受者有参保记录、工作年限、本国公民身份等方面的要求。我国生育保险要求享受对象必须是合法婚姻者，即必须符合法定结婚年龄、按《中华人民共和国民法典》（以下简称《民法典》）规定办理了合法手续，并符合国家计划生育政策等。

3. 同妊娠结果无关

无论女职工妊娠结果如何，均可以按照规定得到补偿。也就是说无论胎儿存活与否，只要是怀孕生育期间，被保险人收入中断或身体健康情况失常需要治疗，女职工均可享受有关待遇，包括流产、引产以及胎儿和产妇发生意外等情况。

4. 不需要特殊治疗

生育期间的医疗服务主要以保健、咨询、检查为主，侧重于指导孕妇处理好工作与休养、保健与锻炼的关系，使她们能够顺利地度过生育期。产前检查以及分娩时的接生和助产，则是通过医疗手段帮助产妇顺利生产。分娩属于自然现象，正常情况下不需要特殊治疗。生育导致的只是劳动能力的暂时丧失引起的收入中断，不同于疾病、伤残等引起的病理变化。

5. 保障水平较高

生育保险具有同时保障劳动力的简单再生产和扩大再生产的双重功能，因而生育期间的经济补偿高于养老、医疗等保险。生育保险一方面保障了生育妇女的身体健康和劳动力的恢复，另一方面对下一代的健康成长也起到了非常重要的作用。所以生育保险提供的生育津贴，一般为生育女职工的原工资水平，也高于其他保险项目。

（三）基本原则

1. 保障优生优育原则

生育保险是保障劳动力再生产、保障优生优育的重要手段。孕育健康的婴儿、保障母子健康，需要进行产前检查，妇女因生育退出岗位抚养婴儿，因此保障优生优育是生育险必须坚持的原则。同时，生育保险待遇也要按照优生优育的原则进行相关待遇的设计。

2. 资金补偿和休假待遇相结合原则

为了保障生育后母子健康，不仅要提供生育保险基金补偿，也要安排分娩妇女一定时间的产假，以利于分娩妇女恢复身体健康，利于婴儿得到很好的照顾。

3. 个人不缴费原则

生育保险由用人单位负责缴费，个人不缴纳保险费。

二、生育保险制度的发展历程

生育不仅是个人行为，更是一种社会行为。当广大妇女为尽生育天职而承受种种风险和损失时，社会理应给予其一定的补偿，这反映了政府对生育的社会价值认同。

（一）生育保险制度的历史沿革

生育保险作为社会保险体系的一个分支，源于德国1883年《德国劳工基本保险法》中关于生育保险的规定，同期颁布的《疾病社会保险法》中，也纳入了生育保险的相关内容，当时生育保险只是作为疾病保险的一部分实施，生育保险基金发放也仅限于女性被保险人。

随后女性生育问题进一步得到世界各国的重视。1911年意大利政府把生育保险列为疾病保险范围，并于1912年颁布《生育保险法》，成为世界首部独立的生育保险法。各国关于疾病保险、妇女权益保障的立法中都有生育保险的内容。国际劳工组织2000年5月30日在日内瓦召开第88届会议，并于2000年6月15日通过了《保护妇女生育公约》（第183号公约）。第183号公约在1952年版公约（第103号公约）基础上进行了修订，进一步促进所有劳动力中妇女地位的平等和母子健康与安全，两版公约在基本内容、原则和宗旨上是共通的。

生育保险作为一项重要的妇女权益保障措施，在世界范围内发挥着越来越大的作用。生育保险制度的历史规律表现为覆盖范围不断扩大，产假的期限不断增加，生育津贴待遇标准不断提高和完善，就业保护和非歧视原则逐步确立。

（二）我国生育保险发展历程

中华人民共和国成立前夕颁布的《中国人民政治协商会议共同纲领》及现行的《中华人民共和国宪法》均规定妇女在政治、经济、文化、社会和家庭生活等各方面享有同男子平等的权利，并且明确了妇女劳动就业的权利和男女同工同酬的权利，也为生育期间的权益提供了可靠的法律保障。

1. 生育保险制度的建立

（1）1951年2月26日，当时的政务院颁布了《劳动保险条例》，初步建立了项目比较齐全的社会保险体系，企业女职工的生育保险作为一个相对独立的项目也被纳入其中。

（2）1953年1月2日，政务院对《劳动保险条例》进行了修订，对女职工生育保险的覆盖范围、基金的征集与管理、产假及生育津贴、生育医疗服务、生育补助都作了详细明确的规定。

（3）1953年《劳动保险条例实施细则（修正草案）》第三十六条、第五十一条等对生育保险待遇加以补充，内容也有所增加。

（4）政务院分别于1952年和1955年发布的《关于全国各级人民政府、党派、团体及所属事业单位的国家工作人员实行公费医疗预防的指示》《关于女工作人员生产假期的通知》规定，机关、事业单位女职工的生育费用纳入公费医疗项目，由财政拨款。其基本内容和待遇标准与企业女职工基本一致，从而使女职工生育保险的覆盖面从企业女职工扩大到了机关、事业单位的所有女职工。

总的来说，中华人民共和国成立初期我国建立的生育保险制度是比较全面的。

它的产生和建立对维护女职工生育期间的特殊权益，保护其身体健康和基本生活，以及促进社会安定和生产建设的发展等各方面均发挥了积极的作用。

2. 生育保险制度的调整

我国的生育保险制度最初带有"国家统筹"的性质，后来由国家保险制度演变成为一种企业保险制度，缺少社会统筹和调剂，企业负担加重，甚至无力兑现女职工的生育保险待遇，排斥女职工甚至恶意逃避生育费用支付。这不仅难以保障女职工的平等就业权，而且严重侵害了女职工的社会保险权。

3. 生育保险制度的改革

（1）1988年，国务院发布了《女职工劳动保护规定》，统一了企业和机关事业单位的生育保险待遇。该规定被认为是中华人民共和国成立以来保护女职工的劳动权益，减少和解决她们在劳动中因生理机能造成的特殊困难，保护其安全和健康的第一部比较完整的、综合性的女职工劳动保护规定。同年9月又颁布了《劳动部关于女职工生育待遇若干问题的通知》。

（2）1993年11月14日，党的十四届三中全会通过的《中共中央关于建立社会主义市场经济体制若干问题的决定》中明确提出建立健全我国社会保障制度的重要原则和总体要求，其后生育保险制度的改革也迅速展开，四川、江苏、浙江、福建、山东等省先后出台地方性法规。

（3）1994年7月颁布的《中华人民共和国劳动法》（以下简称《劳动法》）对女职工的劳动就业权和生育保险问题做出了原则性的规定，为生育保险的改革与立法工作提供了法律依据。

（4）1994年12月，劳动部颁布了《企业职工生育保险试行办法》，确立了生育保险的制度模式，其核心内容是适应社会主义市场经济体制和现代企业制度的需要，实行生育保险费用社会统筹，以促进企业公平竞争和妇女平等就业。其配合《劳动法》的贯彻实施，更好地保障了企业女职工的合法权益，使她们在生育期间得到必要的经济补偿和医疗保健，均衡企业间生育保险费用的负担。该试行办法成为我国目前推行生育保险制度改革最基础的部门规章，也标志着我国生育保险制度发展进入一个新的阶段。

（5）1998年我国医疗保险制度发生了历史性转变，由公费医疗、劳保医疗模式转变为统账结合的医疗保险社会化管理模式。为了与医疗保险改革衔接，1999年9月，劳动和社会保障部、国家计生委、财政部、卫生部联合下发了《关于妥善解决城镇职工计划生育手术费用问题的通知》，将计划生育手术费用列入生育保险支付范围，但没有建立生育保险的地区，职工的计划生育手术费用由基础医疗统筹基金支付，生育保险与基本医疗保险均未参加的单位，职工的计划生育手术费用仍由所在单位按原渠道解决，从而保障了职工计划生育手术费用的落实。

（6）2004年9月8日，劳动和社会保障部办公厅颁布的《关于进一步加强生育保险工作的指导意见》强调，要加强生育保险的医疗服务管理，协同推进生育保险与医疗保险工作，要充分利用医疗保险和医疗服务措施及手段，积极探索与医疗保险统一管理的生育保险医疗服务管理模式。同时，在各地实践的基础上，确定了河北省廊坊市等8个城市作为生育保险与医疗保险协同推进的重点联系城市。

（7）2011年7月我国开始实施《社会保险法》，专设一章共四个条款对生育保险做出了规定，确立了生育保险基本制度框架，从法律上明确了生育保险是我国社会保险的重要内容。这对促进妇女平等就业、保护妇女及下一代身体健康产生重要影响，也标志着生育保险制度进入重要的改革发展时期。

4. 生育保险制度的整合试点

为贯彻落实党的十八届五中全会精神和《中华人民共和国国民经济和社会发展第十三个五年规划纲要》，根据《全国人民代表大会常务委员会关于授权国务院在河北省邯郸市等12个试点城市行政区域暂时调整适用〈中华人民共和国社会保险法〉有关规定的决定》，2017年6月底前启动生育保险和职工基本医疗保险（以下统称两项保险）合并实施试点工作，试点期限为一年左右。通过先行试点探索适应我国经济发展水平、优化保险管理资源、促进两项保险合并实施的制度体系和运行机制。两项保险整合的试点工作推进遵循保留险种、保障待遇、统一管理、降低成本的总体思路，通过整合两项保险基金及管理资源，强化基金共济能力，提升管理综合效能，降低管理运行成本。具体的实施办法为保留生育保险险种，其待遇不变，只是在征收上、预算上、基金管理上进行合并。2019年社会保险制度改革明确生育保险与医疗保险在征收上、预算上、基金管理上合并完成的时间为2019年年底。

第二节　生育保险政策

一、生育保险的筹资模式和基金来源

（一）筹资模式

生育保险基金是社会保险基金中的一个组成部分，是专门为生育职工支付有关待遇的款项。生育保险基金的来源是由参加统筹的单位缴纳，职工个人不缴纳生育保险费。生育保险基金实行社会统筹，按照"以支定收、收支平衡"的原则筹集资金。

生育保险和国家计划生育政策相关联，因此预见性强，风险不大。生育保险基金以收支基本平衡为目标，一般不留有大量结余。基金管理机构在基金测算过程中，以当地职工计划生育指标数、工资标准、生育医疗费用支付情况等为参考依

据，估算生育保险基金的筹资比例，统筹规划该地区的生育保险基金运作流程。生育保险基金由各地社会保险经办机构负责管理，同级财政、审计以及社会保险监督机构负责监督。

（二）基金来源

生育保险资金来源由以下几部分组成：用人单位的缴费、基金账户的利息以及其他收入来源。其中以用人单位缴费为主，根据用人单位工资总额的一定比例来完成筹集，个人不缴费。其他收入来源包括用人单位欠费的滞纳金和罚没款。

二、生育保险的参保范围

《社会保险法》规定：职工应当参加生育保险。这里的职工主要指国家机关、企事业单位、社会团体、民办非企业单位的职工和个体工商户。既包括女职工，又包括男职工，也就是说职工未就业配偶可以按照国家规定享受生育医疗费用待遇。这样可以一方面将部分非职工女性纳入生育保险范围中，因为她们虽然不能直接参加生育保险，但只要其配偶一方参加，就可以领取生育医疗费用，很大程度上扩大了生育保险的受益者范围；另一方面也考虑到了男性的生育角色，男性职工不再因为配偶未就业而使家庭无法享受生育保险待遇，这将极大地提高企业为男职工缴费的积极性。

三、生育保险的缴费基数和缴费标准

（一）缴费基数

生育保险只由用人单位缴纳，生育保险缴费基数跟企业职工基本养老保险基数一样，都是以企业职工工资总额作为缴费基数。实践中一般以本单位职工上年月平均工资总额或者上月职工工资总额作为缴费基数，用人单位的缴费基数一般不能低于职工个人缴费基数之和。由于生育保险实行市级统筹，各地经济水平不一样，决定了养老保险的缴费基数和缴费比例也不一样。

（二）缴费标准

1. 生育保险根据"以支定收、收支基本平衡"的原则筹集资金

由用人单位按照职工工资总额的一定比例向当地社会保险经办机构缴纳生育保险费，建立生育保险基金，职工不缴纳生育保险费。生育保险费的提取比例由当地人民政府根据计划内生育人数生育津贴、生育医疗费用确定，并可根据费用支出情况适时调整，但最高不得超过工资总额的1%。企业缴纳的生育保险费作为期间费用处理，列入企业管理费用。

2.国家机关、事业单位参保，资金来源于财政拨款

这部分人员仅仅享受医疗待遇，生育津贴部分由原工资渠道解决。

3.按照绝对额缴纳

该方式主要在山西、河北等少数地区实行，是生育保险开展最早期的做法。用人单位按照每人每月固定的缴纳额，向社会保险经办机构缴纳保险费。

四、生育保险的待遇

生育保险的待遇也就是生育保险基金的支付范围。生育保险基金的主要作用是为生育而暂时离开工作岗位的女职工支付生育医疗费用和生育津贴。

（一）享受生育保险待遇的条件

（1）用人单位按时足额缴纳生育保险费。

（2）用人单位的职工。男职工未就业配偶按照国家规定享受生育医疗费用待遇。

（3）参加生育保险并符合国家婚姻法和计划生育政策规定生育或流产的可享受生育保险待遇。非婚生育、流产等不享受生育保险的待遇。

（二）生育保险待遇的内容

根据《社会保险法》的规定，我国的生育保险待遇包括生育医疗费用、生育津贴和产假。用人单位已经缴纳生育保险费的，其职工享受生育保险待遇；职工未就业配偶按照国家规定享受生育医疗费用待遇。生育保险待遇所需资金从生育保险基金中支付。生育妇女按照县级以上人民政府根据国家有关规定制定的生育保险办法，取得的生育津贴、生育医疗费或其他属于生育保险性质的津贴、补贴，免征个人所得税。

1.生育医疗费用

纳入职工生育保险范围的生育医疗费用实行"定额补贴、实时结算和零星报销相结合"的补偿办法，由职工生育保险基金支付；超出生育保险范围的，由参保人员自行承担。《社会保险法》规定生育医疗费用包括的具体内容如下：

（1）生育的医疗费用

生育的医疗费用是指女职工在妊娠期、分娩期、产乳期内，因生育所发生的检查费、接生费、手术费、住院费、药费等医疗费用。女职工生育出院后，因生育引起疾病的医疗费，也由生育保险基金支付。这里需要注意的是，在生育期间超出规定的医疗服务费和药费（含自费药品和营养药品的药费）由职工个人负担。女职工生育或者流产的医疗费用，按照生育保险规定的项目和标准，对已经参加生育保险的，由生育保险基金支付；对未参加生育保险的，由用人单位支付。

（2）计划生育的医疗费用

计划生育的医疗费用，是指职工因实行计划生育需要，实施放置（取出）宫内

节育器、流产术、引产术、绝育及复通术所发生的费用。参保职工在基本医疗保险定点医疗机构和经计划生育管理部门、劳动保障部门认可的计划生育服务机构实施计划生育手术，其费用可以由相应的社会保险基金支付。

（3）法律、法规规定的其他项目费用

这是一条"兜底"条款。目前，各地根据自己的经济发展水平、生育人口的数量，规定了不同的医疗费用开支项目。如《吉林省城镇职工生育保险办法》第十五条规定："所在单位参加生育保险并连续缴纳生育保险费的独生子女父母退休后应享受的一次性2 000元的奖励费，从生育保险基金中支付500元。"

2. 生育津贴

生育津贴是国家法律、法规规定对职业妇女因生育而离开工作岗位期间，给予的生活费用。生育津贴由生育保险基金支付到公司账户，再由公司发放给女职工，就相当于生育保险基金给女职工支付的生育期间的工资。因为女职工生育期间要休产假，单位可以不支付其产假期间的工资，那么这个期间的工资就由生育保险基金来支付。

对于已经参加生育保险的女职工，产假期间的生育津贴按照用人单位上年度职工月平均工资的标准由生育保险基金支付；对于未参加生育保险的女职工，按照其产假前工资的标准由用人单位支付。一般而言，女职工在产假期间领取的工资和生育津贴是一回事。而且女职工在领取生育津贴期限内，其所在单位不再支付产假期间工资。如果女职工在休产假期间享受的生育津贴、医疗补贴等待遇高于员工平均工资，则企业不用再向其支付产假工资；若生育津贴等待遇低于平均工资，则企业需要补足差额。而对于超过生育津贴支付期限、未达到生育津贴领取标准，或者企业未给员工缴纳生育保险的，员工有权要求企业支付产假工资。

3. 产假

职工有下列情形之一的，可以按照国家规定享受产假：

（1）女职工生育产假

产假是指在职妇女产期前后的休假待遇，享受产假的主要是女职工。生育是人类繁衍生存和劳动力再生产的行为，既是一种自然行为，又是一种社会行为。职业妇女既要从事经济活动，又要担负生育子女的天职，实际上是为社会做出了双重贡献。国家和社会有必要通过制度安排，使生育女职工从开始怀孕就得到生活、身体等方面的照顾，使她们在产期能安心在家休养，逐步恢复身体健康，以便投入日后的工作，这对于保护妇女及婴儿的身体健康具有十分重要的意义。

自2012年起施行的《女职工劳动保护特别规定》中明确，女职工生育享受98天产假，其中产前可以休假15天；难产的，增加产假15天；生育多胞胎的，每多生育1个婴儿，增加产假15天。女职工怀孕未满4个月流产的，享受15天产假；怀孕满4个月流产的，享受42天产假。

（2）计划生育手术休假

公民实行计划生育手术享受国家规定的休假，按照《中华人民共和国卫生部、国家计划生育委员会关于转发〈节育手术常规〉的通知》和《劳动部关于女职工生育待遇若干问题的通知》的有关规定执行，具体如下：①放置宫内节育器和皮下药物埋植物，自手术起休息2天，重体力劳动者，在术后一周内不做重体力劳动。②取宫内节育器，当日休息1天。③输精管结扎，休息7天。④单纯输卵管结扎，休息21天。⑤产后结扎输卵管，按产假另加14天。⑥人工流产、怀孕不满3个月的休息20天，3个月以上不满4个月的休息30天，4个月以上休息42天。人工流产同时结扎输卵管，两项休假合并计算。实行计划生育休假期间，享受津贴。

（3）法律、法规规定的其他情形

为了使生育津贴的规定更科学、更合理，充分考虑到当前经济社会发展的实际情况和群众利益，有的地区允许女职工在生育后，给予其配偶一定的假期，以照顾生育后的妻子，假期工资照发。

（三）职工未就业配偶的生育医疗待遇

《社会保险法》规定，职工未就业配偶按照国家规定享受生育医疗待遇。这里所指的生育医疗待遇，主要是指参保职工未就业配偶因生育发生的医疗费用。这里的"国家规定"主要政策有：

1.参加城镇居民基本医疗保险的未就业妇女

参加城镇居民基本医疗保险的未就业妇女的生育医疗费用可以按照规定从城镇居民基本医疗保险基金中支付。《人力资源和社会保障部办公厅关于妥善解决城镇居民生育医疗费用的通知》（人社厅发〔2009〕97号）中要求，各地将城镇居民基本医疗保险参保人员住院分娩发生的符合规定的医疗费用纳入城镇居民基本医疗保险基金支付范围。开展门诊统筹的地区，将参保居民符合规定的产前检查费用纳入基金支付范围。

2.参加新型农村合作医疗的农村妇女

参加新型农村合作医疗的农村妇女的生育医疗费用可以按照规定从新型农村合作医疗基金中支付。2003年，国务院办公厅以国办发〔2003〕3号文，转发卫生部、财政部、农业部《关于建立新型农村合作医疗制度的意见》，明确农村妇女住院分娩的医疗费用由新型农村合作医疗制度解决。

3.农村住院分娩补助项目

2009年卫生部、财政部印发了《关于进一步加强农村孕产妇住院分娩工作的指导意见》（卫妇社发〔2009〕12号），规定实施农村孕产妇住院分娩补助政策，对农村住院分娩的产妇给予财政补助。2010年国家进一步加大了对农村住院分娩产妇的补助力度，卫生部颁布了《2010年农村孕产妇住院分娩补助项目管理方案》，项目覆盖31个省、自治区、直辖市，所有农村户籍孕产妇都可以得到财政补助。农村妇女在财政补助的基础上同步享受新型农村合作医疗，降低了孕产妇的医疗费用负担。

享受上述待遇的职工未就业配偶，不再重复享受社会保险待遇。

（四）基金不予以支付的项目

下列情形发生的医疗费用，基金不予支付：（1）就医时未按规定使用社保卡。（2）非本市生育保险定点医疗机构就诊（抢救除外）。（3）在国外或中国港澳台地区生育或实施计划生育手术。（4）治疗各种不育（孕）症、性功能障碍等。（5）计划生育手术并发症。（6）新生儿的医疗费用。

下列情形发生的医疗费用、生育津贴及一次性营养补助费，基金不予支付：（1）违反国家、省、市计划生育政策规定。（2）非法选择胎儿性别、自杀、自残、斗殴、酗酒、吸毒等原因造成妊娠终止的。（3）异位妊娠、葡萄胎等原因致妊娠终止的。（4）交通事故、医疗事故、药事事故等致妊娠终止，有第三方赔偿责任的。（5）不符合生育保险规定支付范围和标准的其他费用。

五、生育保险的基金管理

生育保险基金跟其他社会保险基金管理要求一致。生育保险按照属地原则进行管理，用人单位要按时足额缴纳生育保险费，生育保险基金实行专款专用，生育保险费要纳入预算管理，接受监督，要加强对生育保险的审计，保障资金安全。

第一节　失业保险概述

一、失业的概念及分类

（一）失业的概念

失业有广义和狭义两种概念。狭义的失业是指劳动者劳动过程的中断。广义的失业通常包括四个条件：第一，在劳动年龄范围内；第二，有劳动能力；第三，有就业意愿；第四，没有找到任何工作。我国对失业的定义较为一致的观点是：在劳动年龄范围内，有劳动能力且要求就业的人口，没有工作机会的社会经济现象。反映失业状况的重要指标是失业率。失业率是指失业人数在全国劳动力总人数中所占的比重。我国通常用调查失业率来衡量失业状况。

生产上的盲目性，使得失业具有必然性。失业是市场经济不可避免的问题，是市场经济运行和价值规律作用的必然产物。经济周期性波动、国家经济和社会政策的改变、产业结构的调整、人口构成的变化都可能引发失业问题。市场经济允许一定的失业率存在，但过高的失业率则会给社会经济发展带来危害，以至于影响社会的安宁与和谐。失业体现的是社会的问题，必须由国家主导解决。

（二）失业的分类

1. 按人们的主观意愿分类

根据人们的主观意愿，将失业分为自愿性失业和非自愿性失业。

（1）自愿性失业是指劳动者不愿意工作或者对工作待遇不满意而放弃工作。

（2）非自愿性失业是出于客观原因而非本人自愿的被解雇或者找不到工作。

2. 按失业原因分类

根据失业原因，将失业分为摩擦性失业、结构性失业、周期性失业和季节性失业。

（1）摩擦性失业是指在找工作期间内的失业。找工作需要时间，摩擦性失业是每个失业者必须面对的情况，时间可长可短，要根据自身具备的职业能力来决定。

（2）结构性失业是指由于经济结构发生改变导致的失业，一般表现为群体失业，而且失业是长期的。

（3）周期性失业是指由于经济周期性波动而导致的失业。当发生经济周期性波动时，生产过剩导致大量失业人口的存在。

（4）季节性失业是指所从业的行业具有季节性而导致的失业。如夏季生产雪糕多，冬季生产少，那么一些人就会失业。这种失业一般根据生产的产品可预知失业情况，有规律可循。一般在农业、渔业、林业、运输业、旅游业和建筑业这些受季节影响比较大的行业中表现得比较明显。

二、失业保险的内涵

（一）失业保险的概念

失业保险是指当从业人员发生失业风险失去收入来源时，为其提供经济生活来源、提供就业培训，以达到重新就业的社会保险制度。它是我国社会保险制度的重要组成部分。失业保险能够保障失业者拥有收入来源，并且对促进就业、促进和谐稳定起到重要作用。

（二）失业保险的特点

（1）享受待遇时间相对有限。一方面，失业保险要保障失业人员失业后的经济来源问题；另一方面，政府也要设定一定的保障期限，目的是促使失业人员发挥主观能动性，积极找工作，解决收入来源问题，而不是依赖政府来解决生活资金来源问题。这样的设计既能保障失业人员的失业待遇问题，又有利于发挥其寻找工作的主动性。在我国失业保险保障待遇享受的最长时间是2年。

（2）用人单位及其职工个人都要参加保险，缴纳保险费。

（3）失业保险不仅提供经济生活来源，还通过职业培训、职业介绍等形式，促使失业人员早日就业。

（4）失业保险只针对企事业单位的职工因失业给予经济补偿。

（三）失业保险的基本原则

（1）失业保险待遇调整机制。失业保险待遇要随着国家经济的发展而提高，从而保证失业人员的生活来源问题。

（2）失业保险采取用人单位和职工个人都要缴纳保险费的原则。

（3）失业保险具有强制原则，用人单位及其职工必须参加失业保险，缴纳保险费用。

三、失业保险的发展历程

失业保险制度是指依法筹集失业社会保险基金，对因失业而暂时中断劳动、失去劳动报酬的劳动者给予帮助的社会保险制度。目的是通过建立社会保险基金，使员工在失业期间获得必要的经济帮助，保证其基本生活的资金需要，并通过职业培训、职业介绍等手段，为他们重新实现就业创造条件。失业保险是社会保险制度的重要组成部分。

（一）国外失业保险制度的发展历程

19世纪中期，世界各国开始了工业化进程，产生了大量的产业工人，建立了工会组织，开展互助救济。但是机械化大生产带来了失业、工伤、生育、疾病、养老等问题。失业是其中一个重要风险项目，并逐渐成为社会问题，使得社会稳定受到威胁。各国政府都非常重视失业问题，并着手建立失业保险制度。1905年，法国率先颁布了《失业保险法》，建立了非强制性失业保险制度，即公共资助的自愿失业保险制度。法国的失业保险制度由工会自愿建立失业基金会，政府给予一定的补贴。工会会员必须加入失业保险，非工会成员可以自由选择是否参加失业保险。法国的做法被许多国家所采用。

英国是世界上最早实行强制性失业保险制度的国家。为了解决失业问题，1905年贝弗里奇拟定了《失业社会保险法草案》，该草案于1911年正式通过并实施。失业保险的强制性实施对于保障失业人员的生活来源起到重要作用。

由于第一次世界大战的爆发，西方世界各国出现了大量的失业人群。国际组织和一些国家出台了失业保险政策，力图解决失业保障问题。1929—1933年世界爆发了经济危机，危机的后果之一是产生了大量的失业工人，严重失业现象成为政府亟待解决的重要社会问题。1935年，美国推出了《社会保障法》，对失业保险制度作了重要的规定，保证失业者经济收入来源，同时出台政策鼓励企业减少裁员。另外，美国的社会保险制度要求人们发挥主观能动性，增强自我寻求工作意愿，积极找工作，解决生活来源问题。美国失业保险基金由用人单位和个人共同承担。第二次世界大战的爆发，导致大量失业人员的出现，有力地推动了世界各国失业保险制度迅速发展。

（二）我国失业保险制度的发展历程

1. 待业保险制度

20世纪80年代中期，我国经济体制由计划经济向市场经济进行转化，市场经济不可避免地带来失业。1986年7月12日，国务院发布了《国营企业实行劳动合同制的暂行规定》、《国营企业招用人暂行规定》、《国营企业辞退违纪职工暂行规定》和《国营企业职工待业保险暂行规定》。这些行政法规性文件，明确规定了国有企业实行劳动合同制,并确定了国有企业的主体用人地位。劳动合同制使劳动力有了一定的流动性,并对解除与终止劳动合同的员工、违纪被辞退的员工、破产和整顿企业的员工,不再执行国家的无条件"包下来"的政策,客观上产生了对失业保险制度的需求。我国在失业问题的探讨上首先使用待业一词,对于待业规定,其实施范围比较窄、资金来源渠道单一、保障能力有限、保障待遇低、失业救济性质明显。因此1986年建立的"待业保险制度"可以视为保障能力很低的失业保险制度。

2. 失业保险的改革和完善

(1)失业保险制度的建立与完善

1992年我国正式转变成市场经济体制。1998年,党中央、国务院明确提出"争取用五年左右的时间初步建立起适应社会主义市场经济体制的社会保障体系和就业机制",并于1998年年底由国务院审议通过了《失业保险条例》,失业保险开始逐步成为社会保险的组成部分。《失业保险条例》重点内容包括:第一,失业保险受益人群覆盖城镇所有企业事业单位。第二,失业保险基金来源于政府补助、用人单位及其职工个人缴费,形成多方共同承担制度,强调个人具有缴费义务。第三,对享受待遇的条件、给付期限和计发办法都作了具体的规定,使社会保障进一步体系化。《失业保险条例》把失业保险的覆盖面扩大到城镇所有用人单位及其职工。该条例的颁布使我国失业保险从制度上有了根本保证。

1999年国务院颁布了《社会保险费征缴暂行条例》,规定了包括失业保险等社会保险费征缴办法,表明了我国失业保险制度的正式建立。2000年10月26日,劳动和社会保障部发布《失业保险金申领发放办法》,对失业保险金的申领、发放和失业保险关系的转移接续做了规定,进一步完善了失业保险制度。

2009年我国对《社会保险费征缴暂行条例》进行了修订,2010年我国颁布了《社会保险法》,对失业保险的参保范围、用人单位义务以及职工待遇享受方面进行了明确,对失业保险制度进一步完善起到重要作用,使失业保险制度更加法治化、规范化。

(2)阶段性降低失业保险费率标准

为了减轻企业负担,失业保险缴费比例多次下调,2015年3月以前失业保险总费率为3%;自2015年3月1日起,失业保险总费率为2%,之后又下降为1%;自2018年5月1日起,几经延续以前的阶段性政策,即实施失业保险总费率1%的省、区、市,延长阶段性降低失业保险费率的期限至2022年4月30日。

第二节　失业保险政策

失业保险在保障失业人员经济来源,帮助失业人员重新就业方面发挥着重要功能。我国失业保险政策具体规定包括失业保险的筹资模式和基金来源、参保范围、缴费基数和缴费标准、失业保险待遇、转移接续和保险基金管理。

一、失业保险的筹资模式和基金来源

（一）失业保险的筹资模式

失业保险的筹资模式包括以下几种：

（1）雇主和雇员共同承担；

（2）雇主和政府承担；

（3）雇主、雇员、政府三方承担；

（4）雇主自己承担；

（5）雇员和国家承担。

在我国，用人单位及其职工都要强制缴纳失业保险费，用人单位和个人缴费是失业保险基金主要来源，社会保险基金不足以支付部分由政府进行补助。失业保险费进入失业保险基金账户，由社会保险经办机构负责管理，失业保险实行市级统筹制度。

（二）基金来源

失业保险的基金来源包括以下几种：

（1）城镇企事业单位缴纳的失业保险费；

（2）城镇企事业单位的职工缴纳的失业保险费；

（3）财政补贴；

（4）失业保险金的利息收入；

（5）其他收入来源，如收取的滞纳金等。

二、失业保险的参保范围

依据我国《失业保险条例》的规定，城镇企事业单位及其职工要参加失业保险、缴纳保险费用。其中，城镇企业单位包括国有企业、城镇集体企业、外商投资企业、港澳台投资企业、城镇私营企业以及其他城镇企业。用人单位雇用的农村户口劳动者以及公务员不用缴纳失业保险。

三、失业保险的缴费基数和缴费标准

（一）缴费基数

1.用人单位的缴费基数

用人单位的失业保险缴费基数按照本单位职工工资总额来确定。职工工资总额是指直接支付给职工的全部劳动报酬，不论是计入成本的还是不计入成本的，不论是以货币形式支付的还是以实物形式支付的，均应包括在内。

2.职工个人的缴费基数

职工个人失业保险的缴费基数为个人工资收入，一般是以上年职工月平均工资作为个人缴费基数。具体包括计时工资、计件工资、奖金、津贴和补贴、加班加点费以及特殊情况下支付的工资。职工在确定缴费基数时应注意以下几个方面：

（1）用人单位从职工工资中直接代扣代缴的各项社会保险费、住房公积金和个人所得税等，应纳入缴费基数。

（2）用人单位以现金或银行存款形式支付给职工个人的交通补贴、电话补贴、午餐补贴、过节费以及高温、高空、井下、有毒有害等特殊岗位的津贴，应纳入缴费基数。

（3）用人单位通过税后利润提成或分红的办法支付给职工个人的工资，应纳入缴费基数。

（4）实行底薪制的职工，根据营业额或经营业绩提成取得的收入，应纳入缴费基数。

（二）缴费标准

《失业保险条例》规定：参加失业保险的用人单位失业保险的缴费比例为职工工资总额2%；职工个人的缴费比例为本人缴费工资的1%。省、区、市人民政府根据本行政区域失业人员数量和失业保险基金数额，报经国务院批准，可以适当调整本行政区域失业保险费的费率。

自2015年3月1日起，失业保险总费率由3%调到2%。自2016年5月1日起失业保险的总费率由2%可以降至1%或者1.5%，其中，个人缴费比例不能高于0.5%，期限为2年。2017年1月1日起，失业保险总费率为1.5%的省、区、市，可以将总费率降至1%，执行期限到2018年4月30日。自2018年5月1日起，失业保险总费率1%执行时间延长到2019年4月30日，之后再将失业保险总费率1%的执行时间延长到2020年4月30日。2021年再次将失业保险总费率1%的执行时间延长到2022年4月30日。

失业保险在总费率1%的基础上，用人单位和职工个人的缴纳比例由各统筹地自行规定，全国不统一。

四、失业保险的待遇

（一）失业保险金的领取条件

根据《失业保险条例》，我国失业人员领取失业保险的条件及资格有：

1.失业主观意愿的规定

失业人员的失业非因本人意愿而造成。

2.以缴纳保险费为义务

失业前所在用人单位和职工个人已经缴纳保险费满1年。我国失业保险要求个人和企业都要缴纳失业保险费，这是失业人员享受失业保险待遇的一个必要条件。缴纳保险费满1年，从数量上确定了个人享受待遇的最基本缴费时间。

3.程序上的规定

《失业保险条例》规定，失业人员要办理失业登记，并有求职要求。失业人员通过办理失业登记，领取失业登记证，才从程序上确认失业，进而确定领取待遇的时间；失业人员有求职要求，体现为失业人员要到劳动服务部门进行求职登记，寻找工作，参加就业培训，进而确定领取待遇的时间。

（二）失业保险的待遇申领程序

（1）被用人单位解除劳动关系，解除劳动合同。用人单位要对职工出具解除和终止劳动合同的证明，并在15日内将失业人员名单报给社保经办机构。

（2）失业人员持解除合同的证明在60日内报送至相关部门办理失业登记并领取失业登记证。

（3）失业人员凭借失业登记证到社保经办机构办理领取失业保险金手续。

（三）失业保险金的具体待遇

1.领取失业保险金

（1）失业保险金标准

失业保险金的标准最低不能低于城市居民最低生活保障标准，最高不能超过当地在岗职工的最低工资。

（2）领取时间的一般规定

失业保险金从失业登记证标明的日期算起，按月发放。为了体现多缴多得的原则，我国根据失业人员累计缴费年限来确定其享受待遇的时间长短。失业保险金最长享受时间为2年，具体规定是：

① 失业人员失业前用人单位和本人累计缴费满1年不足5年的，领取失业保险金的期限最长为12个月；

② 累计缴费满5年不足10年的，领取失业保险金的期限最长为18个月；

③ 累计缴费10年以上的，领取失业保险金的期限最长为24个月。

（3）领取时间的特殊规定

失业人员在按规定领取失业保险金期间实现再就业，应终止领取失业保险金；再就业后又失业的，其领取失业保险金的时间将上次没领完的时间加上这次工作享受的失业保险待遇时间合并计算，最长不超过24个月。

2.失业期间的医疗待遇

失业人员在领取失业保险金期间，其应当缴纳的基本医疗保险费从失业保险基金中支付，个人不缴纳基本医疗保险费。参加职工基本医疗保险，享受基本医疗保险待遇。

3. 失业期间的伤葬费和抚恤金待遇

失业人员在领取失业保险金期间死亡的，参照当地对在职职工死亡的规定，向其遗属发放一次性丧葬补助金和抚恤金，所需资金从失业保险基金中支付。失业人员死亡同时符合领取基本养老保险丧葬补助金、工伤保险丧葬补助金和失业保险丧葬补助金条件的，其遗属只能选择领取其中的一项。

4. 停止领取失业保险金的情形

（1）失业人员重新就业。失业保险的目的是对没有经济收入的失业人员进行重点保障，如果其重新就业，就不属于失业人员，不能享受失业保险待遇。未领完的失业保险金在下次失业后，与下次享受的失业保险待遇合并计算，一并享受。

（2）退休人员。达到退休条件，领取退休金待遇的停止领取失业保险金。享受退休待遇也属于有经济来源，就不应享受失业保险待遇了。

（3）服兵役人员。我国服兵役人员享受军人生活保障，不存在生存经济来源不足问题，不能领取失业保险金。

（4）移居国外人员。移居国外的人员算作没有在国内找工作的意愿，因此不能享受失业保险待遇。

（5）无正当理由，拒不接受当地人民政府指定部门或者机构介绍的适当工作或者提供的培训的人员。领取失业保险待遇的条件规定，必须有求职要求的，才能享受失业保险的待遇，无正当理由，拒不接受当地人民政府指定部门或者机构介绍的适当工作或者提供的培训的，属于无求职要求行为，因此不能发放失业救济金。

五、失业保险的转移接续

职工跨统筹地区就业的，其失业保险关系随本人转移，缴费年限累计计算。失业保险基金应逐步实现省级统筹，具体时间、步骤由国务院规定。

六、失业保险的基金管理

失业保险基金的管理是反映和监督失业保险基金筹集和使用情况的基本手段，它可以对失业保险基金收付和其他业务活动实行连续而全面的反映和描述，根据财务核算所取得的有关资料，监督指导失业保险基金的收支关系，保证失业保险基金严格按照预定计划加以运用。

根据财政部、劳动和社会保障部《社会保险基金财务制度》的规定，失业保险基金财务管理的主要任务是：第一，认真贯彻执行国家有关法律、法规和方针、政策，依法筹集和使用失业保险基金；第二，建立健全财务管理制度，努力做好基金的计划、控制、核算、分析和考核工作，并如实反映基金的收支状况；第三，严格遵守财经纪律，加强监督和检查，确保失业保险基金的安全。

（一）专户管理

失业保险基金必须存入财政部门在国有商业银行开设的社会保障基金财政专户，存入银行和按照国家规定购买国债的失业保险基金，分别按照城乡居民同期存款利率和国债利息计息。失业保险基金的利息并入失业保险基金。失业保险的滞纳金也要纳入财政专户，并入失业保险基金。失业保险实行市级统筹，未来发展向省级统筹过渡。

（二）收支两条线管理

失业保险实行收支两条线管理。失业保险基金要在国有商业银行开设收入户、支出户和财政专户三个银行账户，收入户只收不支、支出户只支不收，实现基金收支两条线管理。实行税务机关征收失业保险费的地区，税务机关和失业保险经办机构均不得设立收入户或待解户等过渡性账户，征收的失业保险费要按规定及时缴入财政专户。

1.收入户的主要用途

（1）暂存由经办机构征收的失业保险费收入；

（2）暂存下级经办机构上缴或上级经办机构下拨的基金收入；

（3）暂存该账户的利息收入及其他收入等。

收入户基金按期全部划转失业保险基金财政专户，月末无余额。

2.支出户的主要用途

（1）接收财政专户拨入的基金；

（2）暂存失业保险支付费用及该账户的利息收入；

（3）支付基金划出款项；

（4）划拨该账户基金利息收入到财政专户；

（5）上缴上级经办机构基金或下拨下级经办机构基金。

从失业保险基金支出失业保险待遇。

（三）预算决算管理

失业保险要做好预算，做好收支规划，收入做到按时足额征收，支出要严格按照失业保险待遇等相关规定执行。预算经过批准后不能随意变动收支数额，以加强失业保险的预算严肃性；基金决算是指年度终了后，经办机构根据财政部门规定的表式、时间和要求编制年度基金财务报告，包括资产负债表、收支表、有关附表及财务情况说明书在内的财务报告经劳动保障部门审核并汇总，报同级财政部门审核后，由同级人民政府批准，批准后的年度基金财务报告为基金决算。编制年度基金财务报告必须做到数字真实、计算准确、手续完备、内容完整、报送及时。

（四）保值增值管理

失业保险基金管理除包括对基金进行筹集和给付外，还要对基金的保值、增值进行管理。

（五）使用管理

失业保险基金专款专用，只能用于失业保险待遇的发放。社会保险经办机构所需经费列入预算，由财政拨付，不得挪作他用，不得用于平衡财政收支。

（六）监督管理

监督管理指失业保险基金的监督机构及其职责。在我国，失业保险基金的监督机构由人民代表大会常务委员会、各级政府、财政部门、审计部门组成，依法对失业保险基金实行监督，并接受社会公众的监督。

1. 人民代表大会及其常务委员会

各级人民代表大会及其常务委员会对《社会保险法》实施情况进行监督，各级人大常委会的监督是失业保险基金监管体系中最高层次、最具权威和最有法律效力的监督。其职责有：听取报告、审议失业保险的预决算报告、提出意见、对预决算进行监督。

2. 各级政府

县级以上人民政府对下一级人民政府是否按照《社会保险法》的有关规定建立健全失业保险基金监管制度，保障失业保险基金安全、有效运行，以及是否采取措施，鼓励和支持社会各方面参与失业保险基金的监督等工作进行监督。

3. 财政部门

财政部门对失业保险基金的收支、管理和投资运营情况承担财政监督职责，主要包括：通过将基金纳入财政专户，加强部门监督；通过制定财务制度、规范财务管理行为、审核基金预算和决算等，进行财务监督。

4. 审计部门

审计部门对失业保险基金的收支、管理和投资运营情况承担审计监督职责。审计部门是行政系统内的专门监督机关，有权定期或不定期地对由政府部门管理的和受政府委托管理的失业保险基金进行审计监督。

5. 社会监督

失业保险基金要接受社会公众的监督。

第一节　工伤保险概述

工伤保险制度是为了应对工伤风险而建立的社会保险制度之一。工伤是指劳动者在工作中所发生的人身伤害，包括事故伤残、患职业病以及因此造成的死亡。发生工伤无论对于劳动者还是用人单位来讲都是一种损失，分散工伤损失是工伤保险制度的本旨。

工伤保险是社会保险的重要组成部分。劳动力是企业的重要生产要素，工伤的发生主要是由企业的生产环境造成的，理应由企业主买单。而工伤保险制度恰恰就是为劳动者和用人单位构筑了风险防范机制，减少了企业负担，维护了劳动者的合法权益，利国利民。

设立工伤保险制度的意义在于保障因工作遭受事故伤害或者患职业病的职工获得医疗救治和经济补偿，促进工伤预防和职业康复，分散用人单位的工伤风险。

世界各国普遍实行工伤保险制度。工伤保险制度起源于现代职工工伤补偿制度，这一制度可以追溯到19世纪末，由工业革命引起。德国制定了世界上第一部工伤保险法，后英国和法国等许多国家先后制定了《雇主责任法》、《劳动者赔偿法》及《职业伤害保险法》等。

一、工伤保险的内涵

（一）工伤保险的概念

工伤保险是指国家通过强制筹集资金的方式，使劳动者在职业工作中或者规定的特殊情况下遭遇意外伤害或职业病，导致暂时或永久丧失劳动能力以及死亡时，劳动者或其遗属能够从国家和社会获得物质帮助的社会保险制度。我国工伤保险的缴费主体是用人单位，职工个人不承担缴费义务。

（二）工伤保险的特点

（1）工伤保险的对象是在生产劳动过程中的劳动者。由于职业危害无所不在，无时不在，任何人都不能完全避免职业伤害，因此工伤保险作为抗御职业危害的保险制度适用于所有职工。任何职工发生工伤事故或遭受职业疾病，都应毫无例外地获得工伤保险待遇。

（2）工伤保险具有赔偿责任。也就是说劳动者的生命健康权、生存权和劳动权受到影响、损害甚至被剥夺了，因此，工伤保险是基于对工伤职工的赔偿责任而设立的一种社会保险制度，其他社会保险是基于对职工生活困难的帮助和补偿责任而设立的。统一专属工伤保险方案与社保完全对接，对一次性伤残就业补助金的赔偿进行了补充。

（3）工伤保险实行无过错责任原则。无论工伤事故的责任归于用人单位还是职工个人或第三者，用人单位均应承担保险责任。

（4）工伤保险不同于养老保险等险种，劳动者不缴纳保险费，全部费用由用人单位负担。工伤保险的投保人为用人单位。

（5）工伤保险待遇相对优厚，标准较高，但因工伤事故的不同而有所差别。

（6）工伤保险作为社会福利，其保障内容比商业意外保险要丰富。除了在工作时的意外伤害，也包括职业病的报销、急性病猝死保险金、丧葬补助（工伤身故）。商业意外保险提供的则是工作和休息时遭受的意外伤害保障，优势体现为时间、空间上的广度。比如上下班途中遭遇的意外，假如是机动车交通事故伤害可以由工伤保险赔偿，其他情况的意外伤害则不属于工伤保险的保障范围。

（三）工伤保险的基本原则

工伤保险的建立依据的是"职业风险"原则，国家通过立法强制用人单位或雇主必须为所有劳动者缴纳工伤保险费，建立工伤保险基金，由社会保险机构在单位之间、地区之间调剂使用基金，在用人单位发生工伤事故或劳动者患职业病后，对遭受伤害或患职业病的劳动者发放工伤保险待遇以保障其基本生活。工伤保险必须遵循其特定的原则，具体包括无责任补偿原则、补偿直接经济损失原则、保障与补偿相结合的原则以及预防、补偿和康复相结合的原则。

1. 无责任补偿原则

实行"无责任补偿"的原则是基于"职业风险理论"。在生产过程中，职工遭受职业伤害的风险总会存在，具有不可避免性。即使现代工业发展到相当的自动化和机械化程度，不测事故仍可能发生。就职工总体而言，职业伤害具有必然性和偶然性，非职工个人所能抵抗。实行"无责任补偿"的原则是抚慰劳动者、安定社会的需要。

2. 补偿直接经济损失原则

补偿直接经济损失的原则是补偿从事生产工作过程中遭受到工亡或工伤致残后

的收入损失。职业性收入以外的第二、第三职业或者业余收入不在补偿范围之内。

3.保障与补偿相结合的原则

工伤保险的补偿性质属于"经济损失补偿"，包括保障与补偿两个方面。保障是工伤保险的主要目的，是对伤残职工或工亡职工遗属的工资收入减少或中断所造成的经济损失给予一定的经济补贴，保障其本人或者遗属的基本生活。补偿是对受保人发生工伤后，因肢体器官或生理功能受损害甚至丧失生命给本人身心和家庭造成痛苦而给予适当的经济补偿，以示安慰，体现对劳动者价值的尊重。

4.预防、补偿和康复相结合的原则

预防、补偿和康复相结合的原则，体现工伤保险的社会保障功能。运用工伤保险的机制促进工伤预防，不仅是减少基金支出的需要，更是工伤保险积极意义所在。从被动补偿走向积极预防，是社会进步的标志。

二、我国工伤保险的发展历程

我国工伤保险制度始于20世纪50年代，随着经济、社会的发展，该制度也在不断地调整与改善。

（一）我国工伤保险制度的建立（1949—1988年）

1.我国工伤保险制度的初步建立和调整（1949—1965年）

（1）1951年政务院颁布了《劳动保险条例》，明确了社会保险加单位责任制的工伤保险制度，成为我国首部涵盖工伤、死亡者及其遗属等社会保险在内的全国性统一法规，企业按职工工资总额的3%缴费，建立劳动保险基金，工伤待遇中的因工残废抚恤费和因工残废补助费从基金中支付，其他工伤补偿由企业按照规定的标准支付。

（2）1953年通过的《政务院关于中华人民共和国劳动保险条例若干修正的决定》，进一步扩大了社会保险的实施范围，提高了若干劳动保险险种的待遇标准。

（3）1957年卫生部颁布了《职业病范围和职业病患者处理办法的规定》，首次将职业病纳入工伤范畴，确定了与职业活动有关并严重危害职工健康的14种法定职业病，患病职工可依法享受因工伤残和死亡等工伤待遇。

（4）1957年9月，中国共产党第八届三中全会提出进一步调整与完善社会保险制度，此后10年调整的涉及工伤保险制度的主要内容涵盖工伤保险待遇问题、工伤保险范围、职业病以及死亡与抚恤等。

2.我国工伤保险制度的破坏和重建（1966—1988年）

（1）1966—1976年，社会保险体系遭到严重破坏，各级工会组织陷于瘫痪状态，劳动保护工作及社会保险工作近乎停滞，企业职工社会保险统筹制度被废止，社会保险退化为企业保险，工伤职工的所有待遇全部由企业支付，企业负担沉重，企业的工伤风险无法分散，失去抵御风险的能力。

（2）党的十一届三中全会后，社会保险制度得以重建。

① 1978年，《国务院关于工人退休、退职的暂行办法》（国发〔1978〕104号）中，对伤残职工的退休、护理等待遇作了相应调整；

② 1985年，国家增加了对抚恤遗属给予困难补助的规定；

③ 1987年，《职业病范围和职业病患者处理办法的规定》修订，扩充了包括国际劳工组织（ILO）第121公约中规定的29种职业病项目。

（二）我国工伤保险制度的改革（1989—2003年）

（1）1989年，劳动部牵头主持研究社会保险改革方案，形成了工伤保险改革的框架，陆续展开工伤保险改革试点。

（2）1990年中国共产党第十三届七中全会通过的《中共中央关于制定国民经济和社会发展十年规划和"八五"计划的建议》中提出要改革工伤保险制度。1993年中国共产党第十四届三中全会通过的《中共中央关于建立社会主义市场经济体制若干问题的决定》中则明确提出，要在我国"普遍建立企业工伤保险制度"。

（3）1994年实施的《劳动法》将工伤保险作为五项社会保险之一。

（4）1996年，劳动部颁布了《企业职工工伤保险试行办法》（劳部发〔1996〕266号），于同年10月1日起在全国试行。此试行办法首次将工伤保险作为单独的保险制度统一组织实施，对沿用了40多年的企业自我保险的工伤福利制度进行了全面改革。

（5）2001年，第九届全国人大常委会第二十四次会议通过并公布了《中华人民共和国职业病防治法》，自2002年5月1日起实施。

（6）2003年4月国务院颁布《工伤保险条例》，取代了1996年颁布的《企业职工工伤保险试行办法》，并配套出台一些规定。2003年9月，劳动和社会保障部出台《工伤认定办法》（劳动和社会保障部令第17号）。

（7）2003年10月，劳动和社会保障部、财政部、卫生部、国家安监局联合发出《关于工伤保险费率问题的通知》（劳社部发〔2003〕29号）。

《工伤保险条例》的颁布是我国社会保障法治化进程中具有里程碑意义的大事，标志着我国工伤保险制度改革进入了一个崭新的阶段。该条例体现了国际社会普遍认同的若干通行原则，如雇主责任原则，无过错赔偿原则，赔偿与预防、康复相结合原则，科学鉴定标准和因工原则，实现了更多创新和突破。

（三）我国工伤保险制度的进一步完善（2004—2021年）

（1）《工伤保险条例》自2004年1月1日起施行，其对维护工伤职工的合法权益，分散用人单位的工伤风险，规范和推进工伤保险工作，发挥了积极作用。

（2）2011年7月1日起施行的《社会保险法》标志着社会保险制度有了基本法，对健全我国工伤保险制度具有重要意义，提高了立法层次。职工工伤认定范围和享受工伤保险待遇的条件更加人性化，对工伤认定、劳动能力鉴定程序的简化提出了方向性规定，确立先行垫付制度，更好地保障了工伤职工的合法权益，扩大了工伤保险基金支付范围，分散了用人单位的工伤风险，从而进一步减轻了用人单位的负担。

（3）《工伤保险条例》于2010年进行了修订并自2011年1月1日起生效。新修订的《工伤保险条例》从切实维护职工合法权益出发，完善了有关制度，包括扩大了工伤保险适用范围，调整了工伤认定范围，简化了工伤认定、鉴定和争议处理程序，提高了一次性工亡补助金和一次性伤残补助金标准，增加了工伤保险基金支出项目，将原来由用人单位支付的一次性工伤医疗补助金、住院伙食补助费和到统筹地区以外就医所需的交通、食宿费，改由工伤保险基金支付。同时，加大了对不参保单位的处罚力度，加强了对未参保用人单位工伤职工的权益保障。

第二节　工伤保险政策

一、工伤保险基金的筹集模式和基金来源

（一）筹集模式

世界上建立工伤保险制度的国家，大都实行现收现付制的基金筹集模式，这种模式是按照一个较短的时期内收支平衡的原则确定费率，筹集工伤保险基金，即将当期征缴的工伤保险费用于支付当期的各项工伤保险待遇及其他合法支出。当然，为了避免费率调整过于频繁，防止短期内突发的重大工伤事故所带来的收支波动，一般保留有一定数额的风险储备基金，即所谓"以支定收、略有结余"。

目前，一些国家正在考虑工伤保险制度改革，如拉丁美洲的阿根廷、哥伦比亚、墨西哥等国，它们已对工伤保险制度进行改革，并使之民营化。如果实行民营化，意味着筹资模式不得不改变，现收现付制将为基金制所替代，这会导致很大的转制成本。

我国现行工伤保险制度采取的是以支定收、收支平衡模式，即以一个周期内的工伤保险基金的支付额度确定征缴的额度。

（二）基金来源

大多数情况下，国外工伤保险基金来源于雇主缴纳的保险费，劳动者个人不缴费。在欧洲国家中，只有爱尔兰和英国的现金补偿来源于税收。英国自1969年起，又增加了雇主责任制，实行"双重保险"。至于对工伤雇员提供的补偿性的医疗服务一般都是通过医疗保险来提供的，其经费主要来源于税收，而其他的医疗费用支出必须来源于工伤保险基金。

我国工伤保险基金主要由用人单位缴纳的工伤保险费、工伤保险基金的利息和依法纳入工伤保险基金的其他资金构成。

二、工伤保险的适用范围

工伤保险的适用范围是指工伤保险适用于哪些人、哪些情况。因此，工伤保险的适用范围包括两个方面：一是参保范围；二是承保事故范围。

（一）参保范围

工伤保险的参保范围是认定受伤害人员是否属于工伤保险对象，以及其所受伤害是否属于工伤赔偿范围的关键，需要法律加以明确。

我国工伤保险的参保范围包括：

（1）企业，包括法人企业和非法人企业，都要参加工伤保险。

（2）有雇工的个体工商户，即雇用2~7名学徒或者帮工、在市场监管部门办理工商登记的自然人。

（3）不参照公务员法管理的事业单位、社会团体，以及民办非企业单位、基金会、律师事务所、会计师事务所等组织。

对于公务员和参照公务员法管理的事业单位、社会团体的工作人员因工作遭受事故伤害或者患职业病的，由所在单位支付费用。具体办法由国务院社会保险行政部门会同国务院财政部门规定。

（二）承保事故范围

工伤保险的承保事故范围是认定参保单位发生的事故是否属于工伤事故，是否纳入工伤保险的承保范围的关键。工伤保险承保的事故范围以工伤保险立法中的明文规定为依据。

国际上关于工伤保险的事故范围的规定有一个发展的过程。

工伤保险制度建立初期，仅包括工业上的意外事故。

根据国际劳工组织1964年通过的《工伤事故和职业病津贴公约》（第121号公约）的规定，工伤包括工业事故和职业病，工业事故包括通勤事故。1921年国际劳工大会通过的《农业工人赔偿公约》（第12号）中把工伤事故定义为："由工作直接或者间接引起的事故为工伤事故。"职业病虽非事故，但是因为从事一定的劳动而蒙受疾病，给劳动者造成了损害，后来也归入了工伤保险的范围。

我国在1996年颁布的《企业职工工伤保险试行办法》中规定，该办法适用于工作中遭受事故伤害和患职业病两种情形，其后的《工伤保险条例》也沿袭了这种规定。

三、工伤保险的缴费基数和缴费标准

（一）缴费基数

1. 一般规定

我国工伤保险以职工工资总额为缴费基数，实行单费制，即由用人单位缴费，劳动者个人不缴费。

《社会保险法》第三十五条规定："用人单位应当按照本单位职工工资总额，根据社会保险经办机构确定的费率缴纳工伤保险费。"

在我国的社会保险体系中，基本养老保险、基本医疗保险和失业保险由用人单位和职工共同缴纳保险费，而工伤保险和生育保险的缴费义务则完全由企业或雇主承担，职工个人不缴纳任何费用。在一般情况下，用人单位的缴费基数是"本单位职工工资总额"。用此缴费基数乘以该用人单位适用的费率就得出应缴纳的工伤保险费。

根据《国务院办公厅关于印发降低社会保险费率综合方案的通知》（国办发〔2019〕13号）的规定，自2019年5月1日起，调整就业人员平均工资计算口径。各省应以本省城镇非私营单位就业人员平均工资和城镇私营单位就业人员平均工资加权计算的全口径城镇单位就业人员平均工资，核定社保个人缴费基数上下限，合理降低部分参保人员和企业的社保缴费基数。

2. 特殊规定

在现实中，存在情况比较复杂的行业，难以对用人单位按照"工资总额"作为缴费基数进行操作。针对此种特例，新修订的《工伤保险条例》第十条增加了一款，对其做出变通规定，即"对难以按照工资总额缴纳工伤保险费的行业，其缴纳工伤保险费的具体方式，由国务院社会保险行政部门规定"。根据此条款的授权，人力资源和社会保障部制定了《部分行业企业工伤保险费缴纳办法》，并经人力资源和社会保障部第56次部务会议通过，自2011年1月1日起施行。

建筑、服务、矿山等行业中难以直接按照工资总额计算缴纳工伤保险费的建筑施工企业、小型服务企业、小型矿山企业等采用特殊的缴费基数：

（1）建筑施工企业可以以建筑施工项目为单位，按照项目工程总造价的一定比例，计算缴纳工伤保险费。

（2）商贸、餐饮、住宿、美容美发、洗浴以及文体娱乐等小型服务业企业以及有雇工的个体工商户，可以按照营业面积的大小核定应参保人数，按照所在统筹地区上一年度职工月平均工资的一定比例和相应的费率，计算缴纳工伤保险费；也可以按照营业额的一定比例计算缴纳工伤保险费。

（3）小型矿山企业可以按照总产量、吨矿工资含量和相应的费率计算缴纳工伤

保险费。

《部分行业企业工伤保险费缴纳办法》中所列部分行业企业工伤保险费缴纳的具体计算办法，由省级社会保险行政部门根据本地区实际情况确定。

（二）缴费标准

工伤保险费率是影响工伤保险缴费和资金筹集的重要因素，世界各国工伤保险费率确定的方式主要有三种：统一费率制、差别费率制和浮动费率制。根据新修订的《工伤保险条例》第八条和《社会保险法》第三十四条的规定，我国是在遵循收支平衡的大框架下，实行行业差别费率与按行业内费率档次浮动相结合的办法进行操作。

（1）工伤保险费根据以支定收、收支平衡的原则确定费率。也就是说，工伤保险费率的确定，应该保证当期征缴的工伤保险费足以支付当期的各项工伤保险待遇及其他合法项目的支出，同时又不能使基金有过多的积累。

（2）国家根据不同行业的工伤风险程度确定行业的差别费率，并根据使用工伤保险基金、工伤发生率等情况在每个行业内确定费率档次。行业差别费率和行业内费率档次由国务院社会保险行政部门制定，报国务院批准后公布施行。

一方面，我国的工伤保险制度将用人单位的缴费与所属行业的风险挂钩，实行行业差别费率。《关于工伤保险费率问题的通知》（劳社部发〔2003〕29号）规定：根据不同行业的工伤风险程度，参照《国民经济行业分类》（GB/T 4754—2002），将行业划分为三个类别：一类行业为风险较小行业；二类行业为中等风险行业；三类行业为风险较大行业。三类行业分别实行三种不同的工伤保险缴费率。各省、区、市工伤保险费平均缴费率原则上要控制在职工工资总额的1.0%左右。在这一总体水平下，各统筹地区三类行业的基准费率要分别控制在用人单位职工工资总额的0.5%左右、1.0%左右、2.0%左右。

另一方面，除了确立行业差别费率外，我国工伤保险制度还实行浮动费率制。《关于工伤保险费率问题的通知》中规定：用人单位属一类行业的，按行业基准费率缴费，不实行费率浮动。用人单位属二、三类行业的，实行浮动费率。用人单位的初次缴费率，按行业基准费率确定，之后由统筹地区社会保险经办机构根据用人单位工伤保险费使用、工伤发生率、职业病危害程度等因素，1~3年浮动一次。在行业基准费率的基础上，可上下各浮动两档：上浮第一档到本行业基准费率的120%，上浮第二档到本行业基准费率的150%，下浮第一档到本行业基准费率的80%，下浮第二档到本行业基准费率的50%。

根据人力资源和社会保障部、财政部《关于调整工伤保险费率政策的通知》（人社部发〔2015〕71号）的规定，按照《国民经济行业分类》（GB/T 4754—2011）对行业的划分，根据不同行业的工伤风险程度，由低到高，依次将行业工伤风险类别划分为一类至八类。不同工伤风险类别的行业执行不同的工伤保险行业基准费率。各行业工伤风险类别对应的全国工伤保险行业基准费率为：一类至八类分别控制在该行业用人单位职工工资总额的 0.2%、0.4%、0.7%、0.9%、1.1%、1.3%、1.6%、1.9% 左右。通过费率浮动的办法确定每个行业内的费率档次。一类行业分为三个档次，即在基准费率的基础上，可向上浮动至 120%、150%，二类至八类行业分为五个档次，即在基准费率的基础上，可分别向上浮动至 120%、150% 或向下浮动至 80%、50%。统筹地区社会保险经办机构根据用人单位工伤保险费使用、工伤发生率、职业病危害程度等因素，确定其工伤保险费率，并可依据上述因素变化情况，每 1~3 年确定其在所属行业不同费率档次间是否浮动。对符合浮动条件的用人单位，每次可上下浮动一档或两档。统筹地区工伤保险最低费率不低于本地区一类风险行业基准费率。

根据人社部、财政部印发的《关于继续阶段性降低社会保险费率的通知》（人社部发〔2018〕25 号），自 2018 年 5 月 1 日起，在保持八类费率总体稳定的基础上，工伤保险基金累计结余可支付月数在 18（含）至 23 个月的统筹地区，可以现行费率为基础下调 20%；累计结余可支付月数在 24 个月及以上的统筹地区，可以现行费率为基础下调 50%。降低费率的期限执行至 2019 年 4 月 30 日。

根据《国务院办公厅关于印发降低社会保险费率综合方案的通知》（国办发〔2019〕13 号）的规定，从 2019 年 5 月 1 日起，延长阶段性降低工伤保险费率的期限至 2020 年 4 月 30 日，工伤保险基金累计结余可支付月数在 18（含）至 23 个月的统筹地区可以现行费率为基础下调 20%，累计结余可支付月数在 24 个月及以上的统筹地区可以现行费率为基础下调 50%。

2020 年延长阶段性降低工伤保险费率的期限至 2021 年 4 月 30 日，2021 年上述政策继续延长至 2022 年 4 月 30 日。

（3）社会保险经办机构根据用人单位使用工伤保险基金、工伤发生率和所属行业费率档次等情况，确定用人单位缴费费率。由此可见，用人单位所适用的工伤保险费率并不是一成不变的，企业所属行业、使用工伤保险费的情况、工伤发生率的高低都会对缴费费率产生影响。如果某个企业在一定时期内频频发生工伤事故，社会保险经办机构可以在下一年度适当提高工伤保险的缴费费率；相反，如果企业在上一年度的工伤事故特别少，社会保险经办机构则可以将其工伤保险费率降低。这也提醒用人单位，即使参加了工伤保险，也要时刻做好安全生产管理工作，尽量减少工伤事故和职业病的发生。

四、工伤保险的待遇

（一）享受工伤保险待遇的条件

根据《社会保险法》第三十六条的规定，职工因工作原因受到事故伤害或者患职业病，且经工伤认定的，享受工伤保险待遇；其中，经劳动能力鉴定丧失劳动能力的，享受伤残待遇。根据此条规定，职工享受工伤保险待遇的基本条件包括两方面：

第一，存在职工因工作原因受到事故伤害或者患职业病的事实。需要指出的是，职工因工作原因受到事故伤害或者患职业病这一事实，是《工伤保险条例》以及工伤保险工作实践中对工伤的概括性定义，而实际上工伤的外延并不完全局限于此，比如《工伤保险条例》规定，在工作时间和工作岗位突发疾病死亡或者在48小时之内经抢救无效死亡的，视同工伤。

第二，经过工伤认定法定程序被认定为工伤。所谓工伤认定，指的是社会保险行政部门根据用人单位、工伤职工或者其近亲属、工会组织的申请，依法对职工所受伤害或所患疾病是否属于工伤（含职业病）进行调查、认定的行为。

是否享受伤残待遇取决于劳动能力丧失程度以及生活自理能力丧失程度，所以需要进行劳动能力鉴定。所谓劳动能力鉴定，是指劳动能力鉴定机构组织劳动能力鉴定医学专家对工伤职工的劳动功能障碍程度和生活自理障碍程度进行的等级鉴定。职工因工受到事故伤害或者患职业病后，导致本人劳动与生活自理能力受损，根据职工本人或其近亲属、用人单位的申请，由劳动能力鉴定机构组织劳动能力鉴定医学专家，根据国家制定的评残等有关标准，运用医学科学技术的方法和手段，确定该职工因事故伤害或者患职业病导致的劳动能力丧失程度以及生活自理能力丧失程度。

（二）具体的工伤保险待遇

工伤保险待遇针对伤残对象的不同，大体分为四类：工伤医疗待遇、辅助器具配置待遇、伤残待遇、死亡待遇。

1. 工伤医疗待遇

（1）治疗工伤所需的挂号费、医疗康复费、药费、住院费等费用符合工伤保险诊疗项目目录、工伤保险药品目录、工伤保险住院服务标准的，从工伤保险基金中支付。

（2）职工住院治疗工伤的伙食补助费，以及经医疗机构出具证明，报经办机构同意，工伤职工到统筹地区以外就医所需的交通、食宿费用，从工伤保险基金中支付，基金支付的具体标准由统筹地区人民政府规定。

（3）工伤职工需要停止工作接受治疗的，享受停工留薪期待遇。职工因工作遭受事故伤害或者患职业病需要暂停工作接受工伤医疗的，在停工留薪期内，原工资福利待遇不变，由所在单位按月支付。停工留薪期一般不超过12个月。伤情严重或者情况特殊，经设区的市级劳动能力鉴定委员会确认，可以适当延长，但延长不得超过12个月。工伤职工评定伤残等级后，停发原待遇，按照有关规定享受伤残待遇。工伤职工在停工留薪期满后仍需治疗的，继续享受工伤医疗待遇。生活不能自理的工伤职工在停工留薪期需要护理的，由所在单位负责。

2. 辅助器具配置待遇

工伤职工因日常生活或者就业需要，经劳动能力鉴定委员会确认，可以安装假肢、矫形器、假眼、假牙或配置轮椅等辅助器具，所需费用按照国家规定的标准从工伤保险基金中支付。

3. 伤残待遇

（1）生活护理费

根据新修订的《工伤保险条例》第三十四条的规定，工伤职工已经评定伤残等级并经劳动能力鉴定委员会确认需要生活护理的，从工伤保险基金按月支付生活护理费。

生活护理费按照生活完全不能自理、生活大部分不能自理或者生活部分不能自理3个不同等级支付，其标准分别为统筹地区上年度职工月平均工资的50%、40%或者30%。

（2）一至四级伤残职工的伤残待遇

根据新修订的《工伤保险条例》第三十五条的规定，一至四级伤残职工享受以下待遇：

第一，劳动关系的处理。职工因工致残被鉴定为一级至四级伤残的，又称为完全丧失劳动能力。此类工伤职工应退出工作岗位，用人单位与其保留劳动关系。也就是说，除了这些职工到达退休年龄办理退休手续、死亡，或者存在《劳动法》第二十五条规定的法定情形外，用人单位不得与其终止劳动关系。

第二，从工伤保险基金按伤残等级支付一次性伤残补助金，标准为：一级伤残为27个月的本人工资，二级伤残为25个月的本人工资，三级伤残为23个月的本人工资，四级伤残为21个月的本人工资。

第三，从工伤保险基金按月支付伤残津贴，标准为：一级伤残为本人工资的90%，二级伤残为本人工资的85%，三级伤残为本人工资的80%，四级伤残为本人工资的75%。伤残津贴实际金额低于当地最低工资标准的，由工伤保险基金补足差额。

第四，关于工伤保险关系与基本养老保险关系的衔接。工伤职工退休后，到底是享受养老保险待遇还是继续享受工伤保险待遇？从理论上讲，此类职工已经不属于劳动就业人群范围，如果超过退休年龄还提供伤残津贴，就是提供了过度的赔偿待遇。所以，工伤职工达到退休年龄并办理退休手续后，停发伤残津贴，按照国家规定享受基本养老待遇。《社会保险法》第四十条规定，工伤职工符合领取基本养老金条件的，停发伤残津贴，享受基本养老保险待遇。基本养老保险待遇低于伤残津贴的，从工伤保险基金中补足差额。

第五，关于医疗保险的问题。用人单位在保留此类职工关系的基础上，由用人单位和职工个人以伤残津贴为基数，缴纳基本医疗保险费。

（3）五级、六级伤残职工的伤残待遇

根据新修订的《工伤保险条例》第三十六条的规定，五级、六级的伤残待遇包括以下内容：

第一，从工伤保险基金按伤残等级支付一次性伤残补助金，标准为：五级伤残为18个月的本人工资，六级伤残为16个月的本人工资。

第二，保留与用人单位的劳动关系，由于此类职工还具有一定的劳动能力，单位应为其安排合适的工作，这对职工本人、用人单位和国家都有十分积极的作用。如果企业内部实在难以找到与伤残职工劳动能力相适应的工作，则由用人单位按月发给伤残津贴，标准为：五级伤残为本人工资的70%，六级伤残为本人工资的60%，并由用人单位按照规定为其缴纳应缴纳的各项社会保险费。伤残津贴实际金额低于当地最低工资标准的，由用人单位补足差额。

第三，工伤职工本人提出终止或者解除劳动关系的权利不受限制。经工伤职工本人提出，可以与用人单位解除或者终止劳动关系，由工伤保险基金支付一次性工伤医疗补助金；由用人单位支付一次性伤残就业补助金。

（4）七至十级的伤残待遇

根据新修订的《工伤保险条例》第三十七条的规定，职工因工致残被鉴定为七至十级伤残的，享受以下待遇：

第一，从工伤保险基金按伤残等级支付一次性伤残补助金，标准为：七级伤残为13个月的本人工资，八级伤残为11个月的本人工资，九级伤残为9个月的本人工资，十级伤残为7个月的本人工资。与前两种情况不同，此时工伤职工不再享有伤残津贴。

第二，劳动关系的处理。在劳动、聘用合同期满前，除非工伤职工具有《劳动法》第二十五条规定的情形，否则用人单位不得单方与其解除劳动、聘用合同。也就是说，此时提出解除劳动、聘用合同的权利依然在职工这一方。如果劳动者没有提出这种权利主张，用人单位就应当与其继续履行原劳动、聘用合同，或者视客观情况依法与其变更劳动、聘用合同的部分内容，并按照劳动、聘用合同的规定支付相应的工资报酬。劳动、聘用合同期满终止，或者职工本人提出解除劳动、聘用合同的，由工伤保险基金支付一次性工伤医疗补助金，由用人单位支付一次性伤残就业补助金。

（5）再次发生工伤的待遇

根据新修订的《工伤保险条例》第四十五条的规定，职工再次发生工伤，根据规定应当享受伤残津贴的，按照新认定的伤残等级享受伤残津贴待遇。

工伤职工再次发生工伤，是指工伤职工遭受两次或两次以上的工伤事故或患职业病，在前次工伤事故造成的病情经治疗并经劳动能力鉴定确定伤残等级后，再次遭受工伤事故或患职业病，后者可能会使工伤职工的病情出现新变化。对于此种情况，按照新认定的伤残等级享受伤残津贴待遇。

4. 死亡待遇

根据新修订的《工伤保险条例》第三十九条的规定，死亡待遇主要包括丧葬补助金、供养亲属抚恤金和一次性工亡补助金三项。

（1）丧葬补助金。

职工因工死亡，其近亲属可以从工伤保险基金领取丧葬补助金，标准为6个月的统筹地区上年度职工月平均工资。

（2）供养亲属抚恤金，按照职工本人工资的一定比例发给由因工死亡职工生前提供主要生活来源、无劳动能力的亲属。标准为：配偶每月40%，其他亲属每人每月30%，孤寡老人或者孤儿每人每月在上述标准的基础上增加10%。核定的各供养亲属的抚恤金之和不应高于因工死亡职工生前的工资。供养亲属的具体范围由国务院社会保险行政部门规定。

（3）一次性工亡补助金，标准为上一年度全国城镇居民人均可支配收入的20倍。

5. 职工工作期间发生事故、下落不明的工伤保险待遇

根据新修订的《工伤保险条例》第四十一条的规定，职工因工外出期间发生事故或者在抢险救灾中下落不明的，从事故发生当月起3个月内照发工资，从第4个月起停发工资，由工伤保险基金向其供养亲属按月支付供养亲属抚恤金。生活有困难的，可以预支一次性工亡补助金的50%。职工被人民法院宣告死亡的，按照本条例第三十九条职工因工死亡的规定处理。

（1）"下落不明"，是指离开最后居住地后没有音讯的状况。职工因工外出期间发生事故或者在抢险救灾中下落不明，其生死虽处于不确定的状态，但为了保护利害关系人的利益，《工伤保险条例》规定其近亲属可享受部分工伤职工因工死亡待遇。需要注意的是，虽然我国有公民下落不明满二年，有关利害关系人可以向人民法院申请宣告其失踪的法律规定，但职工因工外出期间发生事故或者在抢险救灾中下落不明后，其近亲属享受相关待遇并不以是否经过宣告失踪为程序要件，而是从事故发生、职工音讯消失当月起即按规定发放有关待遇。根据《民法典》第四十条的规定，自然人下落不明满二年的，利害关系人可以向人民法院申请宣告该自然人为失踪人。《民法典》第四十一条规定，自然人下落不明的时间从其失去音讯之日起计算。战争期间下落不明的，下落不明的时间从战争结束之日或者有关机关确定的下落不明之日起计算。

（2）"宣告死亡"是指自然人离开住所，下落不明达到法定期限，经利害关系人申请，由人民法院宣告其死亡的法律制度。根据《民法典》第四十六条的规定，自然人有下列情形之一的，利害关系人可以向人民法院申请宣告该自然人死亡：第

一，下落不明满四年；第二，因意外事件，下落不明满二年。因意外事件下落不明，经有关机关证明该自然人不可能生存的，申请宣告死亡不受二年时间的限制。

按照我国现有的法律规定，"宣告死亡"必须满足一定的条件：

① 被申请人下落不明满一定期限。根据《民事诉讼法》第一百九十一条的规定，公民下落不明满四年，或者因意外事件下落不明满二年，或者因意外事件下落不明，经有关机关证明该公民不可能生存，利害关系人申请宣告其死亡的，向下落不明人住所地基层人民法院提出。申请书应当写明下落不明的事实、时间和请求，并附有公安机关或者其他有关机关关于该公民下落不明的书面证明。

② 须经利害关系人申请。申请宣告死亡的利害关系人的顺序：一是配偶；二是父母、子女；三是兄弟姐妹、祖父母、外祖父母、孙子女、外孙子女；四是其他有民事权利义务关系的人。

③ 须由人民法院宣告。根据《民事诉讼法》第一百九十二条的规定，人民法院受理宣告死亡案件后，应当发出寻找下落不明人的公告。宣告失踪的公告期间为三个月，宣告死亡的公告期间为一年。因意外事件下落不明，经有关机关证明该公民不可能生存的，宣告死亡的公告期间为三个月。公告期间届满，人民法院应当根据被宣告死亡的事实是否得到确认，做出宣告死亡的判决或者驳回申请的判决。

在工伤保险制度中，如果职工因工外出期间发生事故或者在抢险救灾中下落不明，相关利害关系人可以申请人民法院宣告其死亡。从职工被宣告死亡之日起，该职工的近亲属便可以按照新修订的《工伤保险条例》第三十九条的规定领取丧葬补助金、供养亲属抚恤金和一次性工亡补助金。

（三）停止享受工伤保险待遇的情形

根据《社会保险法》第四十三条的规定，工伤职工有下列情形之一的，停止享受工伤保险待遇：（1）丧失享受待遇条件的；（2）拒不接受劳动能力鉴定的；（3）拒绝治疗的。

以上条款删去了老版《工伤保险条例》第四十条的第四项，即"被判刑正在收监执行的"情形。

五、工伤保险的基金管理

（1）工伤保险基金单独建账，单独核算，与其他社会保险基金分别管理使用。

（2）工伤保险基金的预算管理。工伤保险基金纳入财政专户，实行收支两条线管理，专款专用。任何组织和个人不得侵占或者挪用。

（3）工伤保险基金在保证安全的前提下，按照国务院的要求，做到保值增值。

第七章
社会保险费的征收

　　社会保险涉及人们的切身利益，对人们的生存安全以及生活幸福起到重要的保障作用。社会保险待遇的实现依赖于社保资金的支持。社会保险费依法、按时、足额征收是社会保险制度得以实施的重要保证。社会保险费的征收涉及征收部门及其职责、征收模式、征收流程、不依法缴纳社保费的法律责任和后果等。

第一节　社会保险费的征收机构

一、我国社会保险费征收机构的演变

　　（1）20世纪90年代，我国各项社会保险费的征收存在多个征收主体。

　　（2）确定社会保险费征收双主体。

　　1999年1月发布的《社会保险费征缴暂行条例》（中华人民共和国国务院令第259号），确定了社会保险费征收机构可以是税务部门，也可以是劳动保障行政部门。社会保险费征收机构由多主体向双主体转化。

　　（3）确定税务部门统一征收社会保险费。

　　我国社会保险费有的地方是由社保经办机构来征收，也有的地方由税务机关征收，征收主体的非唯一性提高了社会保险费的征收成本，降低了征收效率。2018年中共中央办公厅、国务院办公厅印发了《国税地税征管体制改革方案》，明确从2019年1月1日起，将基本养老保险费、基本医疗保险费、失业保险费、工伤保险费、生育保险费等各项社会保险费交由税务部门统一征收，这是我国社会保险费征收管理制度上的重大变革。我国社会保险费征收部门正逐渐由多部门向单一征收部门转化。到2022年，社会保险费征收职责完全划转到税务部门。

二、税务部门征收社会保险费的历程

（1）武汉地税局开创了税务机构征收保险费的先河。1995年，武汉市税务局在全国率先代征养老保险费，开创了我国社会保险费由税收部门介入征收的先河。

（2）1998年，财政部、劳动部、中国人民银行以及国家税务总局联合下发《企业职工基本养老保险基金实行收支两条线管理暂行规定》（财社字〔1998〕6号），规定基本养老保险费可以由地方税务部门代征。这是以文件的形式确定了由税务机构代征基本养老保险费。1998年，浙江地税局开始了代征基本养老保险费。

（3）税务部门与社保经办机构共同征收。

1999年我国颁布了《社会保险费征缴暂行条例》（中华人民共和国国务院令第259号）规定，社会保险费的征收机构由省、区、市人民政府规定，可以由税务机关征收，也可以由劳动保障行政部门按照国务院规定设立的社会保险经办机构征收，形成了两个征收主体的局面，即社会保险费有的地方由税务部门征收，有的地方由社会保险经办机构征收。2000年以后出现了14个省、自治区、直辖市将社保费征缴职责移交税务机关的高峰期，其中既有江苏、广东、福建等沿海地区，又有陕西、甘肃、青海等内陆省份。至2018年3月，全国共有18个省份采取了社会保险费税务部门征收的模式。

（4）税务部门统一征收。

2018年《国税地税征管体制改革方案》要求，自2019年1月1日起社会保险费交由税务机关统一征收，形成社会保险费征收部门职责清晰、征管流程规范、缴费服务便民、征收管理高效的社保费征缴体制。

机关事业单位、城乡居民社会保险于2019年开始纳入到税务部门征收。企业职工各项保险于2020年年底前全部纳入到税务部门进行征收。社会保险费征收职责划转到税务部门已经实现。

三、税务部门征收社会保险费的职责

（1）制定或者会同有关部门制定社会保险费的征收制度；

（2）开展社会保险费申报受理、费款征收、会统核算等工作；

（3）依法征收，开展社会保险费缴费检查、欠费追缴、违法处罚等工作，实行规范执法；

（4）将征缴明细信息及时传送给相关部门，对社会保险费收入预算目标确定提出意见，并抓好在税务系统的分解落实和执行情况考核；

（5）参与社会保险费收入政策制定和调整，协助做好社会保险参保工作等。

四、税务部门征收社会保险费的类别

税务部门征收的社会保险费主要由基本养老保险费、基本医疗保险费、失业保险费、工伤保险费和生育保险费组成。任何用人单位都应依法为员工办理社保，不得进行选择性参保。

基本养老保险费包括企业及其职工缴纳的保险费、城乡居民缴纳的基本养老保险费、机关事业单位及其职工缴纳的基本养老保险费。

基本医疗保险费包括企业及其职工缴纳的基本医疗保险费、机关事业单位及其职工缴纳的基本医疗保险费、城乡居民缴纳的基本医疗保险费。

失业保险费由法律规定的用人单位及其职工共同承担保险费。

生育保险费和工伤保险费由法律规定的用人单位缴纳。

五、社会保险费征收管理环节

社会保险费征收管理环节包括社会保险登记、申报、征收、检查、欠费追缴等。社会保险登记是社会保险费征收的前置环节，是为参保人设立社会保险代码、建立社会保险关系、掌握缴费相关信息的重要渠道。社会保险申报是参保人向征收机关申报征收基本信息以及征收数据的重要环节，社会保险的征收具体包括征收方式、征收模式、征收票据的开具；社会保险欠费追缴也是社会保险费征收的重要环节。

第二节 社会保险登记

社会保险登记是社会保险管理工作的首要环节，它是保障参保人享受社会保险的待遇以及要履行保险义务的前提，也是参保人建立社会保险关系的重要标志。社会保险登记由参保人申请，社会保险登记办理机构进行审核合格后，对参保人设置社会保险代码，记录参保人社会保险方面重要信息，建立社会保险关系。在我国，社会保险登记除了广东省和厦门市由税务部门负责登记以外，其他地方都由社会保险经办机构来负责。由社保经办机构负责登记的地方，税务部门要和社保经办机构进行参保登记信息关联，从而确定参保单位和参保个人的缴费信息，参保信息关联是税务部门征收社保费的重要环节。

社会保险登记按参保人分类，可以分为用人单位社会保险登记和职工个人社会保险登记。

一、用人单位社会保险登记

依据《社会保险法》的规定，用人单位应自成立之日起30日内到社保经办机构办理社会保险登记手续，社会保险登记是用人单位为员工办理社会保险参保的前置条件。依据国务院办公厅《关于加快推进"五证合一、一照一码"登记制度改革的通知》（国办发〔2016〕53号），自2016年起取消社会保险登记证，改为统一社会信用代码。

（一）社会保险登记的主要内容

社会保险登记包括设立登记、变更登记和注销登记。

1.设立登记

主要是采集参保单位的基本信息、缴款银行信息、单位参加社会保险的险种信息、单位的工伤保险基准费率。

2.变更登记

单位的社会保险登记信息发生变化的，包括单位的基本信息、单位的参保险种信息或者单位管辖的社保经办机构发生变化，用人单位在社保部门办理完变更手续后，传递给税务机关进行同步变更。

3.注销登记

单位因破产或者依法申请注销的，用人单位应向社会保险部门申请社保注销登记，注销之前必须清缴欠费，完成所有险种的注销业务。

（二）社会保险登记办理流程（见图7-1）

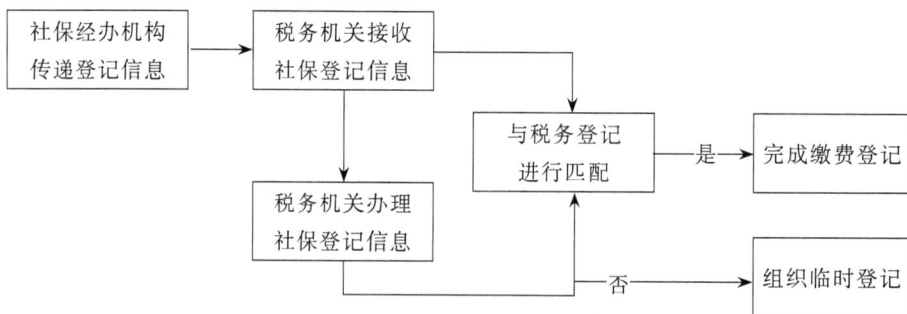

图 7-1 社会保险登记办理流程

用人单位社会保险登记是由社保经办机构负责，用人单位需到社保经办机构办理登记手续，完成社会保险登记手续后，社保经办机构将登记信息通过共享服务平台传递给税务机关，税务机关依据统一社会信用证代码对社会保险登记与税务登记信息进行关联确认。

（三）用人单位不办理社会保险登记的法律责任

用人单位必须办理社会保险登记，根据《社会保险法》相关规定，用人单位不按规定办理社会保险登记，需要承担法律责任。用人单位不办理社会保险登记的，由社会保险行政部门责令限期改正；逾期不改正的，对用人单位处以应缴社会保险费的1倍以上3倍以下的罚款，对其负责的主管人员和其他负有直接责任人员处以500到3 000元的罚款。

二、职工个人社会保险登记

依据《社会保险法》和《劳动合同法》的规定，用人单位及其职工应当参加社会保险。职工个人社会保险登记是指用人单位依据法律法规，为建立劳动关系的职工依法办理社保增员、减员、变更等手续。职工个人社会保险登记由用人单位代为办理。社保经办机构在办理完职工社会保险参保登记后，通过社会保险共享信息平台、介质导入或人工采集方式，将职工个人社会保险登记信息及时传递给税务机关进行关联登记。由税务机关办理社会保险登记的，由用人单位发起登记申请，税务机关先与税务系统中的自然人成功关联或新办登记后，进行参保缴费关联登记信息采集，完成登记并反馈给社保经办机构。

（一）职工个人社会保险登记内容

职工个人的社会保险登记主要登记参加社会保险员工个人的基本信息、参保险种、参保人员身份、参保时间等与社会保险缴费有关的字段。需要注意以下两个问题：

1.确认参加社会保险条件

依据法律法规，员工与用人单位形成劳动关系，用人单位应依法与员工签订劳动合同，缴纳社会保险费。因此，判断是否应缴纳社保费的前提条件是双方是否存在劳动关系。

2.参加社会保险的年龄规定

依据人力资源和社会保障部的规定，参加社会保险的年龄为男不超过60周岁，女工人不超过50周岁，女干部不超过55周岁，超过上述年龄参保的，需经组织部门或者主管部门审批延迟退休，方可确认参保信息。

（二）职工个人社会保险登记业务流程（见图7-2）

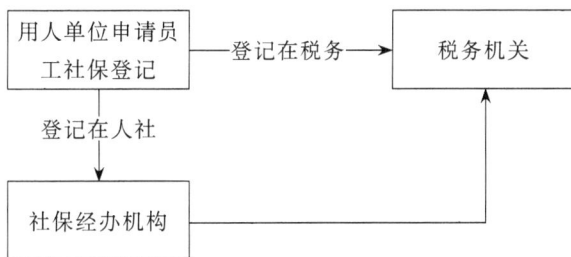

图7-2　职工个人社会保险登记业务流程

三、灵活就业人员社会保险登记

依据法律法规的规定，无雇工的个体工商户、未在用人单位参加基本养老保险的非全日制从业人员以及其他灵活就业人员（简称"灵活就业人员"），可以自愿选择参加社会保险。灵活就业人员进行社会保险费参保（关联）登记是灵活就业人员社会保险费征管的首要环节，是灵活就业人员缴费个人纳入税务机关管理的标志。

灵活就业人员登记环节在社保经办机构的，由社保经办机构负责社保登记，登记完成后将信息传递给税务机关。登记环节由税务机关负责的，则由税务机关办理参保预登记。

灵活就业人员社保（关联）登记主要采集人员基本信息、参保身份、参保险种、社保经办机构、分配（关联）主管税务机构等信息。

（一）灵活就业人员社会保险登记内容

（1）由社保经办机构传递的灵活就业人员参保信息，在导入税务机关时，可以通过平台导入登记、介质导入登记或手工录入登记三种渠道，完成参保（关联）登记；由税务机关代办参保预登记业务的，可以通过介质导入登记或手工录入登记两种渠道，支持单个录入或批量导入的功能，完成参保（关联）登记。

（2）灵活就业人员身份信息必须与自然人登记的人员身份信息（证件类型+证件号码+姓名）相一致，同一缴费个人在社保、税务系统的身份字段信息一致且关联唯一的，按规则在税务系统中匹配相关社保字段信息，进行参保（关联）登记；同一缴费个人在社保、税务系统的身份字段信息一致，但税务机关系统缴费人不唯一的，需要暂存人员信息，供人工干预匹配时调用进行参保（关联）登记；同一缴费个人在社保、税务系统的身份字段信息不一致的，终止参保（关联）登记。

（二）灵活就业人员社会保险登记业务流程（见图7-3）

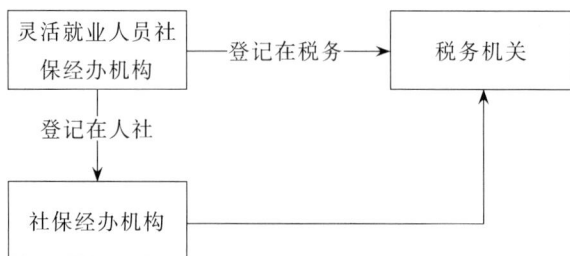

图7-3　灵活就业人员社会保险登记业务流程

四、城乡居民社会保险登记

依据法律法规的规定，城乡居民应当参加社会保险。城乡居民社会保险登记是城乡居民社会保险费征管的首要环节，是城乡居民社会保险费缴费人纳入税务机关管理的标志。

（一）城乡居民社会保险登记内容

城乡居民社会保险依据政策分为城乡养老和城乡医疗两类，在社保经办机构办理参保登记后，社保经办机构将参保登记信息传递至税务机关。

登记环节在社保经办机构的，其参保登记信息由社保经办机构进行采集，通过共享平台或介质方式导入税务部门的征收系统，与税务管理的自然人进行关联登记。登记环节在税务机关的，则由税务部门负责采集，采集完成并与税务系统中的管户唯一关联后，反馈给社保经办机构。城乡居民参保人员信息归集，根据各地实际情况，可采用以村组、社区为单位虚拟户进行统一归集管理。

城乡居民社会保险登记主要采集人员基本信息、人员参保身份、参保险种、社保经办机构、关联对应村组（社区）虚拟户、分配（关联）主管税务机构等信息。

城乡居民身份信息必须与自然人登记的人员身份信息（证件类型+证件号码+姓名）相一致，同一缴费人在社保、税务系统的身份字段信息一致且关联唯一的，按规则在税务系统中匹配相关社保字段信息，进行缴费（关联）登记；同一缴费人在社保、税务系统的身份字段信息一致，但税务机关系统缴费人不唯一的，需要暂存人员信息，供人工干预匹配时调用进行缴费（关联）登记；同一缴费人在社保、税务系统的身份字段信息不一致的，终止缴费（关联）登记。

城乡居民社会保险（关联）登记信息可以变更，不能注销。

（二）城乡居民社会保险登记业务流程（见图7-4）

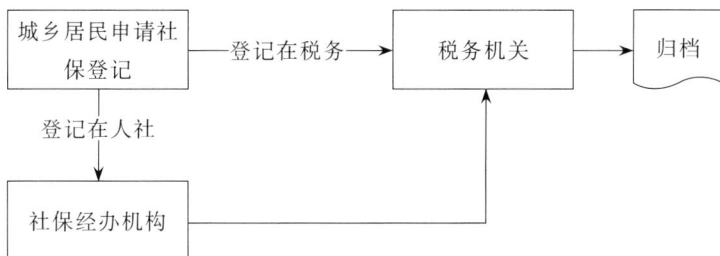

图 7-4　城乡居民社会保险登记业务流程

第三节　社会保险费申报

《社会保险法》第六十条规定："用人单位应当自行申报、按时足额缴纳社会保险费，非因不可抗力等法定事由不得缓缴、减免。"社会保险费申报是社会保险费征收的重要环节。社会保险费申报包括用人单位社会保险费申报和个人社会保险费申报。

一、用人单位社会保险费申报

用人单位社会保险费申报包括日常申报、查补申报和年度结算申报。

（一）日常申报

用人单位社会保险费按月征收。用人单位以单位身份参加社会保险并按期向税务机关申报应缴的社会保险费。用人单位申报的社会保险费包括用人单位的各项社会保险费以及代替其职工申报的各项社会保险费，两部分同时申报。征收模式不同，申报机构和内容也不同。社会保险费申报的要素主要包括缴费基数、险种、缴费比例、费款所属期和社保年度等。

1.用人单位申报的内容

（1）用人单位名称、组织机构代码、地址及联系方式；

（2）用人单位开户银行、户名及账号；

（3）用人单位的缴费险种、缴费基数、费率、缴费数额；

（4）职工名册及职工缴费情况；

（5）规定的其他事项。

2.代职工申报的内容

职工应缴纳的社会保险费由用人单位代为申报。代职工申报的事项包括：职工姓名、社会保障号码、用工类型、联系地址、代扣代缴明细等。用人单位代职工申报的缴费明细以及变动情况应当经职工本人签字认可，由用人单位留存备查。遇到特殊情况职工本人无法签字确认的，部分地区可适当采用张榜公示或单位内部工资台账等方式告知职工。建筑单位的工伤保险申报按照工程项目进行申报。

在一个缴费年度内，用人单位初次申报后，其余月份可以只申报前款规定事项的变动情况；无变动的，可以不申报。

在税务代征的模式下，由社保经办机构负责接受申报。社保经办机构经过核定后，将社会保险费征收相关数据传递给税务部门，税务部门根据社保经办机构传递来的数据进行征收；在全责征收的模式下，用人单位将单位各项社会保险费明细数据向税务部门进行申报。用人单位的社会保险费申报可以采取网上申报和到税务机构直接申报等方式，以上方式申报有困难的可以采取邮寄申报。

（二）查补申报

实践中用人单位自行发现少缴社会保险费、税务部门在纳费风险管理过程中或在进行纳费检查后发现用人单位少缴社会保险费（税务部门要在出具的法律文书中列明应缴数据），用人单位要按规定申报少缴社会保险费。申报的内容包括审核社会保险费基数、调整的事项、社会保险费补缴申报。查补申报包括查补基数的申报和查补人员的申报。查补申报的时间要根据税务部门纳费风险管理和纳费检查发现少缴费用的时间来确定，税务部门发现用人单位少缴或漏缴保费后要及时通知用人单位，用人单位接到通知后及时向税务部门进行申报。需要申报少报缴费基数的应就少报部分进行申报；少报人员的要将少报人员进行申报，完成应参保未参保人员的申报。用人单位应先将补缴人员信息在社保经办机构进行登记，然后导入税务征管系统的本单位参保人员登记清册的范围内，再进行查补申报。由税务机关进行社会保险预登记的（主要是广东省、厦门市），税务机关经审核用人单位提供的资料后，可直接在税务机关征管系统中进行补缴人员登记并查补申报。

查补申报完成后，进入少缴社会保险费征收环节。

（三）年度结算申报

社会保险费结算年度申报是指用人单位在年度终了或依法终止时，自行结算上年度各项社会保险费或缴费终止前应缴的各项社会保险费，并按规定向主管税务机关进行社会保险缴费基数、调整项目及社会保险费补退结算申报等；也可用于缴费人在年度终了或依法终止时，由社保经办机构结算上年度或缴费终止前应缴的各项社会保险费，并按规定向主管税务机关传递相关申报数据。对于结算年度有社会保险费漏申报月份的，应先将漏报月份补申报缴纳入库，再进行结算。年度结算申报一般对职工个人缴费部分暂不作结算要求。用人单位年度结算申报主要是申报用人单位工资总额调整数额。如果工资总额增长了，用人单位要申报少缴的社会保险费部分，如果工资总额减少了，可以申报办理社会保险退费。

社会保险费申报流程完成后，生成用人单位的应征信息，进入社会保险费征收阶段。

二、其他个人社会保险费申报

其他个人包括灵活就业人员和城乡居民，这部分人社会保险费采取自行申报方式。由于这部分人没有具体的工作单位，收入不固定，其社会保险费可以根据收入情况按月、按季申报，也可以按年申报缴纳。

灵活就业人员和城乡居民可选择申报的险种包括基本养老保险和基本医疗保险，部分统筹地区也可选择补充医疗保险。灵活就业人员根据自身需要可灵活搭配申报险种。城乡居民只缴纳基本养老保险和基本医疗保险，其申报的险种是基本养老保险和基本医疗保险。

申报的内容主要有：（1）个人姓名、社会保障号码；（2）个人的联系方式；（3）个人的缴费险种、缴费基数、费率、缴费数额；（4）个人开户银行、户名及账号；（5）个人户籍信息根据各地所需提供；（6）其他规定事项。

第四节　社会保险费的征收

一、社会保险费征收模式

2019年以前，社会保险费征收模式有社保经办机构征收模式、税务部门代征模式、税务部门全责征收模式。

（一）社保经办机构征收模式

在社保经办机构征收模式下，社会保险费征收的所有环节都由社保经办机构来完成，包括社会保险登记、申报、核定征收、记账、检查以及欠费的追缴等工作流程。

（二）税务部门代征模式

在税务部门代征模式下，社会保险登记和数据明细申报、核定都由社保经办机构来完成，社保经办机构将征收数据传给税务部门，由税务部门代征社会保险费。

（三）税务部门全责征收模式

在税务部门全责征收模式下，社会保险费从登记、申报、征收、费源管理、纳费检查和保险费会统核算各环节都由税务部门来完成，这种方式能够保证社会保险费征收流程更顺畅，便于依法、按时、足额征收社会保险费。全责征收社会保险费是未来的发展方向。目前，我国已经有部分地区采用全责征收模式征收社会保险费。

二、社会保险费征收原则与征缴方式

（一）征收原则

1.依法按时足额征收

依法征收是指社会保险费征收要按照法律规定，依照法定程序来进行征收，具体包括对谁征收、对什么来进行征收。征收社会保险费有义务为纳费人开具收据。欠费的追缴和清欠要按照法律程序进行。按时征收就是对社会保险费征收有时间性要求，保证社会保险费按时征收入库。足额征收就是要按照法律规定做到应收尽

收，社会保险费不允许少征，不允许自行减免。

2.核定征收

税务部门根据社保经办机构核定的社会保险费应征数据，征收入库。在核定征收模式下，社保经办机构负责社会保险登记、费额核定、权益记录、待遇发放等业务，并将征收数据传递给税务部门，税务部门负责征收。2020年年底社会保险费划转到税务部门征收，原征收标准不变，不改变企业现行申报方式和缴费基数计算规则，不因征收部门改变而增加企业缴费人负担。

（二）征收方式

社会保险费征收方式具有多样性。可以通过税务部门办税服务厅进行征收、利用电子税务局进行征收、通过缴费自助终端征收，对于灵活就业人员，可以采取银行委托代征的方式征收。

（三）缴费方式

1.实时扣款

已签订三方协议的缴费人向社会保险费系统提交申请，生成税收电子缴款书，并向税库银系统发起扣款申请，社会保险费系统在接收到税库银系统返回的扣款结果后对扣款成功的记录进行核销处理；对扣款不成功记录，标注扣款不成功原因，操作人员可转开纸质缴款书，也可继续提交实时扣款的请求。实时扣款时只能使用税收电子缴款书。

2.自缴核销

自缴核销是指缴费人持纸质税收缴款书（银行经收专用）到商业银行采用现金、银行转账等方式进行缴纳社会保险费业务。自缴核销时只能使用税收缴款书（银行经收专用）。

3.银行端查询缴款

银行端查询缴款是解决未签订委托缴款协议的缴费人通过财税库银横向联网系统，实现电子缴纳社会保险费的一种重要业务类型。缴费人到商业银行柜台通过银行端查询缴费方式办理缴费业务的，可自行打印银行端查询缴税凭证，或在税务机关、商业银行直接领取银行端查询缴税凭证手工填写，然后到商业银行柜台办理。商业银行柜员依据缴费人提供的银行端查询缴税凭证发起相关查询请求报文。

4.银联POS划卡缴款

银联POS划卡缴款是解决未签订委托缴款协议的缴费人实现电子缴纳社会保险费的一种重要业务类型。税务机关应用银行端查询缴款的原理与端口，根据应征社会保险费信息生成税收电子缴款书，同时触发银联POS机，银联POS机通过财税库银系统向税务机关查询应划缴的社会保险费信息，通过银行卡划卡授权将社会保险费款从银行卡账户划转至国库。缴费成功后，税务机关当场开具税收完税证明（表格式）。

三、申报缴纳时间

社会保险费申报缴纳的时间也称征收期限，社会保险费征收期限全国不统一，要遵从当地具体规定执行。

四、退费和缓缴管理

社会保险费退费是因多种原因发生了多缴保费需要退回的情形。如果是征收机构发现多缴的情形，应根据职权及时办理多缴保费的退回；如果是缴费人自行发现，可以向税务部门申请退还多缴的保费。

因不可抗力发生生产经营严重困难的用人单位，经有关部门批准后，可在一定期限内缓缴社会保险费。缓缴的最长期限一般不超过1年。缓缴期间可以免收滞纳金。

五、欠费管理

根据《社会保险法》的相关规定，用人单位应当自行申报、按时足额缴纳社会保险费，非因不可抗力等法定事由不得缓缴、减免。职工应当缴纳的社会保险费由用人单位代扣代缴，用人单位应当按月将缴纳社会保险费的明细情况告知职工本人。

针对用人单位欠缴社会保险费，《社会保险法》第六十三条规定，用人单位未按时足额缴纳社会保险费的，由社会保险费征收机构责令其限期缴纳或者补足。《社会保险法》第八十六条规定，用人单位未按时足额缴纳社会保险费的，自欠缴之日起，按日加收万分之五的滞纳金；逾期仍不缴纳的，由有关行政部门处欠费数额一倍以上三倍以下的罚款。

用人单位在限期缴费时间内仍不缴费的，社会保险费征收机构有权向银行或其他金融机构申请查询用人单位的银行账户，银行或其他金融机构要予以配合，及时提供用人单位的存款信息。

若存款足以抵付社会保险费，社会保险费征收机构可以申请县级以上有关行政部门做出划拨社会保险费的决定，书面通知欠费单位的开户行或其他金融机构划拨相当于所欠社会保险费的数额。若其银行账户资金不足以抵补所欠社会保险费，除了申请有关部门批准划拨银行存款外，对于剩下的欠费，征收机关可以要求欠费单位提供相当于欠费数额的担保品，并签署延期缴纳协议，保证在协议的时间内缴纳欠费。在协议期限内仍未缴费的，征收机构可以依法处置担保品，以处置所得抵补欠费。欠费单位没有提供担保品的，社会保险费征收机构可以申请人民法院采取强制执行程序，人民法院依照法定程序，查封、扣押欠费单位价值相当于欠费数额的财产，并以拍卖所得抵缴社会保险费。

六、传输征收数据

社会保险费征收完成后，要及时将参保人缴纳的社会保险费数据传给社会保险经办机构，便于社保经办机构及时掌握数据，进行记录，为以后社会保险待遇的发放提供基础数据。

七、社会保险费的征收票据管理

税务部门征收社会保险费后，要对缴费人开具征收票据。

税务机关根据保证社会保险费按时足额入库、方便缴费人、降低社会保险费征收成本的原则，确定社会保险费征收的方式，根据缴款方式使用相对应的法定税收票证。

（一）社会保险费缴费票据的种类

社会保险费征收开票需要使用的票证包括税收缴款书、税收电子缴款书、税收完税证明以及国家税务总局规定的其他税收票证。

1.税收缴款书

税收缴款书是指缴费人据以缴纳社会保险费，税务机关据以征收、汇总费款的税收票证。它包括税收缴款书（银行经收专用）和税收缴款书（税务收现专用）。

（1）税收缴款书（银行经收专用），由缴费人、税务机关向银行传递，通过银行划缴社会保险费款到国库时使用的纸质税收票证。其适用情形是：缴费人自行填开或税务机关开具，缴费人据以在银行柜面办理缴费（转账或现金），由银行将费款缴入国库；税务机关收取现金费款后开具，据以在银行柜面办理费款汇总缴入国库；税务机关开具，据以办理待解缴账户款项缴入国库。税收缴款书（银行经收专用）只能适用于开具纸质税票，并可以采用自缴核销等电子缴款方式，不能用于实时扣款、批量扣款、银行端缴款等电子缴款方式。

（2）税收缴款书（税务收现专用），缴费人以现金、刷卡（未通过横向联网电子缴税系统）方式向税务机关缴纳社会保险费时，由税务机关开具并交付缴费人的纸质税收票证。

2.税收电子缴款书

税收电子缴款书是指税务机关将缴费人的电子缴款信息通过横向联网电子缴税系统发送给银行，银行据以划缴费款到国库（财政专户）时，由社会保险费征管系统生成的数据电文形式的税收票证。开具税收电子缴款书适用于实时扣款、批量扣款、银行端缴款等电子缴款方式，不得用于收取现金。

3.税收完税证明（表格式）

税收完税证明（表格式）由税务机关通过税收征管系统开具，主要适用于缴费人通过横向联网电子缴税系统划缴费款到国库后，当场或事后需要取得税收票证等情形。

（二）征收开票管理

（1）税务机关征收社会保险费，必须给缴费人开具缴费凭证。税务机关应当按税收票证种类设置税收票证账簿，对各种税收票证的领发、用存、作废、结报缴销、停用、损失、销毁的数量、号码进行及时登记和核算，定期结账。

（2）缴费人应按照相关部门规定的期限保管缴费凭证，不得伪造、变造或者擅自损毁，如有遗失，应按程序登报发布遗失声明，作废缴费凭证。

（3）非法印制、转借、倒卖、变造或者伪造税收票证的，依照《中华人民共和国税收征收管理法实施细则》的规定进行处理；伪造、变造、买卖、盗窃、抢夺、毁灭税收票证专用章戳的，移送司法机关。

第二篇　非税收入

第八章
非税收入概述

第一节　非税收入的内涵

一、非税收入的概念

（一）非税收入的界定

政府非税收入简称非税收入，是财政收入的一种形式，是财政收入的重要组成部分。广义上的非税收入是指除了税收收入以外的财政收入，包括政府债务收入、社会保险基金以及其他非税收入等。狭义的非税收入是指广义非税收入中除去政府债务收入、社保基金收入、不以政府名义接受的捐赠收入之外的财政收入。本书非税收入的研究对象是针对狭义的非税收入而言。

（二）非税收入定义

作为政府财政收入的一种形式，非税收入是指除税收以外，由非税收入征缴部门依法利用政府权力、政府信誉、国家资源、国有资产或提供特定公共服务、准公共服务取得并用于满足社会公共需要的财政资金，是政府财政收入的重要组成部分，是政府参与国民收入分配和再分配的一种形式。

非税收入的内涵包括非税收入征收主体、非税收入的征收依据、非税收入的实质等。

1. 非税收入征收主体

2018 年之前，按照《关于加强政府非税收入管理的通知》（财综〔2004〕53 号）的规定，我国非税收入征收主体包括各级政府、国家机关、事业单位、代行政府职能的社会团体及其他组织。2018 年国税地税机构合并以后，非税收入征收主体归属合并后的税务部门。非税收入征收主体的统一是我国非税收入管理上的重大变革，使得非税收入征收机构职责分工更加明确，减少部门职责的交叉，体现了国家治理能力的现代化，也是公共财政构建的重要环节。

2. 非税收入的征收依据

非税收入的取得有别于税收，税收是国家凭借政权取得收入，而非税收入除了凭借政权取得收入以外，还可以凭借政府信誉、国有财产权利、提供公共服务而获取成本补偿、外部负效应矫正来取得收入。

3. 非税收入的实质

非税收入的实质是财政资金，是财政的重要组成部分。非税收入要纳入预算进行管理。

4. 非税收入与税收收入的区别

非税收入和税收收入都是财政收入的重要组成部分，二者互有优势，不可代替。二者的区别在于：

（1）目的不同。税收征收的目的主要是满足公共需要，非税收入重点是满足准公共需要、成本补偿及减少外部负效应。

（2）重要性不同。税收收入是财政收入的主体，非税收入是财政收入的重要组成部分。

（3）立法层次不同。税收立法由全国人民代表大会批准通过，非税收入的立法可以是中央和省级政府制定的，法律级别相对于税收要低一些。

（4）各有特点。税收收入具有强制性、固定性、无偿性；非税收入具有灵活性、有偿性、非普遍性、非确定性、资金使用用途特定性。

非税收入非我国独有，世界各国都有非税收入，不能完全以税代费，但非税收入的某些项目在一定条件下可以转化为税收收入，但税收收入不能变成非税收入项目。

5. 非税收入和预算外资金的区别与联系

预算外资金是指没有纳入财政预算管理的财政资金，其内容实质也是非税收入，属于非税收入中的收费和罚没收入项目。非税收入和预算外资金的区别在于是否列入预算。由于 1980 年到 2003 年预算外资金没有纳入预算管理，出现了由各地方、各部门、各企事业单位自收自支的财政资金，随着市场经济的建立，财政体制转变成公共财政体制，对预算内外资金进行清理，要求预算编制的完整性，避免腐败，保护人民权益，所有属于财政资金的要纳入预算进行管理。到 2004 年原来的预算外资金一词被非税收入取代，并且非税收入的组成内容比预算外资金更为丰富。所以，预算外资金实质上也是非税收入，只是管理方式没有纳入预算管理，其所有权、使用权、管理权分散在各个收费部门。而非税收入的所有权、使用权、管理权属于政府，非税收入比预算外资金更加规范。

二、非税收入的特点

（一）灵活性

非税收入的灵活性表现为形式的多样性和存续的时间、标准的灵活性。非税收入既可以按照受益原则采取收费形式收取，又可以以特定项目筹集资金而采取各种基金形式收取等。非税收入在存续时间上，既可以长期征收，也可以在一段时间内存在，有终止日期。非税收入是为政府某一特定活动的需要，而在特定条件下出现的过渡性措施，地方政府可以根据本地的实际情况制定相应的征收标准。

（二）非确定性

由于非税收入是对特定行为和特定对象征收，特定行为和特定对象本身具有不确定性，另外特定行为或特定对象消失或剧减，非税收入也会随之消失或剧减。非税收入的不确定性重点体现在罚没收入上。

（三）非普遍性

非税收入总是和社会管理职能结合在一起，有特定的管理对象和收取对象，但不具有普遍性。未发生受管制行为的单位和个人排除在这一管理和征收范围之外。

（四）资金使用上的特定性

非税收入的使用往往与其收入来源联系在一起。如行政事业性收费经常应用于补偿政府提供公共服务的成本；国有资源（资产）有偿使用收入原则上应当用于国有资产的运营和国有资源的开发等。

三、非税收入的分类

非税收入根据分类的角度不同，其组成和内容也不同，非税收入的分类依据政府文件有以下几种：

（一）根据2016年《政府非税收入管理办法》划分

按照2016年《政府非税收入管理办法》的规定，非税收入共分为12类，主要包括：

1.行政事业性收费收入

行政事业性收费是指国家机关、事业单位以及代行政府职能的团体以及其他组织依据法律、行政法规等相关规定，向公民、法人及其他组织实施管理或者提供特定服务而收取的费用，它是政府非税收入的重要组成部分。行政事业性收费具有强制性、无偿性、服务工本费补偿性等特点。按收入取得的机构来划分，分为机关性收费和事业单位、代行政府职责的团体及组织收费；按取得收入的来源划分，分为管理类收费（包括各种证照费）、资源补偿性收费、鉴定类收费、考试类收费、培训类收费以及其他收费。收费项目实行中央和省两级审批制度。国务院和省、自治区、直辖市人民政府及其财政、价格主管部门按照国家规定权限审批管理收费项目。除国务院和省级政府及其财政、价格主管部门外，其他国家机关、事业单位、社会团体，以及省级以下（包括计划单列市和副省级省会城市）均无权审批。行政事业性收费包括行政部门收取的行政性收费以及事业单位收取的事业性收费。

2.政府性基金收入

政府性基金，是指政府及其所属部门根据法律、行政法规和中共中央、国务院文件规定，为支持特定公共基础设施建设和公共事业发展，向公民、法人和其他组织无偿征收的具有专项用途的财政资金。如国家重大水利工程建设基金，是为了解决南水北调工程及长江三峡工程维护等所需资金而设立的基金项目。政府性基金根据国务院、财政部文件设立，其他部门和地方政府无权设立政府性基金。政府性基金依据政府权力征收，除了具有强制性、无偿性、固定性之外，还具有专款专用性、时效性。所谓的时效性是指某项基金是为了解决某个项目资金而设立，项目建设完成时，基金就没有存在的必要了。如三峡工程建设基金设置的目的是筹集建设长江三峡水利工程资金。长江三峡水利工程建成后，该基金使命完成，就没有存在的必要了。长江三峡水利工程建成后需要维持费，这样，三峡工程建设基金就并入重大水利工程建设基金中了。

3.罚没收入

罚没收入是特定的国家机关依据法律、法规，对违反法律、法规的行为处以罚款、没收非法所得的收入，以及赃物的变价收入等。它是政府实施经济管理的重要方法，罚没收入具有强制性、无偿性、偶然性的特点，罚没收入缺乏收入的稳定性。

4.国有资源（资产）有偿使用收入

国有资源（资产）有偿使用收入，包括国有资源有偿使用收入和国有资产有偿使用收入。

国有资源有偿使用收入，指使用国家资源向国家缴纳有偿使用费用收入，包括土地出让收入、新增建设用地土地有偿使用费、海域使用金、探矿权和采矿权使用费和价款收入、场地和矿区使用费收入、出租汽车经营权收入、公共交通线路经营权收入、汽车号牌使用权有偿转让收入、政府举办的广播电视机构占用国家无线电频率资源取得的广告收入以及利用其他国有资源取得的其他收入。

国有资产有偿使用收入是指国有资产出租、出售、转让等取得的收入，世界文化遗产保护范围内实行特许经营项目的有偿使用收入，世界文化遗产的门票收入，利用政府投资建设的城市道路和公共场地设置提车泊位取得的收入，以及利用国有资产取得的其他收入。

5.国有资本收益

国有资本收益是指国家以出资人身份取得的收益。国有资本收益包括国有资本分得的企业税后利润，国有股股息、红利收入，企业国有产权（股权）出售、拍卖、转让收入以及利用国有资本取得的其他收入。

6.彩票公益金收入

彩票是指国家为筹集社会公益资金，促进社会公益事业发展而特许发行、依法销售，自然人自愿购买，并按照经财政部批准的彩票游戏规则获得中奖机会的凭证。彩票公益金收入是指政府发行和销售彩票后扣除彩票发行费和彩票奖金后的资金，我国彩票的品种分为福利彩票和体育彩票。由此，形成福利彩票公益金和体育彩票公益金，它是非税收入的组成部分。

7.特许经营收入

特许经营收入是指国家依法对特许企业、组织和公民垄断经营某种产品和服务而获得的收入，它是政府非税收入的组成部分。其包括烟草专卖收入、酒类专卖收入、免税商品专卖收入、印钞造币收入、纪念邮票（纪念币）发行收入等。

8.中央银行收入

中央银行收入包括中央银行对下属商业银行以及经特殊批准的其他金融机构的再贷款、再贴现收入，中央银行证券买卖收入、外汇买卖收入，中央银行向商业银行和其他金融机构提供服务收取的服务费用收入。

9.以政府名义接受的捐赠收入

以政府名义接受的捐赠收入包括政府、国家机关、事业单位、代行政府职能的社会团体以及其他组织接受的非定向捐赠的货币收入，它将定向捐赠、民间组织接受的捐赠、没有代行政府职能的团体接受的捐赠，以及捐给企业、个人的资金排除在外。

10.主管部门集中收入

主管部门集中收入主要是指国家机关、事业单位、代行政府职能的社会团体以及其他组织集中所属事业单位的收入，主管部门集中收入应当纳入预算进行管理。随着财政管理体制改革的深入，主管部门应与其管理的事业单位在财务上彻底脱钩，逐步取消主管部门集中收入。2021年有两项由主管部门集中的非税收入纳入到税务部门进行征收，具体包括原来由自然资源部门征收的土地闲置费以及由住房和城乡建设部门征收的城镇垃圾处理费。

11.政府收入的利息收入

12.其他非税收入

（二）按非税收入取得的依据划分

非税收入取得依据的多样性决定了非税收入筹集资金的广泛性。非税收入可以凭借政权、国有产权、政府信誉以及政府提供特定服务等多种形式取得收入。

1. 凭借政权取得的非税收入

依据政府政权取得的非税收入有行政事业性收费、罚没收入、政府性基金。依据政权取得的收入往往都具有强制性，通过法律保障实施。非税收入的强制性具体规定包括对谁征收、对什么征收、征收多少、资金管理、违法处罚等。

2. 依据国有产权取得的收入

依据国有产权取得的非税收入有国有资源有偿使用收入、国有资产有偿使用收入、国有资本收入。国有资源是自然形成的，一般政府采取征收使用费的形式取得收入，国有资产和国有资本收益体现的是国有资产的经营收益。

3. 依据政府信誉取得的收入

依据政府信誉取得收入有彩票公益金收入、以政府名义接受的捐赠收入。

4. 依据政府提供特定服务取得的非税收入

依据政府提供特定服务取得的非税收入有行政事业收费。这种收费往往具有成本补偿的特性，也有对过度消费公共资源进行抑制管理而采取收费办法，其不具有盈利性。

（三）按隶属关系划分

非税收入按隶属关系划分，分为中央非税收入、地方非税收入以及中央与地方共享非税收入。

1. 中央非税收入

中央非税收入是中央财政收入的组成部分。

2. 地方非税收入

地方非税收入是地方政府财政收入的组成部分。

3. 中央与地方共享非税收入

中央与地方共享非税收入依据比例分别归中央和地方所有，如彩票公益金收入，按中央和地方各自 50% 进行分配。

（四）按预算编制划分

按照 2018 年修订后的《中华人民共和国预算法》（以下简称《预算法》）的规定，我国国家预算包括一般公共预算、政府基金预算、国有资本经营预算、社会保险基金预算，除了社会保险基金预算外，其他三种预算都包含非税收入的内容。

1. 列入一般公共预算的非税收入

其包括行政事业性收费、罚没收入、国有资本经营收益、国有资源（资产）有偿使用收益、捐赠收益以及专项收入。专项收入是指纳入一般公共预算中具有专门用途的非税收入，如教育费附加等。

2. 列入政府基金预算的非税收入

其包括铁路建设基金、民航基础设施建设基金、港口建设费、国家重大水利工程建设基金、国有土地使用权出让收入、彩票公益金、政府住房基金等。

3.列入国有资本经营预算的非税收入

其包括从国家出资企业分得的税后利润，国有股息、股利收入，国有资产转让收入，从国家出资企业取得的清算收入，其他国有资本收入。

第二节　我国非税收入的发展历程

中华人民共和国成立以来，非税收入一直存在，只是各阶段组成内容不同、名称不同而已。非税收入的名称是在对预算外资金规范管理过程中逐渐出现的，并最终取代了预算外资金。我国非税收入的发展与完善过程，大致经历了初期发展阶段、预算外资金管理阶段以及非税收入规范化管理以及管理完善阶段。

一、非税收入的初期发展阶段

自中华人民共和国成立后到1979年，我国非税收入不以非税收入名义存在，其规模很小。

在这个阶段，我国经济处于经济重建和经济发展恢复时期。经济体制属于计划经济模式。当时，财政收入除了税收收入，还有许多非税收入的内容，如企业上缴利润、机关生产收入、地方附加公粮收入、工商税收附加、公路养路费、企业大修理基金、企业折旧基金、劳改企业收入等。在计划经济条件下，所有的财政收入都纳入预算管理。当时，非税收入项目已经存在，只是没有命名为非税收入。

二、预算外资金管理阶段（1980—2003年）

从1980年到2003年我国的非税收入以预算外资金形式存在。预算外资金没有规范化，也没有列入国家预算。

（一）预算外资金形成和泛滥时期（1980—1985年）

改革开放初期，我国国民经济基础薄弱，需要大量的资金搞基础设施建设。为了解决基础设施建设资金需要，国家鼓励和允许国内民间资金和境外企业投资基础设施建设，允许以收费的方式回收投资成本。这些收费归投资方所有，不上缴财政，不纳入国家预算管理。另外，国家对行政事业单位管理实行改革，转变政府职能，将原来的政府职能转化为市场行为，鼓励事业单位开展有偿服务。事业单位就自己找项目，社会普遍认为谁创收、谁所有、谁使用，收费不纳入国家预算，由创收部门留用。政府没有明确什么项目可以收费，在这样的情况下，"乱收费、乱罚款、乱摊派"的"三乱"情况就随之出现了，这些资金不纳入国家预算管理，分散在各地方、各企事业单位，实质是非税收入，而没有列示在国家预算里面，称为预算外资金，从其内容来看属于非税收入。预算外资金在这个时期出现了膨胀和泛滥之势，有的地方预算外资金已经超过了预算内资金，扰乱了国家对经济的宏观调控，小金库现象普遍存在，损害了民众的利益。

（二）预算外资金规范管理时期（1986—2003年）

为了加强预算外资金管理，进一步健全预算外资金的管理制度，国家出台了一系列预算外资金的管理制度。

（1）1986年4月国务院发布了《国务院关于加强预算外资金管理的通知》，明确界定了预算外资金的概念、范畴、管理模式及使用原则。

（2）1988年中央开始着手整顿各种乱收费行为。

（3）1989年开始整顿行业不正之风，整顿各行各业利用职权向民众和法人强制收费。

（4）1990年9月16日中共中央、国务院下发了《中共中央、国务院关于坚决制止乱收费、乱罚款和各种摊派的决定》，明确各级各部门收费行为必须经过审批，行政事业收费项目和标准权限在中央和省两级，对集资的资金实行收支两条线管理思路。此后，各级政府开始根据这个文件进行专项治理活动，将清理乱收费作为重点。

（5）1993年10月，中共中央办公厅、国务院办公厅转发了财政部《关于治理乱收费的规定》，首次明确以后设立行政事业收费项目要以法律、法规为依据；制定法律、法规如果涉及行政事业收费，要先征求财政、物价部门意见；明确了行政事业性收费实行收支两条线管理，提出行政事业性收入逐渐纳入预算管理。

（6）1993年10月，中共中央办公厅、国务院办公厅转发了财政部《关于对行政性收费、罚没收入实行预算管理的规定》，将全部行政性收费纳入预算管理。1993年11月，财政部及国家有关部门开始清理规范行政事业收费项目，陆续取消3批192项各级部门设立的行政事业收费项目，对于保留的行政事业收费项目逐一公布。全国预算外资金管理整治工作历时3年，到1996年告一段落。

（7）1996年7月，国务院下发《国务院关于加强预算外资金管理的决定》，明确预算外资金属于财政性资金，必须纳入预算管理，明确预算外资金所有权、管理权属于国家财政，从此，预算外资金的所有权和管理权重新回归财政部门所有。

（8）2001—2003年期间我国对预算外资金进一步规范，预算外资金逐步向预算内资金进行转化。

2001年12月，《国务院办公厅转发财政部关于深化收支两条线改革进一步加强财政管理意见的通知》中，第一次将纳入预算管理的原预算外资金称为非税收入。2003年5月，财政部等部门印发了《关于加强中央部门和单位行政事业性收费等收入"收支两条线"管理的通知》，第一次对"非税收入"范围做了界定，明确将行政事业费、政府性基金、罚没收入、彩票收入、国有资本经营收益、以政府名义接受的捐赠收入、主管部门集中收入等，不论是否纳入预算管理，都为非税收入。以上两个文件已经将大部分预算外资金纳入非税收入管理，国有资源、国有资产有偿使用收入此时仍然作为预算外资金管理。

三、非税收入规范化管理以及管理完善阶段（2004—2021年）

（一）规范化管理步入正轨（2004—2014年）

2004年7月，财政部下发《财政部关于加强政府非税收入管理的通知》，以"非税收入"正式发文，进一步明确非税收入管理包括行政事业性收费、政府性基金、国有资源有偿使用收入、国有资产有偿使用收入、国有资本经营收益、彩票公益金、罚没收入、以政府名义接受的捐赠收入、主管部门集中收入以及政府财政资金产生的利息收入等，并强调社会保障基金、住房公积金不纳入非税收入管理范围。这说明，以非税收入命名的财政收入形式正式登上我国的历史舞台。该文件明确指出非税收入是政府财政收入的重要组成部分，加强非税收入管理是市场经济条件下理顺政府分配关系、健全公共财政职能的客观要求，并从明确范围、实施分类管理、完善分成管理政策、深化收缴管理改革、加强票据管理、强化预算管理、健全监督检查机制和加快法治建设步伐等方面，对如何规范非税收入管理提出了明确要求，指明了进一步规范管理的方向，从而标志着非税收入走上规范化管理轨道。

（二）非税收入管理完善时期（2015—2021年）

自2015年开始，我国进入非税收入管理完善时期。

1. 非税收入预算管理的完善

我国1995年颁布的《预算法》，我们称之为老《预算法》，2015年经过对1995年《预算法》修订后颁布的《预算法》，我们称之为新《预算法》。新《预算法》新加入的政府性基金预算、国有资本预算就是对非税收入的预算管理规定。

（1）预算法修改的背景

① 老《预算法》对于我国财政预算制度走向法治化做出了重要贡献，它是我国财政制度法治化的重要里程碑。但是，随着我国经济的发展，财政政策出现多种变化，如我国于2004年取消了预算外资金，将所有财政收入包括非税收入都纳入预算管理，预算外资金已经不存在了，而老《预算法》里仍然存在有关预算外资金的相关规定，这已经不合时宜，需要修改《预算法》。

② 老《预算法》里没有关于地方政府债务收入的规定，而实际上我国地方政府已经存在债务收入，所以要对《预算法》进行修订。

③ 由于转移性支付在实际管理中存在一定的问题，老《预算法》里没有对转移性支付进行具体规定，这也是修改愈发重要的原因。

④ 政府主要职能由管理者向服务者身份转化，要求政府的角色从以前的管理

者转化为被约束者，所以要修订《预算法》。

⑤ 预算要实行全口径管理以及预算细化公开，要求修改《预算法》。

（2）新《预算法》关于非税收入的规定

① 对预算外资金的内容进行删除。由于2004年以后预算外资金要纳入预算管理，所以预算外资金原则上已经不存在了，新《预算法》删除了关于预算外资金的内容，体现了与时俱进的思想，使得新《预算法》更切合实际。

② 新《预算法》的国家预算包括四个预算，包括一般公共预算、政府性基金预算、国有资本经营预算、社会保险基金预算，其中一般公共预算、政府性基金预算、国有资本预算都包含税收收入。一般公共预算列示的非税收入的项目，具体包括行政事业性收费、罚没收入、捐赠收入、部分国有资本经营收入、国有资源（资产）有偿使用收入。一般公共预算包括教育费附加、地方教育附加、文化事业建设费、残疾人就业保障金等；政府性基金预算反映的是政府性基金收入来源、支出使用情况；国有资本预算体现的是国有资本经营收益、股息、红利收入以及国有资本支出的相关内容。将所有的非税收入纳入预算进行管理。

新《预算法》的颁布实施是现代化财政管理制度的要求，也是非税收入管理完善的重要体现，是非税收入发展历程的重要事件。

2. 非税收入的法治化建设

2016年财政部下发了《政府非税收入管理办法》（财税〔2016〕33号），文件中明确：为加强非税收入管理，健全政府收支行为，保护公民、法人和其他组织的合法权益而制定本办法。该文件明确了非税收入的范围，对非税收入在资金管理、征收管理、票据管理、监督管理等方面加以规定，使非税收入管理更加规范化、精细化、科学化。

3. 非税收入的项目清理

为了规范非税收入管理，我国近年来对非税收入进行了清理，取消了部分行政事业性收费和政府性基金项目，进一步减轻了缴费人的负担，使得非税收入进一步规范化。

4. 非税收入征收机构的改革

2018年税务机构改革，明确非税收入由税务部门征收，这是我国非税收入征收管理上的进步。税务部门对财政收入统一征收，体现了我国政府职能部门分工更加明确、细化，表明我国机构设置及其职能分工更加合理，这是国家治理现代化的具体体现。税务部门集中征收非税收入，将改变我国非税收入由多部门征收的历史，能够改变政府部门在非税收入征收上的职权重叠交叉，方便了缴费人，有利于提高征收效率。

随着非税收入征收改革的进一步深化，非税收入法律建设将进一步完善、非税收入项目设置更加合理、非税收入征收机构职责分工更加清晰。

第三节 非税收入的职能与作用

一、非税收入的职能

（一）资源配置职能

资源配置，是指资源的合理搭配，使有限的资源经过科学的组合，形成的资产结构、产业结构、技术结构和地区结构达到资源的使用效率最佳状态，取得最大经济利益。由于资源的稀缺性，能否做到资源的充分利用，将决定我国的实际产出能力和物质福利水平。

在市场经济条件下，市场是资源配置的主体，但是市场经济存在缺欠，如收入分配不公、生产盲目性导致的经济周期性波动、经济外部效应的存在，不能使资源完全优化配置；市场配置也需要财政配置作为补充，在市场配置资源存在问题时，需要政府对资源进行合理配置，财政对资源的有效配置，体现在对公共产品的提供上，以及用财税政策引导产业结构、产品结构、区域经济等。非税收入的取得用于准公共产品的配置，另外，通过罚没收入来抑制经济负效应，非税收入对资源配置起到了应有的作用。非税收入对资源的配置体现在，政府取消非税收入项目、降低非税收入的征收标准能够减少企业负担，有利于企业更好地经营，为企业生产提供帮助。另外，在市场经济条件下，存在经济的外部效应。所谓的外部效应是指一个经济主体对另一个经济主体的影响，其影响有两个方面，一是正面影响，即带来的经济利益；也可能存在负面影响，即带来的经济损失。市场自身不能改变负面影响这种状态，需要政府出面解决。政府一方面可以用法律加以约束，同时也可以处以经济处罚。这就是罚没收入的主要功能，也是非税收入对资源的有效合理配置的体现。

（二）稳定经济职能

在市场经济条件下，经济总是周期性波动，经济时而低迷，时而通胀。当经济低迷时，国家可以采取减税降费的政策来稳定经济。降费政策包括非税收入和社保费降费。

（三）组织财政收入职能

由于非税收入的灵活性，来源的多样性，取得依据的丰富性，非税收入能够为政府提供一定的收入来源，通过多种形式组织财政收入。筹集财政资金是非税收入的一项重要职责。

（四）监督职能

非税收入的取得来自缴费人的缴款，这与缴费人（包括法人、个人、组织）的利益息息相关，征收管理过程可以反映各级政府部门及所属单位、民众遵守国家相关法律、规章制度的情况；同时，也能反映出政府提供服务的质量和水平。所以，非税收入具有监督政府部门履行职责以及监督社会成员缴费行为的功能。

二、非税收入的作用

（一）对构建公共财政体系的作用

党的十八届三中全会指出，财政是国家治理的重要支柱和基础，其作用巨大。要治理好国家，财政制度及体系首先应现代化、科学化、规范化、精细化。非税收入作为财政收入的重要组成部分，非税收入的制度建设对公共财政体系构建起到重要作用。

非税收入的制度建设包括非税收入的立法、项目和标准的设置、中央和地方非税收入权限的划分、资金管理、预算管理、财务管理、监督管理等，非税收入制度的建设完善，是公共财政制度建设规范性的一个重要组成部分。

（二）对宏观经济健康发展的作用

在市场经济条件下，我国正面临产能过剩的局面，在供给侧结构性改革的当下，应取消不合理的收费，降低企业的成本。非税收入对供给侧结构性改革有着积极作用，对经济转型有利，对经济发展有利。

（三）对防止腐败及构建和谐社会的作用

由于非税收入项目繁杂，如果不进行科学、规范、法治化的管理，将会产生滥用非税收入资金、产生腐败的现象。规范的非税收入制度能够防止腐败，减轻企业、民众和社会组织不必要的经济负担，对构建良好的营商环境起到重要作用，有利于保护民众、企业、社会组织的合法权益，防止腐败，为构建和谐社会贡献力量。

第一节　行政事业性收费概述

行政事业性收费作为我国非税收入的重要组成部分，历经自收自支、预算外管理，最终走向规范化管理。国家在法律与行政法规层面对行政事业性收费的主体、对象、项目和标准的设定及其管理诸要素给出了明确规定。

一、行政事业性收费的概念

行政事业性收费是指国家机关、事业单位、代行政府职能的社会团体及其他组织根据法律、行政法规、地方性法规等有关规定，依照国务院规定程序批准，在向公民、法人提供特定服务的过程中，按照成本补偿和非营利原则向特定服务对象收取的费用。

行政事业性收费是一种概括性说法，源于1982年辽宁省物价局对当时出现的各个行政和事业单位开始创收以弥补财政拨款不足的情形进行的概括，后约定俗成并逐步成为专用术语为大家所接受。1987年颁布的《中华人民共和国价格管理条例》开始正式使用行政性、事业性收费的概念。

行政事业性收费作为我国非税收入的重要组成部分，其主要内容明确如下：

（一）收费项目标准的依据

行政事业性收费依据的是国家政权，通过法律、行政法规、地方性法规来设置，设置机构只能是省级及省级以上政府部门，收费项目标准应依法有据。

（二）收费主体

行政事业性收费的主体包括行政机关、行使行政管理职能的事业单位、代为履行行政管理职能的社会团体或者其他组织。行政事业性收费的主体在进行管理和提供服务时发生相关收费。

（三）资金性质

行政事业性收费只能用于与收费事项有关的公益事业的发展或者提供服务的成本补偿，因此具有非营利的性质和补偿性质。

（四）收费对象

行政事业性收费的对象应为特定的公民、法人或者其他组织。每一个政府性收费项目的缴费者都有特别的限定、指定或规定，凡不属于其规定范围内的，都不属于收费对象。

（五）收费方式

行政事业性收费包括证照的工本费、手续费、登记费、审核费、评审费、证明费、服务费等。

（六）纳入预算管理

行政事业性收费属于财政收入的重要组成部分，按照我国财政预算制度规定，所有的财政资金都应纳入预算管理，行政事业性收费也不例外，本着公开、透明的原则，行政事业性收费列入一般公共预算，便于公众监督。

（七）不属于行政事业性收费的项目

各级人民政府及其所属部门根据法律、行政法规的规定，为支持某项公共事业发展，向公民、法人和其他组织无偿征收的具有专项用途的政府性基金，事业单位、社会团体、中介机构、民办非企业单位按照市场要求并根据自愿有偿原则提供服务取得的经营服务性收费，不属于行政事业性收费。

二、行政事业性收费的特点

行政事业性收费根据其内涵来看，同其他非税收入项目一样都是财政资金，具备了非税收入的性质。同时，行政事业性收费有别于其他非税收入项目，具有自己的特点：

（一）主体的特定性

行政事业性收费的主体只能是国家行政部门、事业单位以及政府授予权限代为履行行政管理职能的社会团体或者其他组织，除此之外，任何单位没有权利设置行政事业性收费项目，进行非法收费。

（二）强制征收

1. 行政事业性收费行为的权限是法定的

进行行政事业性收费是国家赋予的权力，具有强制征收的性质。政府强制征收依据法律作为收费的保障。

2. 行政事业性收费行为的内容是法定的

行政事业性收费要依照法律确定设置的项目以及征收标准的主体、收费的对象、违法的处理以及管理规定等。

3.行政事业性收费行为的程序是法定的

对缴费人的收费必须履行法律规定的程序，才是有效的收费行为。

（三）非营利性

行政事业性收费一般适用于成本的补偿，都有明确的收费主体，可能不覆盖全体纳税人。为了公平，对于享受政府服务的单位和个人本着补偿成本的原则收取一定的费用，这是行政事业服务本身的成本补偿，但不以营利为目的，明显区别于企业经营的营利目的。

三、行政事业性收费的分类

根据行政事业性收费性质不同、收费主体不同以及收费设置权限不同，行政事业性收费合理分类，有利于科学管理。

（一）根据行政收费的性质、功能和适用条件的不同进行分类

1.资源补偿类收费

政府提供的自然资源和社会公共资源都是有限的，为了调控使用者对这些有限资源的开发和利用，可以通过设定资源补偿类收费，要求使用者支付相应的补偿，如矿产资源补偿费、水土流失防治费、水土保持设施补偿费、耕地闲置费、排污费、无线电频率占用费和电信网码号资源占用费等。这类收费的标准除参考资源价值或稀缺性因素、不可再生因素外，还要考虑促进资源节约和有效利用等可持续发展因素以及治理和恢复自然生态资源、社会公用设施的支出等因素。

2.行政管理类收费

行政机关在实施行政许可、非许可审批、行政给付等履行公共管理职责行为的过程中，因办理手续、检验、检测、鉴定、组织考试等产生的成本需要适当的补偿，可以设定行政管理类收费，如签证费、新药初审费、机动车安全技术检验费、职业技能鉴定费、登记费、工本费和各种培训考试的费用等。

3.公共服务类收费

为避免动用公共财政资金为一部分人谋取利益，防止出现滥用权力、浪费资源的现象，当政府向特定个人或者组织提供服务时，可以向接受服务的特定个人或组织设定公共服务类收费，如环境监测费、档案复制费、测绘费、住宅建设配套费、民防工程使用费等。

（二）根据收费的部门主体不同进行分类

1.行政性收费

法律规定行政部门对于行政事业性收费中的行政性收费具有征收权。

2.事业性收费

事业单位依照法律规定为收费对象提供服务，对于行政事业性收费中的事业性

收费具有征收权。事业单位包括自收自支单位、差额拨款单位以及企业化管理的事业单位。

（三）按照设定管理权限分类

根据我国行政事业性收费法律管理的有关规定，行政事业性收费只有中央和省级、直辖市、自治区政府有权依法设立项目，并制定标准。按照行政事业性收费的设定权限和设定标准，行政事业性收费分为以下两类：

（1）由中央部门设定审批的行政事业性收费。

（2）由省级部门设定审批的行政事业性收费。

行政事业性收费具体项目见本章第三节中的行政事业性收费目录清单。

第二节　行政事业性收费项目的设立和审批

行政事业性收费项目的设立和审批包括项目的设置规定、项目的收费标准的规定，用法律明确权利以及纳费人的义务，可以避免乱收费，确保做到有法可依。

一、行政事业性收费项目的设立

（一）收费项目实行中央和省两级审批制度

国务院和省、自治区、直辖市人民政府（以下简称省级政府）及其财政、价格主管部门按照国家规定权限审批管理收费项目。除国务院和省级政府及其财政、价格主管部门外，其他国家机关、事业单位、社会团体以及省级以下（包括计划单列市和副省级城市）人民政府，均无权审批收费项目。

除法律、行政法规和国务院另有规定外，中央国家机关、事业单位、代行政府职能的社会团体及其他组织（包括中央驻地方单位，以下简称中央单位）申请设立收费项目，应当向财政部、国家发展改革委提出书面申请，由财政部、国家发展改革委审批。属于重要收费项目并由中央单位申请设立的收费项目包括：（1）在全国范围内实施的资源类收费；（2）在全国范围内实施的公共事业类收费；（3）对国民经济和社会发展具有较大影响的其他收费。

省级国家机关、事业单位、代行政府职能的社会团体及其他组织（以下简称省级单位），省以下国家机关、事业单位、代行政府职能的社会团体及其他组织（以下简称省以下单位），申请设立一般收费项目，应当向省、自治区、直辖市财政、价格主管部门（以下简称省级财政、价格主管部门）提出书面申请，由省级财政、价格主管部门审批。

省级单位、省以下单位申请设立重要收费项目，应当向省级财政、价格主管部门提出书面申请，由省级财政、价格主管部门审核后报省级政府批准。地方重要收费项目的范围由省级财政、价格主管部门确定。

省级单位、省以下单位申请设立专门面向企业的收费项目，应当向省级财政、价格主管部门提出书面申请，经省级财政、价格主管部门审核后报省级政府审批，省级政府在审批之前应当按照《中共中央、国务院关于治理向企业乱收费、乱罚款和各种摊派等问题的决定》（中发〔1997〕14号）的规定征得财政部和国家发展改革委的同意。

省级政府及其财政、价格主管部门批准设立的收费项目，应当于批准之日起30日内报财政部和国家发展改革委备案。

省级政府及其财政、价格主管部门无权审批在全国范围内实施的收费以及中央单位的收费项目。省级单位、省以下单位申请设立在全国范围内实施的收费项目，应当通过本系统或行业的中央主管部门统一向财政部、国家发展改革委提出书面申请，由财政部、国家发展改革委审批，法律、行政法规另有规定的除外，此类项目包括：（1）考试收费；（2）证照收费；（3）注册、登记等管理性收费；（4）检验、检测收费；（5）其他收费。

（二）行政事业性收费项目的审批原则

（1）符合国际惯例或国际对等原则的，依照国际惯例或国际对等原则审批收费项目；

（2）法律、行政法规明确规定的行政许可收费，按照法律、行政法规规定审批收费项目；

（3）法律、行政法规、地方性法规明确规定的收费，且不属于行政许可收费的，按照法律、行政法规、地方性法规规定审批收费项目；

（4）向公民、法人提供除行政许可事项以外的特定公共服务，虽然没有法律、行政法规、地方性法规收费依据，但其服务对象具体、明确的，按照规定审批收费项目。

（三）不得批准设立行政事业性收费的项目

（1）行政许可收费没有法律、行政法规依据的。

（2）对行政审批、行政许可、各类证照、资格等事项进行监督检查、年检、年审或查验，收费没有法律、行政法规依据的。

（3）行政机关提供行政许可申请书格式文本的。

（4）收费具有地方性法规依据，但不符合法律、行政法规规定的。

（5）违反WTO规则的。

（6）形成对其他区域的政策歧视，属于地方保护收费，不利于全国市场统一的。

（7）专门面向农民收费的。

（8）有关部门和单位自行规定颁发证照的，或法律、行政法规、地方性法规、国务院规定颁发的证照已有印制经费来源的。

（9）未经人力资源和社会保障部门批准组织专业技术人员资格考试（含与评聘专业技术职务有关的考试、执业准入资格考试和职业水平认证考试，下同）的，未经人力资源和社会保障部门批准组织职业技能鉴定考试的；除法律、行政法规、地方性法规或国务院和省级政府以及人力资源和社会保障部门规定以外，有关部门和单位自行组织各类强制性考试的；根据法律、行政法规、地方性法规或国务院和省级政府规定组织的考试，经人力资源和社会保障部门批准组织专业技术人员资格考试，以及经人力资源和社会保障部门批准组织职业技能鉴定考试，已有考试经费来源的。

（10）除法律、行政法规、地方性法规或国务院规定以外，有关部门和单位自行举办强制性培训或已有培训经费来源的；有关部门和单位为完成指令性培训任务举办培训班的。

（11）除法律、行政法规、地方性法规或国务院规定以外，有关部门和单位强制要求公民、法人参加各种评比（包括评选、评价、评奖、评审、评优、展评等）活动的。

（12）未经中央和省级机构编制部门批准自行设立的行政事业单位，以及法律、行政法规、地方性法规未作规定或未经同级政府批准，国家机关擅自将职责范围内的公务交由企事业单位、中介机构、社会团体办理的。

（13）国家下达并有财政预算经费的指令性产品质量检验任务、产品质量监督抽查和流通环节的产品质量检验的。

（14）与国务院或省级政府及其财政、价格主管部门批准的收费项目重复交叉设置的。

（15）与明令公布取消的收费项目相类似的。

二、行政事业性收费的收费标准确定

（一）收费标准实行中央和省两级审批制度

国务院和省级人民政府的价格、财政部门按照规定权限审批收费标准。中央有关部门和单位，以及全国或区域（跨省、自治区、直辖市）范围内实施收费的收费标准，由国务院价格、财政部门审批。其中，重要收费项目的收费标准应由国务院价格、财政部门审核后报请国务院办公厅批准。

除上款规定的其他收费标准，由省级政府价格、财政部门审批，并于批准执行之日起30日内报国务院价格、财政部门备案。其中，重要收费项目的收费标准应由省级价格、财政部门审核后报请省级政府批准。行政事业性收费的标准应在满足社会管理和经济发展需要的同时，考虑纳费人的经济承受能力，要做到"取之有度，用之得当"。

（二）审批收费标准的原则

（1）公平、公正、公开和效率的原则；

（2）满足社会公共管理需要，合理补偿管理或服务成本，并与社会承受能力相适应的原则；

（3）促进环境保护、资源节约和有效利用，以及经济和社会事业持续发展的原则；

（4）符合国际惯例和国际对等的原则。

（三）收费标准的申请和受理

1. 收费标准的申请

除法律法规和省级以上人民政府另有规定外，制定或调整收费标准，由收费单位按规定的管理权限，向国务院价格、财政部门或省级政府价格、财政部门提出书面申请。国务院价格、财政部门负责审批的收费标准，应统一归口由中央有关部门、省级政府或其价格、财政部门提出书面申请，并以公文形式报国务院价格、财政部门。省级政府价格、财政部门负责审批的收费标准，应由省级政府有关部门、地市级人民政府或其价格、财政部门向省级政府价格、财政部门提出书面申请。

2. 申请制定或调整收费标准应提供的材料

（1）申请制定或调整的收费标准和理由，年度收费额或调整后的收费增减额；

（2）申请制定或调整收费标准的成本测算材料，其中技术含量高、专业性强的，应提供相关中介机构或专业机构出具的成本审核资料；

（3）相关的法律法规、规章和政策规定；

（4）收费单位的有关情况，包括收费单位性质、职能设置、人员配备、经费来源等；

（5）对收费对象及相关行业的影响；

（6）价格、财政部门认为应该提供的其他相关材料。

3. 收费标准的受理

申请人提供的材料应当真实、有效。价格、财政部门收到申请后，应对申请材料的形式及内容进行初步审查。对符合规定的，应予以受理。对不符合规定的，应及时通知申请单位对申请材料做出修改或补充。

4. 不受理的情形

（1）申请依据与现行法律法规、规章和政策相抵触的；

（2）制定或调整收费标准的理由不充分或明显不合理的；

（3）提供虚假材料的；

（4）超出价格、财政部门审批权限的。

对不受理的申请，应在接到申请之日起15个工作日内正式通知申请单位，并说明理由。

（四）审批收费标准的程序

1.价格、财政部门在收到申请后，应根据具体情况开展工作

（1）审查是否符合国家有关法律法规、规章和政策规定；

（2）审查申请材料是否真实、有效；

（3）审查收费单位申请的收费标准与其履行职能需要是否相适应；

（4）对实施收费的操作性、社会承受能力及相关事宜进行调查研究。

2.审核途径

（1）价格、财政部门可以采用召开座谈会、论证会、听证会或书面征求意见等形式，征求社会有关方面的意见；

（2）对技术含量高、专业性强的收费标准可进行专家论证；

（3）对符合规定申请的收费标准，应根据收费的不同性质实行分类审核；

（4）收费涉及与其他国家或地区关系的，收费标准按照国际惯例和对等原则审核；

（5）实施相关管理或服务有其他经费来源（指财政拨款、赞助等）的，审核收费标准时应考虑相应的扣除因素。

3.审批时限

价格、财政部门在受理收费标准申请后，应根据不同情况，在规定时限内做出决定。

（1）对不需要召开座谈会、论证会、听证会的收费标准，应在60个工作日内做出审批决定；

（2）对需要召开座谈会、论证会的收费标准，应在90个工作日内做出审批决定；

（3）对需要召开听证会的收费标准，根据听证的有关程序和时限做出审批决定。

以上时间不包括上报国务院或省级政府批准的时间。对于在规定时限内不能按时做出决定的收费标准，应及时向申请人做出书面说明。

4.审批结果

审批收费标准的书面决定，以价格、财政部门的公文形式发布。其内容主要包括：收费主体、收费对象、收费范围、计费（量）单位和标准、收费频次、执行期限等。

新制定的收费标准，应规定试行期限。试行期满后，收费单位应按规定权限和程序重新申报；价格、财政部门根据试行情况按规定重新制定收费标准。

（五）收费标准的公布和管理

1.收费标准的公布

除涉及国家秘密外，价格、财政部门应及时将批准的收费标准通知申请人和有关单位，并向社会公布。

（1）收费标准公示

收费单位应在收费地点的显著位置公示收费项目、收费标准、收费主体、收费文件依据、收费范围、收费对象等，接受社会监督。

（2）收费标准实施

收费单位实施收费时，应到指定的价格主管部门办理收费许可证申领或变更手续，并按财务隶属关系分别使用财政部或省级政府财政部门统一印制的财政票据。

（3）收费标准监督

收费单位应按规定参加收费年度审验。价格、财政部门应对收费标准执行情况进行监测或定期审核。情况发生变化的，应对收费标准及时进行调整。

2.收费标准执行定期审核的内容

（1）收费单位收费标准的执行情况；

（2）收费单位的收支情况，缴费公民、法人和其他组织的反映；

（3）制定收费的标准、形式和方法是否符合变化的实际情况；

（4）价格、财政部门认为需要定期审核的其他内容。

（六）行政事业性收费的降费减负政策

按照国务院关于降费减负的决策部署，为进一步减轻社会负担、激发市场活力，就减免部分行政事业性收费，财政部、国家发展改革委下发《关于减免部分行政事业性收费有关政策的通知》（财税〔2019〕45号），并于2019年7月1日开始执行。内容包括：

1.减免不动产登记费

（1）免征不动产登记费情形：

①申请办理变更登记、更正登记的；

②申请办理森林、林木所有权及其占用的林地承包经营权或林地使用权，及相关抵押权、地役权不动产权利登记的；

③申请办理耕地、草地、水域、滩涂等土地承包经营权或国有农用地使用权，及相关抵押权、地役权不动产权利登记的。

（2）对申请办理车库、车位、储藏室不动产登记，单独核发不动产权属证书或登记证明的，不动产登记费由原非住宅类不动产登记每件550元，减按住宅类不动产登记每件80元收取。

另外按照财政部、国家税务总局《关于免征易地扶贫搬迁有关政府性基金和行政事业性收费政策的通知》（财税〔2019〕53号）的规定，对易地扶贫搬迁项目免征城市基础设施配套费、不动产登记费。对确因地质条件等原因无法修建防空地下室的易地扶贫搬迁项目，免征防空地下室易地建设费。该通知自2019年7月1日起执行，2016年1月1日至2019年6月30日期间已实施的易地扶贫搬迁项目，可由各省、自治区、直辖市人民政府参照本通知规定执行。

2.调整专利收费减缴条件

将财政部、国家发展改革委《关于印发〈专利收费减缴办法〉的通知》（财税〔2016〕78号）第三条规定可以申请减缴专利收费的专利申请人和专利权人条件，由上年度月均收入低于3 500元（年4.2万元）的个人，调整为上年度月均收入低于5 000元（年6万元）的个人；由上年度企业应纳税所得额低于30万元的企业，调整为上年度企业应纳税所得额低于100万元的企业。

3.取消、免征部分出入境证件收费

根据财政部、国家发展改革委《关于取消、免征部分出入境证件收费的公告》（2021年第22号），进一步减轻居民负担，将取消、免征部分出入境证件收费，政策规定取消普通护照加注收费，免征港澳流动渔船内地渔工、珠澳小额贸易人员和深圳过境耕作人员的中华人民共和国出入境通行证收费，并于2021年6月10日起执行。其中港澳流动渔船内地渔工是指经港澳流动渔船内地渔工主管部门备案的港澳流动渔船雇用的需随船进入中国香港、中国澳门指定区域作业的内地渔工；珠澳小额贸易人员是指经珠海市政府主管部门备案的赴中国澳门从事特定小额贸易的珠海毗邻澳门边境村镇的居民；深圳过境耕作人员是指经深圳市政府主管部门备案的前往中国香港指定区域从事耕作生产作业活动的深圳原自然村村民。

第三节　行政事业性收费的管理制度

为了便于行政事业性收费管理，除了具有非税收入管理的一般要求以外，对于行政事业性收费我国采取行政事业性收费目录管理制度、收费单位情况和收支状况报告制度、预算管理制度、"收支两条线"制度、国库集中收付制度以及监督检查制度等。

一、行政事业性收费目录管理制度

为进一步加强和规范行政事业性收费管理，提高收费政策透明度，主动接受社会监督，按照国务院决策部署，财政部在门户网站公布了行政事业性收费目录清单"一张网"，集中公示了中央和各省（区、市）行政事业性收费目录清单。包括两个清单。

（一）全国性及中央部门和单位行政事业性收费目录清单

截止到2021年，财政部网站公布包括教育部门等涉及26个中央部门和单位51项行政事业性收费，见表9-1。

表 9-1　　　　　全国性及中央部门和单位行政事业性收费目录清单

序号	部门	项目序号	项目名称	资金管理方式	政策依据
一	外交部门	1	认证费（含加急）	缴入中央和地方国库	计价格〔1999〕466号，价费字〔1992〕198号
		2	签证费		
			（1）代办外国签证（含加急，限于各国家机关收取的）	缴入中央和地方国库	财综〔2003〕45号，计价格〔1999〕466号，价费字〔1992〕198号
			（2）代填外国签证申请表（限于国家机关）	缴入中央和地方国库	财综〔2003〕45号，计价格〔1999〕466号，价费字〔1992〕198号
		3	驻外使领馆收费	缴入中央国库	计价格〔1999〕466号，价费字〔1992〕198号，公境外〔1992〕898号，公通字〔1996〕89号
二	教育部门	4	公办幼儿园保教费、住宿费	缴入中央和地方国库	《幼儿园管理条例》，发改价格〔2011〕3207号，教财〔2020〕5号
		5	普通高中学费、住宿费	缴入中央和地方财政专户	《中华人民共和国教育法》，教财〔2003〕4号，教财〔1996〕101号，教财〔2020〕5号
		6	中等职业学校学费、住宿费	缴入中央和地方财政专户	《中华人民共和国教育法》，财综〔2004〕4号，教财〔2003〕4号，教财〔1996〕101号，教财〔2020〕5号
		7	高等学校（含科研院所、各级党校等）学费、住宿费、委托培养费、函大电大夜大及短期培训费	缴入中央和地方财政专户	《中华人民共和国教育法》，《中华人民共和国高等教育法》，财教〔2013〕19号，发改价格〔2013〕887号，教财〔2006〕2号，发改价格〔2005〕2528号，教财〔2003〕4号，计价格〔2002〕665号，计办价格〔2000〕906号，教财〔1996〕101号，价费字〔1992〕367号，教财〔1992〕42号，发改价格〔2006〕702号，教财〔2006〕7号，教电〔2005〕333号，教财〔2005〕22号，教高〔2015〕6号，教财〔2020〕5号
		8	国家开放大学收费	缴入中央和地方财政专户	财综〔2014〕21号，发改价格〔2009〕2555号，计价格〔2002〕838号，教财厅〔2000〕110号，财办综〔2003〕203号，教财〔2020〕5号

续表

序号	部门	项目序号	项目名称	资金管理方式	政策依据
三	公安部门	9	证照费		
			（1）外国人证件费		价费字〔1992〕240号，公通字〔2000〕99号
			①居留许可	缴入中央和地方国库	财综〔2004〕60号，发改价格〔2004〕2230号
			②永久居留申请	缴入中央和地方国库	财综〔2004〕32号，发改价格〔2004〕1267号
			③永久居留身份证工本费	缴入中央国库	财综〔2004〕32号，发改价格〔2004〕1267号，财税〔2018〕10号
			④出入境证	缴入地方国库	公通字〔1996〕89号
			⑤旅行证	缴入地方国库	公通字〔1996〕89号
			（2）公民出入境证件费		《中华人民共和国护照法》，价费字〔1993〕164号，价费字〔1992〕240号，公通字〔2000〕99号，发改价格〔2017〕1186号，财税函〔2018〕1号，发改价格〔2019〕914号
			①因私护照（含护照贴纸加注）	缴入中央和地方国库	发改价格〔2013〕1494号，计价格〔2000〕293号，价费字〔1993〕164号，发改价格〔2019〕914号
			②出入境通行证	缴入中央和地方国库	价费字〔1993〕164号，公通字〔2000〕99号
			③往来（含前往）港澳通行证（含签注）	缴入中央和地方国库	发改价格〔2005〕77号，计价格〔2002〕1097号，发改价格〔2019〕914号
			④港澳居民来往内地通行证（限于补发、换发）	缴入中央和地方国库	财税〔2020〕46号，发改价格〔2020〕1516号
			⑤台湾居民来往大陆通行证	缴入中央和地方国库	计价格〔2001〕1835号，发改价格〔2004〕334号，价费字〔1993〕164号，发改价格规〔2019〕1931号
			⑥台湾同胞定居证	缴入地方国库	发改价格〔2004〕2839号，价费字〔1993〕164号

序号	部门	项目序号	项目名称	资金管理方式	政策依据
三	公安部门	9	⑦大陆居民往来台湾通行证（含签注）	缴入中央和地方国库	发改价格〔2016〕352号，计价格〔2001〕1835号，价费字〔1993〕164号，发改价格规〔2019〕1931号
			（3）户籍管理证件工本费（限于丢失、补办和过期失效重办）	缴入地方国库	财综〔2012〕97号，价费字〔1992〕240号
			①居民户口簿		《中华人民共和国户口登记条例》
			②户口迁移证件		《中华人民共和国户口登记条例》
			（4）居民身份证工本费	缴入地方国库	《中华人民共和国居民身份证法》，财综〔2007〕34号，发改价格〔2005〕436号，财综〔2004〕8号，发改价格〔2003〕2322号，财税〔2018〕37号
			（5）机动车号牌工本费	缴入地方国库	《中华人民共和国道路交通安全法》，发改价格〔2004〕2831号，计价格〔1994〕783号，价费字〔1992〕240号，行业标准GA36—2014，发改价格规〔2019〕1931号
			①号牌（含临时）		
			②号牌专用固封装置		
			③号牌架		
			（6）机动车行驶证、登记证、驾驶证工本费	缴入地方国库	《中华人民共和国道路交通安全法》，发改价格〔2004〕2831号，财综〔2001〕67号，计价格〔2001〕1979号，计价格〔1994〕783号，价费字〔1992〕240号，发改价格〔2017〕1186号
			（7）临时入境机动车号牌和行驶证、临时机动车驾驶许可工本费	缴入地方国库	《中华人民共和国道路交通安全法》，财综〔2008〕36号，发改价格〔2008〕1575号，发改价格〔2017〕1186号
		10	外国人签证费	缴入中央和地方国库	计价格〔2003〕392号，价费字〔1992〕240号，公通字〔2000〕99号
		11	中国国籍申请手续费（含证书费）	缴入地方国库	价费字〔1992〕240号，公通字〔2000〕99号，公通字〔1996〕89号

续表

序号	部门	项目序号	项目名称	资金管理方式	政策依据
四	民政部门	12	殡葬收费	缴入地方国库	价费字〔1992〕249号，发改价格〔2012〕673号
五	自然资源部门	13	土地复垦费	缴入地方国库	《中华人民共和国土地管理法》，《土地复垦条例》，财税〔2014〕77号，财政部 税务总局 发展改革委 民政部 商务部 卫生健康委公告2019年第76号
		14	土地闲置费	缴入地方国库	《中华人民共和国土地管理法》，《中华人民共和国城市房地产管理法》，国发〔2008〕3号，财税〔2014〕77号，财政部 税务总局 发展改革委 民政部 商务部 卫生健康委公告2019年第76号
		15	不动产登记费	缴入中央和地方国库	《中华人民共和国民法典》，财税〔2014〕77号，财税〔2016〕79号，发改价格规〔2016〕2559号，财税〔2019〕45号，财税〔2019〕53号，财政部 税务总局 发展改革委 民政部 商务部 卫生健康委公告2019年第76号
		16	耕地开垦费	缴入地方国库	《中华人民共和国土地管理法》，《中华人民共和国土地管理法实施条例》，财税〔2014〕77号，财政部 税务总局 发展改革委 民政部 商务部 卫生健康委公告2019年第76号
六	生态环境部门	17	海洋废弃物倾倒费	缴入中央国库	《中华人民共和国海洋环境保护法》，发改价格〔2008〕1927号
七	住房城乡建设部门	18	污水处理费	缴入地方国库	《中华人民共和国水污染防治法》，《城镇排水与污水处理条例》，财税〔2014〕151号，发改价格〔2015〕119号
		19	城镇垃圾处理费	缴入地方国库	《城市市容和环境卫生管理条例》，国发〔2011〕9号，计价格〔2002〕872号
		20	城市道路占用、挖掘修复费	缴入地方国库	《城市道路管理条例》，建城〔1993〕410号，财税〔2015〕68号

序号	部门	项目序号	项目名称	资金管理方式	政策依据
八	交通运输部门	21	车辆通行费（限于政府还贷）	缴入地方国库	《中华人民共和国公路法》,《收费公路管理条例》, 交公路发〔1994〕686号
		22	长江干线船舶引航收费	缴入中央国库	发改价格〔2013〕1494号, 发改价格〔2011〕1536号, 财综〔2007〕60号, 财税〔2014〕101号, 财办税〔2015〕14号
九	工业和信息化部门	23	无线电频率占用费	缴入中央和地方国库	《中华人民共和国无线电管理条例》, 计价格〔2000〕1015号, 发改价格〔2013〕2396号, 发改价格〔2011〕749号, 发改价格〔2005〕2812号, 发改价格〔2003〕2300号, 计价费〔1998〕218号, 发改价格〔2017〕1186号, 发改价格〔2018〕601号, 发改价格〔2019〕914号
		24	电信网码号资源占用费	缴入中央国库	《中华人民共和国电信条例》, 信部联清〔2004〕517号, 信部联清〔2005〕401号, 发改价格〔2017〕1186号
十	水利部门	25	水资源费	缴入中央和地方国库	《中华人民共和国水法》,《取水许可和水资源费征收管理条例》, 财税〔2016〕2号, 发改价格〔2014〕1959号, 发改价格〔2013〕29号, 财综〔2011〕19号, 发改价格〔2009〕1779号, 财综〔2008〕79号, 财综〔2003〕89号, 价费字〔1992〕181号, 财税〔2018〕147号, 财税〔2020〕15号
		26	水土保持补偿费	缴入中央和地方国库	《中华人民共和国水土保持法》, 财综〔2014〕8号, 发改价格〔2017〕1186号

续表

序号	部门	项目序号	项目名称	资金管理方式	政策依据
十一	农业农村部门	27	农药实验费	缴入中央和地方国库	《农药管理条例》，价费字〔1992〕452号，发改价格〔2015〕2136号，发改价格〔2017〕1186号
			（1）田间试验费		
			（2）残留试验费		
			（3）药效试验费		
		28	渔业资源增殖保护费	缴入中央和地方国库	《中华人民共和国渔业法》，财税〔2014〕101号，财综〔2012〕97号，计价格〔1994〕400号，价费字〔1992〕452号
十二	林业和草原部门	29	草原植被恢复费	缴入地方国库	《中华人民共和国草原法》，财综〔2010〕29号，发改价格〔2010〕1235号
十三	卫生健康部门	30	预防接种服务费	缴入地方国库	《疫苗流通和预防接种管理条例》，财税〔2016〕14号，财综〔2008〕47号，发改价格〔2016〕488号
		31	鉴定费		
			（1）医疗事故鉴定费	缴入中央和地方国库	《医疗事故处理条例》，财税〔2016〕14号，财综〔2003〕27号，发改价格〔2016〕488号
			（2）职业病诊断鉴定费	缴入地方国库	《中华人民共和国职业病防治法》，财税〔2016〕14号，发改价格〔2016〕488号
			（3）预防接种异常反应鉴定费	缴入地方国库	《疫苗流通和预防接种管理条例》，《医疗事故处理条例》，财税〔2016〕14号，财综〔2008〕70号，发改价格〔2016〕488号
		32	社会抚养费	缴入地方国库	《中华人民共和国人口与计划生育法》，《社会抚养费征收管理办法》（国务院令第357号），财税〔2016〕14号
		33	非免疫规划疫苗储存运输费	缴入地方国库	《中华人民共和国疫苗管理法》，财税〔2020〕17号

续表

序号	部门	项目序号	项目名称	资金管理方式	政策依据
十四	人防部门	34	防空地下室易地建设费	缴入中央和地方国库	中发〔2001〕9号，计价格〔2000〕474号，财税〔2014〕77号，财税〔2019〕53号，财政部 税务总局 发展改革委 民政部 商务部 卫生健康委公告2019年第76号
十五	法院	35	诉讼费	缴入中央和地方国库	《中华人民共和国民事诉讼法》，《中华人民共和国行政诉讼法》，《诉讼费用交纳办法》（国务院令481号）
十六	市场监管部门	36	特种设备检验检测费	缴入地方国库	《中华人民共和国特种设备安全法》，《特种设备安全监察条例》，发改价格〔2015〕1299号，财综〔2011〕16号，财综〔2001〕10号
十七	民航部门	37	航空业务权补偿费	缴入中央国库	发改价格〔2011〕3214号，财综〔2002〕54号
		38	适航审查费	缴入中央国库	发改价格〔2011〕3214号，财综〔2002〕54号
十八	体育部门	39	外国团体来华登山注册费	缴入中央和地方国库	财综〔2004〕7号，价费字〔1992〕207号
十九	药品监管部门	40	药品注册费	缴入中央和地方国库	《中华人民共和国药品管理法实施条例》，财税〔2015〕2号，发改价格〔2015〕1006号，食药监公告2015第53号，财政部 国家发展改革委公告2020年第11号，食药监公告2020年第75号，财政部 税务总局公告2020年第28号，财政部 国家发展改革委公告2021年第9号
			（1）新药注册费		
			（2）仿制药注册费		
			（3）补充申请注册费		
			（4）再注册费		
			（5）加急费		

序号	部门	项目序号	项目名称	资金管理方式	政策依据
十九	药品监管部门	41	医疗器械产品注册费	缴入中央和地方国库	《医疗器械监督管理条例》，财税〔2015〕2号，发改价格〔2015〕1006号，食药监公告2015第53号，财政部 国家发展改革委公告2020年第11号，财政部 税务总局公告2020年第28号，财政部 国家发展改革委公告2021年第9号
			（1）首次注册费		
			（2）变更注册费		
			（3）延续注册费		
			（4）临床试验申请费		
			（5）加急费		
二十	知识产权部门	42	商标注册收费	缴入中央国库	《中华人民共和国商标法》，《中华人民共和国商标法实施条例》，发改价格〔2015〕2136号，财税〔2017〕20号，发改价格〔2013〕1494号，发改价格〔2008〕2579号，财综〔2004〕11号，计价费〔1998〕1077号，财综字〔1995〕88号，计价格〔1995〕2404号，价费字〔1992〕414号，发改价格〔2015〕2136号，财税〔2017〕20号，发改价格〔2019〕914号
			（1）受理商标注册费		
			（2）补发商标注册证费（含刊登遗失声明费用）		
			（3）受理转让注册商标费		
			（4）受理商标续展注册费		

续表

序号	部门	项目序号	项目名称	资金管理方式	政策依据
二十	知识产权部门	42	（5）受理商标注册延迟费		
			（6）受理商标评审费		
			（7）变更费		
			（8）出具商标证明费		
			（9）受理集体商标注册费		
			（10）受理证明商标注册费		
			（11）商标异议费		
			（12）撤销商标费		
			（13）商标使用许可合同备案费		
		43	专利收费	缴入中央国库	
			（1）专利收费（国内部分）		《中华人民共和国专利法》，《中华人民共和国专利法实施细则》，财税〔2017〕8号，发改价格〔2017〕270号，财税〔2016〕78号，财税〔2018〕37号，财税〔2019〕45号
			①申请费、申请附加费、公布印刷费、优先权要求费		
			②发明专利申请实质审查费、复审费		
			③专利登记费、公告印刷费、年费、年费滞纳金		
			④恢复权利请求费、延长期限请求费		
			⑤著录事项变更费、专利权评价报告请求费、无效宣告请求费		

序号	部门	项目序号	项目名称	资金管理方式	政策依据
二十	知识产权部门	43	⑥专利文件副本证明费		
			（2）PCT专利申请收费		《中华人民共和国专利法》，《中华人民共和国专利法实施细则》，财税〔2017〕8号，发改价格〔2017〕270号，财税〔2018〕37号
			①申请国际阶段收取的国际申请费和手续费，传送费、检索费、优先权文件费、初步审查费、单一性异议费、副本复制费、后提交费、恢复权利请求费、滞纳金		
			②申请进入中国国家阶段收取的宽限费、译文改正费、单一性恢复费、优先权恢复费		
			（3）为其他国家和地区提供检索和审查服务收费		《中华人民共和国专利法》，《中华人民共和国专利法实施细则》，财税〔2017〕8号，发改价格〔2017〕270号
		44	集成电路布图设计保护收费	缴入中央国库	《集成电路布图设计保护条例》，财税〔2017〕8号，发改价格〔2017〕270号，发改价格〔2017〕1186号
			（1）布图设计登记费		
			（2）布图设计登记复审请求费		
			（3）著录事项变更手续费		
			（4）延长期限请求费		
			（5）恢复布图设计登记权利请求费		
			（6）非自愿许可使用布图设计请求费		
			（7）报酬裁决费		

续表

序号	部门	项目序号	项目名称	资金管理方式	政策依据
二十一	银保监会	45	银行业监管费	缴入中央国库	财税〔2015〕21号，财税〔2017〕52号
		46	保险业监管费	缴入中央国库	财税〔2015〕22号，财税〔2017〕52号
二十二	证监会	47	证券、期货业监管费	缴入中央国库	财税〔2015〕20号，财税〔2018〕37号，发改价格规〔2018〕917号
二十三	仲裁部门	48	仲裁收费	缴入地方国库	《中华人民共和国仲裁法》，财综〔2010〕19号，国办发〔1995〕44号
二十四	红十字会	49	造血干细胞配型费	缴入中央国库	财税〔2016〕115号，发改价格〔2016〕2492号
二十五	相关行政机关	50	信息公开处理费	缴入中央和地方国库	《中华人民共和国政府信息公开条例》、国办函〔2020〕109号
二十六	相关部门	51	考试考务费	缴入中央和地方国库或财政专户	见《全国性考试考务费目录清单》

（二）全国性及中央部门和单位涉企行政事业性收费目录清单

截止到2021年，财政部网站公布包括公安部等涉及19个中央部门和单位32项涉企行政事业性收费，见表9-2。

表9-2　　全国性及中央部门和单位涉企行政事业性收费目录清单

序号	部门	项目序号	项目名称	资金管理方式	政策依据
一	公安部门	1	证照费		
			（1）机动车号牌工本费	缴入地方国库	《中华人民共和国道路交通安全法》，发改价格〔2004〕2831号，计价格〔1994〕783号，价费字〔1992〕240号，行业标准GA36—2014，发改价格规〔2019〕1931号
			①号牌（含临时）		
			②号牌专用固封装置		
			③号牌架		

续表

序号	部门	项目序号	项目名称	资金管理方式	政策依据
一	公安部门	1	（2）机动车行驶证、登记证、驾驶证工本费	缴入地方国库	《中华人民共和国道路交通安全法》，发改价格〔2004〕2831号，财综〔2001〕67号，计价格〔2001〕1979号，计价格〔1994〕783号，价费字〔1992〕240号，发改价格〔2017〕1186号
			（3）临时入境机动车号牌和行驶证、临时机动车驾驶许可工本费	缴入地方国库	《中华人民共和国道路交通安全法》，财综〔2008〕36号，发改价格〔2008〕1575号，发改价格〔2017〕1186号
二	自然资源部门	2	土地复垦费	缴入地方国库	《中华人民共和国土地管理法》，《土地复垦条例》，财税〔2014〕77号，财政部 税务总局 发展改革委 民政部 商务部 卫生健康委公告2019年第76号
		3	土地闲置费	缴入地方国库	《中华人民共和国土地管理法》，《中华人民共和国城市房地产管理法》，国发〔2008〕3号，财税〔2014〕77号，财政部 税务总局 发展改革委 民政部 商务部 卫生健康委公告2019年第76号
		4	不动产登记费	缴入中央和地方国库	《中华人民共和国物权法》，财税〔2014〕77号，财税〔2016〕79号，发改价格规〔2016〕2559号，财税〔2019〕45号，财税〔2019〕53号，财政部 税务总局 发展改革委 民政部 商务部 卫生健康委公告2019年第76号
		5	耕地开垦费	缴入地方国库	《中华人民共和国土地管理法》，《土地管理法实施条例》，财税〔2014〕77号，财政部 税务总局 发展改革委 民政部 商务部 卫生健康委公告2019年第76号

续表

序号	部门	项目序号	项目名称	资金管理方式	政策依据
三	生态环境部门	6	海洋废弃物倾倒费	缴入中央国库	《中华人民共和国海洋环境保护法》，发改价格〔2008〕1927号
四	住房城乡建设部门	7	污水处理费	缴入地方国库	《中华人民共和国水污染防治法》，《城镇排水和污水处理条例》，财税〔2014〕151号，发改价格〔2015〕119号
		8	城市道路占用、挖掘修复费	缴入地方国库	《城市道路管理条例》，建城〔1993〕410号，财税〔2015〕68号
五	交通运输部门	9	车辆通行费（限于政府还贷）	缴入地方国库	《中华人民共和国公路法》，《收费公路条例》，交公路发〔1994〕686号
		10	长江干线船舶引航收费	缴入中央国库	发改价格〔2013〕1494号，发改价格〔2011〕1536号，财综〔2007〕60号，财税〔2014〕101号，财办税〔2015〕14号
六	工业和信息化部门	11	无线电频率占用费	缴入中央和地方国库	《中华人民共和国无线电管理条例》，计价格〔2000〕1015号，发改价格〔2013〕2396号，发改价格〔2011〕749号，发改价格〔2005〕2812号，发改价格〔2003〕2300号，计价费〔1998〕218号，发改价格〔2017〕1186号，发改价格〔2018〕601号，发改价格〔2019〕914号
		12	电信网码号资源占用费	缴入中央国库	《中华人民共和国电信条例》，信部联清〔2004〕517号，信部联清〔2005〕401号，发改价格〔2017〕1186号

续表

序号	部门	项目序号	项目名称	资金管理方式	政策依据
七	水利部门	13	水资源费	缴入中央和地方国库	《中华人民共和国水法》,《取水许可和水资源费征收管理条例》,财税〔2016〕2号,发改价格〔2014〕1959号,发改价格〔2013〕29号,财综〔2011〕19号,发改价格〔2009〕1779号,财综〔2008〕79号,财综〔2003〕89号,价费字〔1992〕181号,财税〔2018〕147号,财税〔2020〕15号
		14	水土保持补偿费	缴入中央和地方国库	《中华人民共和国水土保持法》,财综〔2014〕8号,发改价格〔2014〕886号,发改价格〔2017〕1186号
八	农业农村部门	15	农药实验费	缴入中央和地方国库	《农药管理条例》,价费字〔1992〕452号,发改价格〔2015〕2136号,发改价格〔2017〕1186号
			(1)田间试验费		
			(2)残留试验费		
			(3)药效试验费		
		16	渔业资源增殖保护费	缴入中央和地方国库	《中华人民共和国渔业法》,财税〔2014〕101号,财综〔2012〕97号,计价格〔1994〕400号,价费字〔1992〕452号
九	林业和草原部门	17	草原植被恢复费	缴入地方国库	《中华人民共和国草原法》,财综〔2010〕29号,发改价格〔2010〕1235号
十	人防部门	18	防空地下室易地建设费	缴入中央和地方国库	中发〔2001〕9号,计价格〔2000〕474号,财税〔2014〕77号,财税〔2019〕53号,财政部税务总局 发展改革委 民政部 商务部 卫生健康委公告2019年第76号

续表

序号	部门	项目序号	项目名称	资金管理方式	政策依据
十一	法院	19	诉讼费	缴入中央和地方国库	《中华人民共和国民事诉讼法》，《中华人民共和国行政诉讼法》，《诉讼费用交纳办法》（国务院令481号）
十二	市场监管部门	20	特种设备检验检测费	缴入地方国库	《中华人民共和国特种设备安全法》，《特种设备安全监察条例》，发改价格〔2015〕1299号，财综〔2011〕16号，财综〔2001〕10号
十三	民航部门	21	航空业务权补偿费	缴入中央国库	发改价格〔2011〕3214号，财综〔2002〕54号
		22	适航审查费	缴入中央国库	发改价格〔2011〕3214号，财综〔2002〕54号
十四	卫生健康部门	23	非免疫规划疫苗储存运输费		《疫苗管理法》，财税〔2020〕17号
十五	药品监管部门	24	药品注册费	缴入中央和地方国库	《中华人民共和国药品管理法实施条例》，财税〔2015〕2号，发改价格〔2015〕1006号，食药监公告2015第53号，财政部国家发展改革委公告2020年第11号，食药监公告2020年第75号，财政部 税务总局公告2020年第28号，财政部 国家发展改革委公告2021年第9号
			（1）新药注册费		
			（2）仿制药注册费		
			（3）补充申请注册费		
			（4）再注册费		
			（5）加急费		

序号	部门	项目序号	项目名称	资金管理方式	政策依据
十五	药品监管部门	25	医疗器械产品注册费	缴入中央和地方国库	《医疗器械监督管理条例》，财税〔2015〕2号，发改价格〔2015〕1006号，食药监公告2015第53号，财政部国家发展改革委公告2020年第11号，财政部税务总局公告2020年第28号，财政部国家发展改革委公告2021年第9号
			（1）首次注册费		
			（2）变更注册费		
			（3）延续注册费		
			（4）临床试验申请费		
			（5）加急费		
十六	知识产权部门	26	商标注册收费	缴入中央国库	《中华人民共和国商标法》，《中华人民共和国商标法实施条例》，发改价格〔2015〕2136号，财税〔2017〕20号，发改价格〔2013〕1494号，发改价格〔2008〕2579号，财综〔2004〕11号，计价费〔1998〕1077号，财综字〔1995〕88号，计价格〔1995〕2404号，价费字〔1992〕414号，发改价格〔2015〕2136号，财税〔2017〕20号，发改价格〔2019〕914号
			（1）受理商标注册费		
			（2）补发商标注册证费（含刊登遗失声明费用）		
			（3）受理转让注册商标费		

续表

序号	部门	项目序号	项目名称	资金管理方式	政策依据
十六	知识产权部门	26	（4）受理商标续展注册费		
			（5）受理商标注册延迟费		
			（6）受理商标评审费		
			（7）变更费		
			（8）出具商标证明费		
			（9）受理集体商标注册费		
			（10）受理证明商标注册费		
			（11）商标异议费		
			（12）撤销商标费		
			（13）商标使用许可合同备案费		
		27	专利收费	缴入中央国库	
			（1）专利收费（国内部分）		《中华人民共和国专利法》，《中华人民共和国专利法实施细则》，财税〔2017〕8号，发改价格〔2017〕270号，财税〔2016〕78号，财税〔2018〕37号，财税〔2019〕45号
			①申请费、申请附加费、公布印刷费、优先权要求费		
			②发明专利申请实质审查费、复审费		
			③专利登记费、公告印刷费、年费、年费滞纳金		
			④恢复权利请求费、延长期限请求费		

续表

序号	部门	项目序号	项目名称	资金管理方式	政策依据
十六	知识产权部门	27	⑤著录事项变更费、专利权评价报告请求费、无效宣告请求费		
			⑥专利文件副本证明费		
			(2) PCT专利申请收费		《中华人民共和国专利法》,《中华人民共和国专利法实施细则》,财税〔2017〕8号,发改价格〔2017〕270号,财税〔2018〕37号
			①申请国际阶段收取的国际申请费和手续费,传送费、检索费、优先权文件费、初步审查费、单一性异议费、副本复制费、后提交费、恢复权利请求费、滞纳金		
			②申请进入中国国家阶段收取的宽限费、译文改正费、单一性恢复费、优先权恢复费		
			(3) 为其他国家和地区提供检索和审查服务收费		《中华人民共和国专利法》,《中华人民共和国专利法实施细则》,财税〔2017〕8号,发改价格〔2017〕270号
		28	集成电路布图设计保护收费	缴入中央国库	《集成电路布图设计保护条例》,财税〔2017〕8号,发改价格〔2017〕270号,发改价格〔2017〕1186号
			(1) 布图设计登记费		
			(2) 布图设计登记复审请求费		

续表

序号	部门	项目序号	项目名称	资金管理方式	政策依据
十六	知识产权部门	28	（3）著录事项变更手续费		
			（4）延长期限请求费		
			（5）恢复布图设计登记权利请求费		
			（6）非自愿许可使用布图设计请求费		
			（7）报酬裁决费		
十七	银保监会	29	银行业监管费	缴入中央国库	财税〔2015〕21号，财税〔2017〕52号
		30	保险业监管费	缴入中央国库	财税〔2015〕22号，财税〔2017〕52号
十八	证监会	31	证券、期货业监管费	缴入中央国库	财税〔2015〕20号，发改价格〔2016〕14号，财税〔2018〕37号，发改价格规〔2018〕917号
十九	仲裁部门	32	仲裁收费	缴入地方国库	《中华人民共和国仲裁法》，财综〔2010〕19号，国办发〔1995〕44号

二、收费单位情况和收支状况报告制度

（一）取消收费许可证制度

国家机关、事业单位和非企业组织进行收费必须履行法律手续，在2016年以前，需要办理收费许可证，持证进行收费。收费许可证的获得，要进行申请。行政许可证有效时间一般为3年。

自2015年1月1日起，在全国统一停止收费许可证年度审验工作，有条件的地方同步停止或取消本地区收费许可证核发工作。自2016年1月1日起，全国统一取消收费许可证制度。

（二）建立收费单位情况和其收支状况年度报告制度

取消收费许可证和年审制度后，各级价格、财政部门应同步建立收费单位情况和其收支状况年度报告制度。相关部门和单位要将本系统具体实施收费单位名单和变动情况，及时向同级价格、财政部门报告，并在其网站上向社会公布。对未进入

网上公示名单的收费单位，被收费对象可以拒绝向其缴纳费用。

（三）建立健全收费台账制度

各收费单位应进一步建立健全收费台账制度，于每年5月底前向同级价格、财政部门报送年度收费情况报告表。各级价格主管部门要利用"全国收费动态监管系统"平台，在继续做好收费统计和上报工作的同时，不断加强全国收费动态监管系统建设，逐步推进收费单位情况和其收支状况信息化管理，实现信息在线报告，并及时向社会公开。

三、行政事业性收费预算管理制度

按照财政预算完整性要求，我国财政预算实行全口径管理预算，因此，所有的行政事业性收费都要列入预算，纳入预算管理。在我国，财政预算分为一般公共预算、政府型基金预算、国有资本预算、社保基金预算。行政事业性收费在一般公共预算中列示。

四、行政事业性收费收支两条线制度

（一）收支两条线制度的概念

收支两条线是指政府对行政事业性收费、政府性基金罚没收入等政府非税收入资金的管理方式，即有关部门取得的非税收入与发生的支出脱钩，收入上缴国库或财政专户，部门不得截留、坐支，财政部门安排给部门的支出不能和收入挂钩，而是根据各单位履行职能的需要按标准核定并拨付。

（二）收支两条线制度的改革

1.改革的核心

深化收支两条线制度改革的核心是按照公共管理的要求，将全部财政性收支逐步纳入政府预算管理，不能有游离于政府预算之外、不受社会公众监督的财政性收支。改革要解决的主要是公共财政收支的管理范围问题，其本质也是规范政府的活动范围。这项改革，从"收"的角度讲，主要是收缴分离，不允许单位占压政府资金。对那些合法合规的收费收入，不再由部门、单位自收自缴，而是实行收缴分离，纳入政府预算或实行专户管理。从"支"的方面讲，主要是收支脱钩，执收单位上缴的收费和罚没收入不再与其支出安排挂钩。

2.改革的目标

改革的最终目标是编制综合政府预算，取消预算外收支，实现收缴分离和票款分离。

（1）收缴分离制度

所谓收缴分离，是各执收单位取得非税收入时，不直接收取资金，只开具缴款

通知书，由缴款单位（或个人）持缴款通知书到财政指定的银行代收代缴点或政府收费服务大厅办理缴款手续后，由执收单位开具财政票据。

（2）票款分离制度

所谓票款分离，是指在行政事业性收费和政府性基金的征收过程中，实行"部门开票、银行收款、财政统管"的资金收缴和票据开具相分离的办法。部门开票，是指收费执收部门在收费时，向缴费人开具缴款通知书，不再直接收取资金；银行收款，是指有关银行受财政部门委托具体负责收费资金的代收工作；财政统管，是指由银行代收的资金划入财政专户或者国库后，财政部门负责统一核算和管理。

实行票款分离，从机制上对收费行为进行了规范，有利于解决乱收、坐支等问题，是贯彻落实"收支两条线"规定的一项标本兼治的措施，是从源头上预防和治理腐败的一项重要举措，对于加强非税收入规范化管理，提高财政资金的使用效益，树立政府的良好执法形象，促进政府职能转变和党风廉政建设，具有重要意义。

五、行政事业性收费国库集中收付制度

（一）概念

国库集中收付制度一般也称国库单一账户制度，包括国库集中支付制度和收入收缴管理制度，是指由财政部门代表政府设置国库单一账户体系，所有的财政性资金均纳入国库单一账户体系收缴、支付和管理的制度。其核心是以国库单一账户体系为基础、资金缴拨以国库集中为主要形式的现代国库管理制度。征收的行政事业性收费原则上采取国库收缴，按照不同支付类型，采用财政直接支付与授权支付的方法，支付到供应商或用款单位。

（二）基本特征

（1）财政统一开设国库单一账户；

（2）所有财政收入直接缴入国库，主要财政支出由财政部门直接支付到商品或劳务供应者；

（3）建立高效的预算执行机构、科学的信息管理系统和完善的监督检查机制。

六、行政事业性收费监督检查制度

（一）收费项目目录公示制度

为了提高收费的透明度，加强监管力度，制止各种乱收费，切实减轻企业和广大人民群众的负担，收费单位应当建立收费公示制度，在收费场所公示收费文件依据、收费主体、收费项目、收费范围、收费标准、收费对象等，接受社会监督。经

批准的收费项目，财政部、国家发改委及省级财政、价格主管部门应当通过文件、公告等形式向社会公布。财政部、国家发改委应当于每年3月1日前编制截至上年12月31日的全国性及中央单位收费项目目录，向社会公布。省级财政、价格主管部门应当于每年4月1日前编制本行政区域内截至上年12月31日的收费项目目录，在全省（自治区、直辖市）范围内公布，并报财政部和国家发改委备案。

（二）收费项目监督制度

财政部、国家发改委及省级财政、价格主管部门应当建立健全收费项目监督制度，加强对收费项目审批执行情况的日常监督检查和年度检查，发现问题及时予以纠正和处理。

（三）收费财务监督制度

收费单位应当建立健全收费财务监督制度，按照财政部、省级财政部门规定及时将收费收入缴入国库或财政专户，不得隐瞒、截留、占压、坐支和挪用收费资金。收费单位应当严格按照批准的收费项目及有关管理规定执行，如实提供有关收费的情况和资料，自觉接受财政、价格、审计、监察等部门的监督检查。

县级以上财政、价格主管部门应当设立举报电话，接受公民、法人或者其他组织对乱收费的举报和投诉，并对举报和投诉属实的乱收费问题及时予以答复和处理。

第十章

政府性基金

第一节　政府性基金概述

政府性基金是我国财政收入的重要组成部分，其产生具有独特的历史背景。早在改革开放前，就已经有城镇公用事业附加和育林基金两项政府性基金。自20世纪90年代以来，我国政府先后出台了若干政策法规来强化对政府性基金的管理工作。1996年7月，国务院发布了《国务院关于加强预算外资金管理的决定》，将13项政府性基金纳入财政预算管理。2010年，《政府性基金管理暂行办法》出台，明确规定了政府性基金的审批、预算、征管、监督等基本事项，标志着我国对政府性基金的管理达到一个新高度。近年来，在持续减轻企业负担的大背景下，列入全国政府性基金目录的项目不断减少。2002年，经国务院批准，财政部颁发了《财政部关于公布取消部分政府性基金项目的通知》，大部分的基金项目都已经被清理取消，只公布保留了33项政府性基金；2010年，全国政府性基金减少为32项；2012年，全国政府性基金减少为30项；2014年，全国政府性基金减少为25项；2016年，全国政府性基金减少为23项；2017年，全国政府性基金目录进一步减少至21项。2021年，港口建设费到期停止征收，目前全国政府性基金目录有20项，包括教育费附加、地方教育附加等。具体项目参照全国政府性基金目录清单（见表10-1）。

一、政府性基金的概念

政府性基金是指各级人民政府及其所属部门根据法律、行政法规和中共中央、国务院文件规定，为支持特定公共基础设施建设和公共事业发展，向公民、法人和其他组织无偿征收的具有专项用途的财政资金。一般以基金、附加、资金和专项收费命名。

（一）征收的依据

政府性基金跟罚没收入、行政事业性收费一样，都是凭借国家政权，强制征收。我国用法律、法规保障制度的实施。

（二）设置的目的

政府性基金设置的目的是支持特定公共基础设施建设和公共事业发展。如重大水利工程建设基金是为了发展电力基础设施，增加发电能力而设置的基金，重点用于长江三峡维护以及南水北调工程等；教育费附加是针对教育事业的发展，为中小学教育筹集教育经费而设立的基金等。

（三）政府性基金设定的权限

政府性基金由各级人民政府及其所属部门根据法律、行政法规和中共中央、国务院文件设置。

二、政府性基金的特点

（一）强制性

政府性基金由政府依法强制征收，它具有强制性的特点。政府用法律来保障实施，征收依据具有合法性。政府性基金由财政部统一审批，具有统一的项目名称、征收范围和征收标准，按照法定的程序依法征收，各地和各部门不得扩大范围和提高标准，否则就是违规征收。

（二）无偿性

政府性基金征收后，对于缴费人不返还其缴纳的资金。

（三）固定性

政府性基金按照法定标准征收，征收标准具有固定性。

（四）时效性

政府性基金的设立具有实效性。政府性基金是为解决国家一定历史时期的经济需求而设立的，部分项目的征收年限有明确的规定，一旦相关问题解决后就应该被取消。

（五）专款专用性

每一项政府性基金都有其专门用途，一般从政府性基金的名字能够体现出基金的用途，如文化事业建设费，是用于文化建设的需要；残疾人就业保障基金，是用于残疾人经济生活来源的需要等。政府性基金不能挪作他用。

由于政府性基金也同时具有无偿性、强制性和一定的固定性，因此，在条件适合的情况下，政府性基金存在转化为税收的可能，如排污费最终被环保税所取代。

三、政府性基金的分类

（一）按照基金性质分类

1. 准税收类

准税收类包括教育费附加、地方教育附加、水利建设基金、城市基础设施配套费、文化事业建设费、国家电影事业发展专项资金、残疾人就业保障金、可再生能源发展基金等。这些项目完全可以以税收形式来征收，以税收形式取代，这类收费的性质具有税收的固定性、强制性、无偿性的特点，故称之为"准税收"。大多数项目的缴费人与基金目的没有关联性。

2. 使用费类

使用费类包括港口建设费、民航发展基金、旅游发展基金、海南高等级公路车辆通行附加费等。这一类政府性基金具有较强的受益性质，具有专项的"使用费"特征。特定单位与个人因使用特定设施和服务而成为缴费人。

3. 特别课征类

这类基金基本上都是以特定工程建设或发展特定公共事业为目的，包括铁路建设基金、国家重大水利工程建设基金、中央和地方水库移民扶持基金、森林植被恢复费、船舶油污损害赔偿基金、核电站乏燃料处理处置基金、废弃电器电子产品处理基金等。该类基金的缴费人与基金目的有特殊联系。

（二）按照预算列示分类

政府性基金所有项目都要列入预算，政府性基金预算是依照法律、行政法规的规定在一定期限内向特定对象征收、收取或者以其他方式筹集的资金，专项用于特定公共事业发展的收支预算。政府性基金预算应当根据基金项目收入情况和实际支出需要，按基金项目编制，做到以收定支。近年来，纳入政府性基金预算的收入项目也不断减少，根据预算列示规定不同，有的政府性基金列入一般公共预算，在一般公共预算的专项收入中列示，如教育费附加、地方教育附加、水资源收费、文化事业建设费、残疾人就业保障基金等项目。除此之外，其余的项目都列示在政府基金预算当中。当然政府基金预算里也不全是政府基金项目，它包含了彩票公益金收入、土地出让金收入、地方政府债务收入以及转移性收入等内容。

（三）按照政府性基金的名称分类

按照政府性基金的名称不同，将政府性基金分为附加、基金、费用、专项资金等。以附加命名的，如为了教育事业的发展而设立的教育费附加、地方教育附加、公用事业费附加等；以基金命名的，如重大水利工程建设基金、残疾人就业保障基金、水利建设基金；以费用命名的，如文化事业建设费、水资源费；以专项资金命名的，如散装水泥专项资金、新墙体材料专项资金等。

（四）按照基金的来源模式分类

政府性基金筹资模式可以分为普遍征收集资型和对特定缴费人征收的特定型。集资型的征收范围是涉及全国的项目，如农网还贷资金、国家重大水利工程建设基金、民航发展基金等。特定型的征收范围是特定缴费人，如废旧电器电子产品处理基金，是对生产法律规定的电气电子产品的生产者（包括代加工者）以及法律规定的电气电子产品的进口商征收的。

（五）按照收入的归属分类

按照收入的归属，可以分为属于中央的政府性基金、属于中央和地方共享的政府性基金、留给地方使用的政府性基金。

四、政府性基金与行政事业性收费的异同

政府性基金与行政事业性收费存在一定的相同点，同时也有区别。

（一）相同点

政府性基金与行政事业性收费都是政府强制征收、依法规定、以收取一定的费用为主要方式，二者在管理上都采取预算管理、收支两条线管理、国库收付管理等。

（二）不同点

1.在收入的取得上的区别

行政事业性收费不仅可以凭借政权权力收费，还可以通过提供服务来收取费用；政府性基金不具有这样的特点。

2.在预算管理上的区别

政府性基金除了少数项目，多数项目都列在政府性基金预算中；而行政事业性收费没有单独的预算来列示各项目内容，行政事业性收费列入一般公共预算中。

3.在用途上的区别

政府性基金每个项目都是专款专用，不能用在其他项目上；而行政事业性收费与税收共同列入一般公共预算中，公共预算支出很难区分支出是税收形成的，还是来自行政事业性收费。

4.在目的上的区别

政府性基金设置的目的是促进基础设施的建设和公共事业的发展；而行政事业性收费主要是为了管理公用事业、提供特定服务收取的成本补偿费用。

5.收入项目与缴费人的关联度不同

政府性基金大多数项目的缴费人与基金目的没有关联性；而行政事业性收费一般与缴费人有直接关联性。

第二节　政府性基金的设立和审批

一、政府性基金项目及项目的设立

（一）审批管理权限的规定

国务院所属部门、地方各级人民政府及其所属部门申请征收政府性基金，必须以法律、行政法规和中共中央、国务院文件为依据，法律、行政法规和中共中央、国务院文件没有明确规定征收政府性基金的，一律不予审批。

法律、行政法规和中共中央、国务院文件明确规定征收政府性基金，但没有明确规定征收对象、范围和标准等内容的，应当按照规定程序进行申请和审批。法律、行政法规和中共中央、国务院文件已经明确政府性基金征收对象、范围和标准等内容的，其具体征收使用管理办法由财政部会同有关部门负责制定。政府性基金在执行过程中，如遇征收政府性基金依据的法律、行政法规修改或者中共中央、国务院出台新的规定，应当按照修改后的法律、行政法规或新的规定执行。因客观情况发生变化，对不宜再继续征收的政府性基金，由财政部按照规定程序报请国务院予以撤销，或者按照法律、行政法规的规定程序予以撤销。

除法律、行政法规和中共中央、国务院或者财政部规定外，任何其他部门、单位和各级地方政府均不得批准设立或者征收政府性基金，不得改变征收对象，调整征收范围、标准及期限，不得减征、免征、缓征、停征或者撤销政府性基金，不得以行政事业性收费名义变相设立政府性基金项目。

（二）政府性基金项目的设立

（1）按照满足国家公共事业发展和筹集建设资金的需要来筹集资金。

（2）适用性原则。政府性基金的项目设定要体现必要性和实用性的要求。避免乱收费、增加缴费人的负担，因此，要对项目进行论证，项目设置要具有可行性。

（3）标准适当。政府性基金设定既要考虑国家经济发展的需要，同时也要考虑民众的负担，量力而行。

（三）审批原则

政府性基金实行统一领导、分级管理的原则。所谓的统一领导是指政府性基金实行中央一级审批制度，审批权力在财政部。财政部门负责制定政府性基金征收使用管理政策和制度、审批和管理全国政府性基金；制定政府性基金的编制方式；编制中央政府性基金预决算，汇总全国政府性基金预决算。分级管理是指政府性基金项目的实施管理由中央和地方来执行，具体是指各级地方政府财政部门负责本区域内的政府性基金的征收使用和管理监督工作，编制本级政府性基金预决算。

二、政府性基金征收标准的确定

（一）审批收费标准的原则

1.公平、公正、公开和效率的原则

政府性基金作为非税收入的一个重要组成部分，对民众公布其具体收费规定，如对谁收费、收多少，使民众了解收费内容、了解政策、了解项目要求。接受民众的监督，避免出现乱收费现象。

2.适度原则

既要考虑满足社会公共管理需要，也要与缴费人经济承受能力相适应，要量力而行，不能增加缴费人负担。

（二）收费标准的申请和受理

征收标准要把握适当的原则。除法律法规和省级以上人民政府另有规定外，制定或调整收费标准，由收费单位按规定的管理权限，向国务院价格、财政部门或省级政府价格、财政部门提出书面申请。国务院价格、财政部门负责审批的收费标准，应统一归口由中央有关部门、省级政府或其价格、财政部门提出书面申请，并以公文形式报国务院价格、财政部门。省级政府价格、财政部门负责审批的收费标准，应由省级政府有关部门、地市级人民政府或其价格、财政部门向省级政府价格、财政部门提出书面申请，由财政部审批。财政部应当自接受申请之日起90个工作日内做出是否批准决定，批准应以书面形式发布，并应以书面形式上报国务院；不予批准的当场说明理由。

第三节　政府性基金的管理制度

一、政府性基金的目录管理制度

为进一步加强和规范政府性基金管理，提高收费政策透明度，主动接受社会监督，按照国务院决策部署，各级财政部门在门户网站公布了政府性基金目录清单"一张网"，集中公示了中央和各省（区、市）政府性基金目录清单。截止到2021年，财政部网站公布包括铁路建设基金等共计20项政府性基金，具体列示了每项基金的项目名称、资金管理方式和政策依据，见表10-1。

表 10-1　　　　　　　　　　　全国政府性基金目录清单

序号	项目名称	资金管理方式	政策依据	征收地区
1	铁路建设基金	缴入中央国库	国发〔1992〕37号，财工字〔1996〕371号，财工〔1997〕543号，财综〔2007〕3号	全国
2	民航发展基金	缴入中央国库	国发〔2012〕24号，财综〔2012〕17号，财税〔2015〕135号，财税〔2019〕46号，财政部 国家发展改革委公告2020年第11号，财政部 税务总局公告2020年第28号，财税〔2020〕72号，财政部公告2021年第8号	全国
3	高等级公路车辆通行附加费	缴入地方国库	财综〔2008〕84号，《海南经济特区机动车辆通行附加费征收管理条例》（海南省人民代表大会常务委员会公告第54号），琼价费管〔2013〕153号，琼交财〔2021〕267号	海南
4	国家重大水利工程建设基金	缴入中央和地方国库	财综〔2009〕90号，财综〔2010〕97号，财税〔2010〕44号，财综〔2013〕103号，财税〔2015〕80号，财办税〔2015〕4号，财税〔2017〕51号，财办税〔2017〕60号，财税〔2018〕39号，国家税务总局公告2018年第63号，财税〔2018〕147号，财税〔2019〕46号，财税〔2020〕9号	除西藏以外
5	水利建设基金	缴入中央和地方国库	《中华人民共和国防洪法》，财综字〔1998〕125号，财综〔2011〕2号，财综函〔2011〕33号，财办综〔2011〕111号，财税函〔2016〕291号，财税〔2016〕12号，财税〔2017〕18号，财税〔2020〕9号，税务总局公告2020年第2号，财税〔2020〕72号	内蒙古、吉林、江苏、安徽、江西、山东、湖北、湖南、广西、福建、云南、陕西、宁夏（向社会征收）
6	城市基础设施配套费	缴入地方国库	国发〔1998〕34号，财综函〔2002〕3号，财综〔2007〕53号，财税〔2019〕53号，财政部 税务总局 发展改革委 民政部 商务部 卫生健康委公告2019年第76号	除天津以外

序号	项目名称	资金管理方式	政策依据	征收地区
7	农网还贷资金	缴入中央和地方国库	财企〔2001〕820号，财企〔2002〕266号，财企〔2006〕347号，财综〔2007〕3号，财综〔2012〕7号，财综〔2013〕103号，财税〔2015〕59号，国家税务总局公告2018年第63号，财税〔2018〕147号，财税〔2020〕67号	山西、吉林、湖南、湖北、广西、四川、重庆、云南、陕西
8	教育费附加	缴入中央和地方国库	《中华人民共和国教育法》，国发〔1986〕50号（国务院令第60号修改发布），国发明电〔1994〕2号、23号，财综〔2007〕53号，国发〔2010〕35号，财税〔2010〕103号，财税〔2016〕12号，财税〔2019〕13号，财税〔2019〕21号，财税〔2019〕22号，财税〔2019〕46号，国家税务总局公告2020年第4号，财政部 税务总局公告2020年第9号，财政部 税务总局公告2022年第10号	全国
9	地方教育附加	缴入地方国库	《中华人民共和国教育法》，财综〔2001〕58号，财综函〔2003〕2号、9号、10号、12号、13号、14号、15号、16号、18号，财综〔2004〕73号，财综函〔2005〕33号，财综〔2006〕2号、61号，财综函〔2006〕9号，财综函〔2007〕45号，财综〔2007〕53号，财综函〔2008〕7号，财综函〔2010〕2号、3号、7号、8号、11号、71号、72号、73号、75号、76号、78号、79号、80号，财综〔2010〕98号，财综函〔2011〕1号、2号、3号、4号、5号、6号、7号、8号、9号、10号、11号、12号、13号、15号、16号、17号、57号，财税〔2016〕12号，财税〔2018〕70号，财税〔2019〕13号，财税〔2019〕21号，财税〔2019〕22号，财税〔2019〕46号，国家税务总局公告2020年第4号，财政部 税务总局公告2020年第9号，财政部 税务总局公告2022年第10号	全国

续表

序号	项目名称		资金管理方式	政策依据	征收地区
10	文化事业建设费		缴入中央和地方国库	国发〔1996〕37号，国办发〔2006〕43号，财综〔2007〕3号，财综〔2013〕102号，财文字〔1997〕243号，财预字〔1996〕469号，财税〔2016〕25号，财税〔2016〕60号，财税〔2019〕46号，国家税务总局公告2019年第24号，财政部2020年公告第25号，财政部税务总局公告2021年第7号	全国
11	国家电影事业发展专项资金		缴入中央和地方国库	《电影管理条例》，国办发〔2006〕43号，财税〔2015〕91号，财教〔2016〕4号，财税〔2018〕67号，财政部公告2020年第26号	全国
12	旅游发展基金		缴入中央国库	旅办发〔1991〕124号，财综〔2007〕3号，财综〔2010〕123号，财综〔2012〕17号，财税〔2015〕135号	全国
13	中央水库移民扶持基金	大中型水库移民后期扶持基金	缴入中央国库	《大中型水利水电工程建设征地补偿和移民安置条例》，《长江三峡工程建设移民条例》，国发〔2006〕17号，财综〔2006〕29号，财监〔2006〕95号，监察部、人事部、财政部令第13号，财综〔2007〕26号，财综函〔2007〕69号，财综〔2008〕17号，财综〔2008〕29号、30号、31号、32号、33号、34号、35号、64号、65号、66号、67号、68号、85号、86号、87号、88号、89号、90号，财综〔2009〕51号、59号，财综〔2010〕15号、16号、43号、113号，财综函〔2010〕10号、39号，财综〔2013〕103号，财税〔2015〕80号，财税〔2016〕11号，财税〔2016〕13号，财税〔2017〕51号，财办税〔2017〕60号，财农〔2017〕128号，国家税务总局公告2018年第63号，财税〔2018〕39号，财税〔2018〕147号	除西藏以外
		跨省大中型水库库区基金			全国
		三峡水库库区基金			湖北

序号	项目名称		资金管理方式	政策依据	征收地区
14	地方水库移民扶持基金	省级大中型水库库区基金	缴入地方国库	《大中型水利水电工程建设征地补偿和移民安置条例》，国发〔2006〕17号，财综〔2007〕26号，财综〔2008〕17号、财综〔2008〕29号、30号、31号、32号、33号、34号、35号、64号、65号、66号、67号、68号、85号、86号、87号、88号、89号、90号，财综〔2009〕51号、59号，财综〔2010〕15号、16号、43号、113号，财综函〔2010〕10号、39号，财税〔2016〕11号，财税〔2016〕13号，财税〔2017〕18号，财税〔2020〕58号，税务总局公告2020年第21号	广西、辽宁、浙江、湖北、吉林、福建、黑龙江、四川、甘肃、广东、河南、江西、贵州、海南、云南、山西、青海、重庆、陕西
		小型水库移民扶助基金			广西、辽宁、黑龙江、福建、甘肃、河北、广东、河南、贵州、海南、山东、重庆、云南、陕西
15	残疾人就业保障金		缴入地方国库	《残疾人就业条例》，财税〔2015〕72号，财综〔2001〕16号，财税〔2017〕18号，财税〔2018〕39号，财政部2019年公告第98号，发改价格规〔2019〕2015号	全国
16	森林植被恢复费		缴入中央国库和地方国库	《中华人民共和国森林法》，《中华人民共和国森林法实施条例》，财综〔2002〕73号，财税〔2015〕122号	全国
17	可再生能源发展基金		缴入中央国库	《中华人民共和国可再生能源法》，财综〔2011〕115号，财建〔2012〕102号，财综〔2013〕89号，财综〔2013〕103号，财税〔2016〕4号，财办税〔2015〕4号，国家税务总局公告2018年第63号，财税〔2018〕147号，财建〔2020〕4号，财建〔2020〕5号	除西藏以外
18	船舶油污损害赔偿基金		缴入中央国库	《中华人民共和国海洋环境保护法》，《防治船舶污染海洋环境管理条例》，财综〔2012〕33号，交财审发〔2014〕96号，财政部公告2020年第14号，财政部公告2020年第30号	全国

序号	项目名称	资金管理方式	政策依据	征收地区
19	核电站乏燃料处理处置基金	缴入中央国库	《中华人民共和国核安全法》，财综〔2010〕58号，财税〔2018〕147号，税务总局公告2018年第63号	全国
20	废弃电器电子产品处理基金	缴入中央国库	《废弃电器电子产品回收处理管理条例》，财综〔2012〕34号，财综〔2012〕48号，财综〔2012〕80号，财综〔2013〕32号，财综〔2013〕109号，财综〔2013〕110号，财综〔2014〕45号、财税〔2015〕81号，财政部公告2014年第29号，财政部公告2015年第91号，国家税务总局公告2012年第41号，海关总署公告2012年第33号，财税〔2021〕10号	全国

二、政府性基金的资金管理制度

（一）收支两条线管理制度

政府性基金征收机构应当严格按照法律、行政法规和中共中央、国务院或者财政部规定的项目、范围、标准和期限征收。公民、法人或者其他组织不得拒绝缴纳符合规定设立的政府性基金。除财政部另有规定外，政府性基金征收机构在征收政府性基金时，应当按照规定开具财政部或者省级政府、财政部门统一印制或监制的财政票据；不按规定开具财政票据的，公民、法人和其他组织有权拒绝缴纳。

政府性基金按照规定实行国库集中收缴制度。各级财政部门可以自行征收政府性基金，也可以委托其他机构代征政府性基金。委托其他机构代征政府性基金的，其代征费用由同级财政部门通过预算予以安排。政府性基金收入应按规定及时、足额缴入相应级次国库，不得截留、坐支和挪作他用。各级财政部门应当按照有关规定，监督政府性基金的征收和解缴入库。

1. 收缴分离制度

所谓收缴分离，是各执收单位取得非税收入时，不直接收取资金，只开具缴款通知书，由缴款单位（或个人）持缴款通知书到财政指定的银行代收代缴点或政府收费服务大厅办理缴款手续后，由执收单位开具财政票据。

2.票款分离制度

所谓票款分离，是指在行政事业性收费和政府性基金的征收过程中，实行"部门开票、银行收款、财政统管"的资金收缴和票据开具相分离的办法。部门开票，是指执收部门在收费时，向缴费人开具缴款通知书，不再直接收取资金；银行收款，是指有关银行受财政部门委托具体负责收费资金的代收工作；财政统管，是指由银行代收的资金划入财政专户或者国库后，财政部门负责统一核算和管理。

实行票款分离，从机制上对收费行为进行了规范，有利于解决乱收、坐支等问题，是贯彻落实"收支两条线"规定的一项标本兼治的措施，是从源头上预防和治理腐败的一项重要举措，对于加强非税收入规范化管理，提高财政资金的使用效益，树立政府的良好执法形象，促进政府职能转变和党风廉政建设，具有重要意义。

（二）国库集中收付管理制度

国库集中收付制度重点在于规范政府性基金的征收入库。政府执收部门征收的政府性基金原则上实行国库收缴。国库集中收付制度一般也称国库单一账户制度，包括国库集中支付制度和收入收缴管理制度，是指由财政部门代表政府设置国库单一账户体系，所有的财政性资金均纳入国库单一账户体系收缴、支付和管理的制度。按照不同支付类型，采用财政直接支付与授权支付的方法，支付到商品或货物供应者或用款单位。其核心是以国库单一账户体系为基础，资金缴拨以国库集中为主要形式的现代国库管理制度。

这种制度具有三个基本特征：一是财政统一开设国库单一账户；二是所有财政收入直接缴入国库，主要财政支出由财政部门直接支付到商品或劳务供应者；三是建立高效的预算执行机构、科学的信息管理系统和完善的监督检查机制。

三、政府性基金的预决算管理制度

政府性基金收支纳入政府性基金预算管理。政府性基金预算编制遵循"以收定支、专款专用、收支平衡、结余结转下年安排使用"的原则。政府性基金支出根据政府性基金收入情况安排，自求平衡，不编制赤字预算。各项政府性基金按照规定用途安排，不得挪作他用。各级财政部门应当建立健全政府性基金预算编报体系，不断提高政府性基金预算编制的完整性、准确性和精细化程度。

政府性基金实行中央一级审批制度，遵循统一领导、分级管理的原则。政府性基金属于非税收入，全额纳入财政预算，实行"收支两条线"管理。各级财政部门是政府性基金管理的职能部门。财政部负责制定全国政府性基金征收使用管理政策和制度，审批、管理和监督全国政府性基金，编制中央政府性基金预决算草案，汇总全国政府性基金预决算草案。地方各级财政部门依照规定负责对本行政区域内政府性基金的征收使用进行管理和监督，编制本级政府性基金预决算草案。

政府性基金使用单位应当按照财政部统一要求以及同级财政部门的有关规定，编制年度相关政府性基金预算，逐级汇总后报同级财政部门审核。各级财政部门在审核使用单位年度政府性基金预算的基础上，编制本级政府年度政府性基金预算草案，经同级人民政府审定后，报同级人民代表大会审查批准。财政部汇总中央和地方政府性基金预算，形成全国政府性基金预算草案，经国务院审定后，报全国人民代表大会审查批准。

各级财政部门要加强政府性基金预算执行管理，按照经同级人民代表大会批准的政府性基金预算和政府性基金征收缴库进度，以及国库集中支付的相关制度的规定及时支付资金，确保政府性基金预算执行均衡。政府性基金使用单位要强化预算执行，严格遵守财政部制定的财务管理和会计核算制度，按照财政部门批复的政府性基金预算使用政府性基金，确保政府性基金专款专用。政府性基金预算调整必须符合法律、行政法规规定的程序。

政府性基金使用单位按照财政部统一要求以及同级财政部门的有关规定，根据年度相关政府性基金预算执行情况，编制政府性基金决算，经同级财政部门审核。各级财政部门汇总编制本级政府性基金决算草案，报同级人民政府审定后，报同级人民代表大会常务委员会审查批准。财政部汇总中央和地方政府性基金决算，形成全国政府性基金决算草案，经国务院审定后，报全国人民代表大会常务委员会审查批准。

财政部于每年3月31日前编制截至上年12月31日的全国政府性基金项目目录，向社会公布。各省、自治区、直辖市人民政府财政部门按照财政部规定，于每年4月30日前编制截至上年12月31日在本行政区域范围内实施的政府性基金项目，向社会公布。

政府性基金征收部门和单位负责政府性基金的具体征收工作。政府性基金使用部门和单位负责编制涉及本部门和单位的有关政府性基金收支预算和决算。政府性基金的征收、使用、管理等应当接受财政、审计部门的监督检查。

四、政府性基金的监督检查制度

各级财政部门、政府性基金征收机构和使用单位应当严格按照国家规定征收、使用和管理政府性基金。对于未按规定的审批程序批准、自行设立政府性基金项目，或者改变政府性基金征收对象、范围、标准和期限的，财政部应当会同有关部门予以纠正，公民、法人和其他组织有权拒绝缴纳并向财政部举报。各级财政部门应当按照财政部规定，加强对政府性基金收支管理及相关财政票据使用情况的监督检查。

政府性基金征收机构和使用单位应当建立健全相关政府性基金的内部财务审计制度,自觉接受财政、审计部门的监督检查,如实提供相关政府性基金收支情况和资料。财政部应当按照规定定期向社会公布新批准征收或取消的政府性基金项目等相关信息。省级政府财政部门应当按照规定定期向社会公布本行政区域内实施的政府性基金项目等相关信息。

政府性基金征收机构应当按照规定在征收场所公布政府性基金的征收文件,自觉接受社会监督。对违反法律规定设立、征收、缴纳、管理和使用政府性基金等行为,依照《财政违法行为处罚处分条例》(国务院令第427号)等国家有关规定追究法律责任。

五、政府性基金的规范和清理

2016年,按照国务院的决策部署,财政部会同有关部门研究制订了《清理规范政府性基金方案》,着手对政府性基金进行清理。

(一)清理规范政府性基金的原因

20世纪80年代以来,国家在水利、电力、铁路、民航等领域设立了多项基金,促进了基础设施建设和相关事业发展。但由于管理制度不完善,重复设置,产生了项目越来越多、规模越来越大的问题。此前政府性基金已从2000年的327项减少到28项,2016年,为了进一步规范管理财政性资金、降低企业税费负担,国务院要求进一步清理规范政府性基金。这样做的好处:一是规范管理政府性基金;二是降低企业及个人的负担;三是提高政府的公信力,使政府在经济管理过程中能够以更加公开、公正、透明的方式来处理经济方面的事务。

(二)清理规范政府性基金的途径

主要分为三个方面:一是取消地方违规设立的基金,比如"车用天然气调价收入资金""大工业用户燃气燃油加工费"等。二是将不能更好适应政府职能转变要求的基金征收标准降为零或停征,如将新菜地开发建设基金和育林基金征收标准降为零,停征价格调节基金。三是整合七项征收对象相同、计征方式和资金用途相似的基金,如将大中型水库移民后期扶持基金、省际大中型水库库区基金、三峡水库库区基金三项基金合并为中央水库移民扶持基金等。经过这一次的清理规范,基金项目由28项减少到23项,据测算,2016年减轻企业和个人负担约260亿元。

(三)政府性基金的规范管理

(1)建立目录清单制度,将包括项目名称、设立依据、征收标准、征收期限等信息公布出来,让社会来监督。目录清单之外的,不管是以什么名义出现的基金,企业、个人均有权拒绝缴纳。今后若相关政府性基金政策做出调整,都会在目录清单上及时更新,这样公众就可以非常清晰地知道有多少种、如何征、征多少及使用方面的情况。

（2）加强监督检查，及时发现和查处乱收费的行为。通过设立电子邮箱、网络平台等多种方式，完善举报和查处机制。如果企业或者个人发现有乱收费的现象，可以通过这几种方式及时反映，财政部将会同有关部门及时查处和处罚乱收费、乱收基金的单位和个人。

（3）加强政府性基金和一般公共预算收入的统筹使用，政府性基金收入的使用和政府一般公共预算收入的使用，在管理上要公开透明。公众可以清晰地了解所收这些基金的用途。

（4）引入第三方评估，加强基金使用效益的绩效评价。依据第三方评估得出的结论，政府可以做出判断，对相关基金是保留、取消，还是做出必要的调整，进一步完善相关政策。一方面要减轻企业的负担，另一方面要规范政府的行为，使政府治理经济的过程、方式、能力能够更加公开透明，同时也使财政性资金管理纳入到统一、规范的轨道上来。

第十一章

罚没收入

第一节　罚没收入概述

罚没收入是财政收入的一项来源，是非税收入的重要组成部分。罚没收入跟行政事业性收费、政府性基金一样都是政府凭借政治权力依法强制取得的非税收入。罚没收入不仅具有组织财政收入的功能，而且通过对违法违规现象加以经济处罚，对违法违规者起到震慑作用。因此，罚没收入具有管理职能。罚没收入的经济管理职能是非税收入对经济管理的主要体现，这是税收不能代替非税收入的重要原因。

一、罚没收入的概念

罚没收入是指国家司法、公安、行政、海关或者其他经济管理部门对违反法律、法令或行政法规的行为，按规定课以罚金、罚款或没收赃款、赃物变价款（如交通罚款、工商罚款、治安罚款、刑事罚金等）而上缴国家预算的财政收入。

滞纳金并不属于罚没收入的范围。滞纳金是对违反收费规定和国家税收规定的行为按照一定比例收取的，避免义务人不履行义务而使国家利益受到损害，促使受处罚人尽快履行义务的一项行政管理手段。其处理方式为一般随主项进行，不会单独存在。

二、罚没收入的特点

（一）强制性

罚没收入具有比税收收入更明显的强制性，依靠国家的强制力来保证执行，当事人必须无条件缴纳罚款。如果当事人不履行行政处罚，行政处罚机关会采取强制措施。

（二）无偿性

罚没收入是执法机关对违法者的一种经济惩处方式，具有惩罚的性质，收取的罚没收入是无偿的，政府不需要对当事人提供对应的服务或者补偿。

（三）非确定性

罚没收入是以当事人违反相关法律法规为前提，所以不具有稳定性和可靠性。违法事件的多少、违法者的经济状况、执法单位的管理水平都对罚没收入的数额产生影响。

（四）惩罚性

罚没收入是由于违法违规而被强制课以的惩罚性缴款。其出发点是对当事人的违规行为进行惩戒，目的在于通过惩罚阻碍更多的违法行为产生，维护正常的社会秩序。

基于以上特点，罚没收入具有管理的职能。这是不能以税代替非税收入的重要原因。

三、罚没收入的种类

（一）按组成划分

按组成内容划分，罚没收入分为一般罚没收入、缉毒罚没收入和缉私罚没收入。一般罚没收入是指除缉私、缉毒罚没收入以外的罚没收入，包括公安罚没收入、检察院罚没收入、法院罚没收入、工商罚没收入、新闻出版罚没收入、技术监督罚没收入、税务部门罚没收入、海关罚没收入、食品药品监管部门罚没收入、卫生罚没收入、检验检疫罚没收入、证监会罚没收入、银保监会罚没收入、交通部门罚没收入、铁道部门罚没收入、审计罚没收入、银行监督罚没收入、民航罚没收入、电力监管罚没收入、交强险罚没收入、物价罚没收入、缉毒罚没收入（包括公安、武警边防、海关等部门取得的缉毒罚没收入）、缉私罚没收入（包括公安缉私罚没收入、工商缉私罚没收入、海关缉私罚没收入、边防武警缉私罚没收入、其他部门缉私罚没收入）。

（二）按构成主体要素划分

按构成主体要素划分，罚没收入分为执法机关收缴的罚款、罚金、没收财产、没收赃款赃物和追回赃款赃物变价收入等。罚款，是指行政机关依法对违法者强制征收一定数额的货币，属于一种行政处罚；罚金，是指法院判处犯罪人向国家缴纳一定数额金钱的刑罚方法，属于一种刑事处罚；没收财产，是指剥夺犯罪人个人财产，无偿收归国有的一种刑罚方法；没收赃款赃物是指行政机关依法将违法者的财产无偿地收归公有的一种行政处罚，没收的财产主要是指违反行政法规的用具、非法经营的物品、非法所得和违禁品等；追回赃款赃物变价收入，是指在机关团体、国有企业、事业单位内部发生贪污、盗窃、行贿、受贿等案件，依法追回应上缴国家预算的赃款、赃物变价款收入。

（三）按管理级次划分

按管理级次划分，罚没收入分为中央罚没收入和地方罚没收入。中央与地方共用收入科目包括公安罚没收入、检察院罚没收入、法院罚没收入、市场监管部门罚没收入、新闻出版罚没收入、技术监督罚没收入、税务部门罚没收入、海关罚没收入、食品药品监管部门罚没收入、卫生罚没收入、检验检疫罚没收入、证监会罚没收入、银保监会罚没收入、交通部门罚没收入、审计罚没收入、物价罚没收入和缉毒罚没收入；中央收入科目包括银行监督罚没收入、民航罚没收入、电力监管罚没收入和缉私罚没收入；地方收入科目有交强险罚没收入。

（四）按收入形式划分

按收入形式划分，罚没收入分为限额罚款、倍数罚款、比例罚款三种。限额罚款比如原国家卫生和计划生育委员会（现卫生健康委员会）起草的《公共场所控制吸烟条例（送审稿）》中规定，个人违反条例规定，在禁止吸烟场所（区域）吸烟的，由相应主管部门行政执法人员责令立即改正，并可处以50元以上500元以下的罚款。倍数罚款比如《中华人民共和国税收征收管理法》第六十三条规定："对纳税人偷税的，由税务机关追缴其不缴或者少缴的税款、滞纳金，并处不缴或者少缴税款百分之五十以上五倍以下的罚款；构成犯罪的，依法追究刑事责任。"比例罚款比如《城市房地产开发经营管理条例》规定："违反本条例规定，将未验收、不合格的房屋交付使用的，由县以上人民政府房地产开发主管部门责令限期返修，并处交付使用的房屋总造价2%以下的罚款。违反本条例规定，擅自预售商品房的，由县以上人民政府房地产开发主管部门责令停止违法行为，没收非法所得，可以处以收取的预付款1%以下的罚款。"

（五）按收缴形式划分

按收缴形式划分，罚没收入可分为委托银行代收、自收汇缴和由非税收入管理局收缴。委托银行代收，是指按照《中华人民共和国行政处罚法》（以下简称《行政处罚法》）规定实行收缴分离的罚款，指定银行代收代缴；自收汇缴，是指对于当场收缴的罚款及其他罚没收入如没收款、没收物资、变价款等，由执法机关收取后集中上缴国库；由非税收入管理局收缴，是指一些地区建立收费资金管理局或非税收入管理局后，规定罚没收入一并由其收缴。

四、罚没收入的功能

（一）财政收入的组成部分

罚没收入是财政收入的一个组成部分。

（二）具有管理职能

1. 市场经济的外部效应

所谓市场经济的外部效应，是指一个经济主体对另一个经济主体的影响，其结果分为正面影响和负面影响。正面影响是指一个经济主体给另一个经济主体带来经济利益；负面影响是指一个经济主体给另一个经济主体带来经济损失。对于市场经济的外部负面影响，政府如不加以纠正很难得到补偿。外部经济负效应的存在是市场经济在资源配置上不可避免的缺欠。如某些企业为了追求利润而污染环境，这是企业自身无法改变和消除的现象。

2. 抑制经济外部负效应的有效办法

国家对违反法律、法令或行政法规的行为，按规定课以罚金、罚款或没收赃款、赃物变价款（如交通罚款、工商罚款、治安罚款、刑事罚金等）而上缴国家预算，能够有效减少经济外部负效应。

第二节　罚没收入管理制度

罚没收入的管理包括收缴管理、收支两条线管理、预算管理、票据管理、对罚没物品的处理以及违反罚没收入管理规定的处罚等管理。

一、罚没收入收缴管理制度

执法单位应当在法律、法规、规章规定的范围内实施罚款，不得超越法定职责、权限滥施处罚，不得徇私舞弊，随意减轻或者免除处罚。

执法单位做出罚款决定时，除依照《行政处罚法》的规定当场收缴罚没款外，做出行政处罚决定的行政执法单位及其执法人员不得自行收缴罚没款。执法人员当场收缴罚没款的，必须向当事人出具财政部门统一制发的罚款收据。对当事人进行处罚不使用罚款、没收财物单据或者使用非法定部门制发的罚款、没收财物单据的，要对主管人员和其他直接责任人员依法给予行政处分。

执法人员依法当场收缴的罚没款，应当自收缴罚没款之日起2日内交至所属执法单位。执法单位应当在2日内将罚没款缴付指定专户。

执法单位将罚款、没收的违法所得或者财物截留、私分或者变相私分的，有关部门对直接负责的主管领导和有关责任人员依法给予行政处分；情节严重构成犯罪的，依法追究其刑事责任。执法人员利用职务上的便利，索取或者收受他人财物、收缴罚款据为己有，构成犯罪的，依法追究刑事责任；情节轻微不构成犯罪的，依法给予行政处分，并取消其行政执法资格。

执法单位应当对罚没收入登记入账。登记入账应做到内容清楚、完整，数字真实、准确，特殊项目应当在摘要中详细注释。

二、罚没收入收支两条线管理制度

（一）收支两条线管理内容

收支两条线管理，是指具有执收执罚职能的单位，根据国家法律、法规和规章收取的罚没收入，实行收入与支出两条线管理。

具有执收执罚职能的单位根据国家法律、法规和规章收取的罚没收入，属于财政性资金，均应实行财政收支两条线管理。

（二）收支两条线管理基本要求

（1）罚没主体是指国家行政机关、司法机关和法律、法规授权的机构。

（2）各种罚没项目的设立都必须有法律、法规依据。

（3）罚没收入必须全部上缴财政，作为国家财政收入，纳入财政预算管理。

（4）实行收缴分离，罚没实行罚缴分离，即实行执收执罚单位开票、银行缴款、财政统管的模式。

（5）执收、执罚单位的开支，由财政部门按批准的预算拨付。

（三）征收管理

对罚没款实行票款分离和罚缴分离的管理制度。各项行政事业性收费要实行"单位开票，银行代收，财政统管"的管理制度，经同级财政部门批准由执收单位直接收取的除外。罚款实行罚款决定与罚款收缴相分离制度，即由当事人持行政处罚决定书到财政部门指定的银行缴纳罚款，法律、法规规定可以当场收缴罚款的除外。执收执罚单位的其他罚没财政管理，要严格按照国家有关规定执行。

（四）支出管理

执收执罚单位应按照国家规定及财政部门批准的预算资金收支计划和财务收支计划，对财政核拨的资金切实加强管理，严格按照规定的开支范围、开支标准使用，并在财务报表中如实反映。

各级财政部门要切实加强对收支两条线工作的管理，建立经常性的监督检查制度，及时发现并纠正执收执罚部门在收支两条线管理中存在的问题。各级审计机关也要结合审计工作加强监督。在检查中发现的违法违纪问题，要依法依纪严肃处理。

三、罚没收入的预算管理制度

（一）罚没收入预算管理背景

国家机关依法对公民、法人和其他组织收费、罚款和没收财物，是国家管理社会经济生活的重要手段。但有些地方的行政机关和司法机关超越职权乱设收费、罚没项目，有的将收费和罚没收入与部门的经费划拨和职工奖金、福利挂钩，有的坐支、留成罚没收入。为了贯彻落实党中央关于开展反腐败斗争的工作部署，经党中央、国务院同意，罚没收入实行预算管理。

（二）罚没收入预算管理办法

罚没收入的预算管理，是指全部收入列入国家预算中的一般公共预算里进行管理和监督。各级执行罚没收入的部门，应在每年2月底以前，根据上一年度的罚没收入和经费补助支出编制本部门的决算草案，报本级财政部门审批。

为保证行政、司法机关依法行使职权，各级政府和财政部门对行政、司法机关办公、办案等所需的正常经费要给予保证，绝不允许行政、司法机关搞创收。在预算安排上，对这些部门不得实行"差额管理"或"自收自支管理"。各级政府和财政部门应根据有关部门人员的报酬以及行政管理规定，对于办理公务等所需的正常经费和办案等所需的特殊经费（含对办案人员的奖励），合理安排预算拨款，保证其正常工作的开展。

（三）执收执罚单位经费预算核定

各级执收执罚单位应于每年第四季度根据财政部门的部署，编报下年度经费预算。经费预算经主管部门汇总报财政部门按规定程序批准后执行。

1.经费预算的基本原则和依据

（1）对定员定额执行统一的标准；

（2）在上年度预算实际执行结果的基础上考虑本年度收支变化因素，尽可能保证其正常经费供给的合理增长；

（3）对于执收执罚部门依法履行职责的特殊需要，财政部门在核定预算时应给以必要的倾斜。

2.经费预算的安排办法

为了保证执收执罚单位的经费随着业务发展相应有所增长，各级财政部门对收纳的行政案件收费和罚没收入单设科目核算，用作安排执收执罚单位经费和加强执法队伍建设支出的资金来源。预算安排可根据不同部门办案的实际需要，采用以下不同办法：

（1）为了保证公检法部门正常办案需要，对公检法部门正常的人均公用经费，要按照高于当地一般行政机关一倍以上的标准来安排，对于特大案件和重大装备所需经费，可向财政部门专题申报，适当解决。以上经费可用公检法部门上缴的罚没收入安排，但不得与部门上缴的罚没收入直接挂钩。对公检法部门上缴的行政性收费收入，财政部门应首先用于解决单位完成执法任务所必需的支出，剩余部分全部用于对公检法部门的办案经费补助，但安排数额不得与部门上缴收入挂钩。

（2）对其他执收执罚部门上缴的行政性收费，原则上应用于安排各部门执法所需的经费预算，但安排数额不得与部门上缴收入挂钩；部门收取上缴的罚没收入也应安排一部分用于部门的办案经费补助，具体预算安排，由各级财政部门根据实际情况确定。对公检法部门和其他执收执罚部门经费预算的安排，省级财政部门可在当地政府的统一领导下，按上述规定因地制宜制定具体的规定。

按上述办法安排执收执罚部门办案经费后，各执收执罚单位在办案中不得再用摊派、集资、报销等手段向发案单位转嫁办案所需的经费。

四、罚没收入的票据管理制度

中央执收执罚部门使用的收费、罚没票据，由财政部商有关部门共同制定；地方执收执罚部门使用的收费、罚没票据，由各省、区、市财政部门统一制定和印刷。各级财政部门要建立、健全票据的领发、使用、缴销、保管制度，并严格管理，堵塞漏洞。

执收执罚部门应严格遵守国家有关行政事业性收费和罚没款票据的管理规定。执收执罚部门应凭借主管部门颁发的《收费许可证》收费，同时必须使用中央或省级财政部门统一印（监）制的票据。任何部门、单位和个人不得使用自制票据或其他非法票据。执收执罚部门的财务机构统一向财政部门领购行政事业性收费和罚款票据，并负责本单位此类票据的管理。财政部门要做好有关收费、罚款票据的印（监）制、发放和监督工作，建立和完善票据管理稽查制度。

具体实施时，各地的具体执行情况稍有不同，下面以某地区为例：

（一）罚没票据的领用

（1）罚没票据设专人负责管理。

（2）领用罚没票据必须建立严格的领用手续，包括领用的部门、票据的种类、票据编号、领用时间、领用人签名等。

（二）罚没票据的使用

（1）执收执罚部门必须使用××省统一制发的罚款收据，填写收据内容必须齐全。

（2）执收执罚部门使用的罚没票据必须加××城市管理局公章方可生效。

（3）执收执罚人员必须按照《行政处罚法》的规定，严格界定当场处罚的范围，并规范使用罚没票据。

（4）对相对人的处罚不能实行当场收缴罚款的，必须实行"罚缴分离"，相对人到指定的代收机构缴纳罚款后，执收执罚部门必须出具"罚没款收据"给相对人。

五、罚没物品的处理

根据《罚没财物管理办法》（财税〔2020〕54号），财政部负责制定全国罚没财物管理制度，指导、监督各地区、各部门罚没财物管理工作。中央有关执法机关可以根据本办法，制定本系统罚没财物管理具体实施办法，指导本系统罚没财物管理工作。地方各级财政部门负责制定罚没财物管理制度，指导、监督本行政区内各有关单位的罚没财物管理工作。各级执法机关、政府公物仓等单位负责制定本单位罚没财物管理操作规范，并在本单位职责范围内对罚没财物管理履行主体责任。

（一）管理原则

本管理办法适用于对罚没财物移交、保管、处置、收入上缴、预算管理等。所谓罚没财物，是指执法机关依法对自然人、法人和非法人组织作出行政处罚决定、没收、追缴决定或者法院生效裁定、判决取得的罚款、罚金、违法所得、非法财物，没收的保证金、个人财产等，包括现金、有价票证、有价证券、动产、不动产和其他财产权利等。

罚没财物管理工作应遵循罚款决定与罚款收缴相分离，执法与保管、处置岗位相分离，罚没收入与经费保障相分离的原则。

（二）对罚没财物移交和管理

1. 集中管理

有条件的部门和地区可以设置政府公物仓对罚没物品实行集中管理。未设置政府公物仓的，由执法机关对罚没物品进行管理。各级执法机关、政府公物仓按照安全、高效、便捷和节约的原则，使用下列罚没仓库存放保管罚没物品：执法机关罚没物品保管仓库；政府公物仓库；通过购买服务等方式选择社会仓库。

设置政府公物仓的地区，执法机关应当在根据行政处罚决定，没收、追缴决定，法院生效裁定、判决没收物品或者公告期满后，在同级财政部门规定的期限内，将罚没物品及其他必要的证明文件、材料，移送至政府公物仓，并向财政部门备案。

罚没仓库的保管条件、保管措施、管理方式应当满足防火、防水、防腐、防疫、防盗等基础安全要求，符合被保管罚没物品的特性。应当安装视频监控、防盗报警等安全设备。

2. 建立健全罚没物品保管制度

执法机关、政府公物仓应当建立健全罚没物品保管制度，规范业务流程和单据管理，具体包括：

（1）建立台账制度，对接管的罚没物品必须造册、登记，清楚、准确、全面反映罚没物品的主要属性和特点，完整记录从入库到处置全过程。

（2）建立分类保管制度，对不同种类的罚没物品，应当分类保管。对文物、文化艺术品、贵金属、珠宝等贵重罚没物品，应当做到移交、入库、保管、出库全程录音录像，并做好密封工作。

（3）建立安全保卫制度，落实人员责任，确保物品妥善保管。

（4）建立清查盘存制度，做到账实一致，定期向财政部门报告罚没物品管理情况。

罚没仓库应当凭经执法机关或者政府公物仓按管理职责批准的书面文件或者单证办理出库手续，并在登记的出库清单上列明，由经办人与提货人共同签名确认，确保出库清单与批准文件、出库罚没物品一致。罚没仓库无正当理由不得妨碍符合出库规定和手续的罚没物品出库。

3. 信息化建设

执法机关、政府公物仓应当运用信息化手段，建立来源去向明晰、管理全程可控、全面接受监督的管理信息系统。

执法机关、政府公物仓的管理信息系统，应当逐步与财政部门的非税收入收缴系统等平台对接，实现互联互通和信息共享。

六、违反罚没收入管理规定的法律责任

对于各级各类执收执罚单位，违反行政事业性收费和罚没收入收支两条线管理的行为，《违反行政事业性收费和罚没收入收支两条线管理规定行政处分暂行规定》（国务院令第281号）涉及的法律责任有：

（1）违反规定，擅自设立设置罚没处罚的，对直接负责的主管人员和其他直接责任人员给予降级或者撤职处分。

（2）违反规定，擅自变更罚没范围、标准的，对直接负责的主管人员和其他直接责任人员给予记大过处分；情节严重的，给予降级或者撤职处分。

（3）下达或者变相下达罚没指标的，对直接负责的主管人员和其他直接责任人员给予降级或者撤职处分。

（4）违反财政票据管理规定罚没的，对直接负责的主管人员和其他直接责任人员给予降级或者撤职处分；以实施行政事业性收费、罚没的名义收取钱物，不出具任何票据的，给予开除处分。

（5）违反罚款决定与罚款收缴分离的规定收缴罚款的，对直接负责的主管人员和其他直接责任人员给予记大过或者降级处分。

（6）不履行行政事业性收费、罚没职责，应收不收、应罚不罚，经批评教育仍不改正的，对直接负责的主管人员和其他直接责任人员给予记大过处分；情节严重的，给予降级或者撤职处分。

（7）不按照规定将罚没收入上缴国库的，对直接负责的主管人员和其他直接责任人员给予记大过处分；情节严重的，给予降级或者撤职处分。

（8）截留、挪用、坐收坐支行政事业性收费、罚没收入的，对直接负责的主管人员和其他直接责任人员给予记大过处分；情节严重的，给予降级或者撤职处分。

（9）违反规定，罚没收入用于提高福利补贴标准或者扩大福利补贴范围、滥发奖金实物、挥霍浪费或者有其他超标准支出行为的，对直接负责的主管人员和其他直接责任人员给予记大过处分；情节严重的，给予降级或者撤职处分。

（10）对坚持原则、抵制违法违纪行为的单位或者个人打击报复的，给予降级处分；情节严重的，给予撤职或者开除处分。

政府财产性收入是政府凭借财产所有权取得的所有非税收入的总称，政府的财产分为国有资产和国有资源（这里的国有资产主要是指国有企业和机关事业单位拥有的国有资产），政府的财产收入就划分为国有资产有偿使用收入和国有资源有偿使用收入。国有资产又分为经营性国有资产和非经营性国有资产，因此，国有资产收入又分为国有资本收益和非经营性国有资产收益。按照我国2016年《政府非税收入管理办法》，我国将来自政府财产性收入，按照是否有经营行为，分成国有资源（资产）有偿使用收入和国有资本收益。

第一节　政府财产性收入概述

一、政府财产性收入概念

政府财产性收入是指属于国家所有并能为国家提供经济和社会效益的一切财产和财产权利的总和。广义国有财产，指属于国家所有的各种财产、物资、债权和其他权益，包括：第一，依据国家法律取得的应属于国家所有的财产；第二，基于国家行政权力行使而取得的应属于国家所有的财产；第三，国家以各种方式投资形成的各项资产；第四，由于接受各种馈赠所形成的应属于国家的财产；第五，由于国家已有资产的收益所形成的应属于国家所有的财产。

狭义国有财产，指法律上确定为国家所有的并能为国家提供未来效益的各种经济资源的总和。

二、政府财产性收入的特点

（一）取得依据

政府财产性收入是政府凭借资产所有者身份取得的收入，这有别于政府凭借政权取得收入。其不需要依靠强制性来取得。

（二）收入取得方式

政府财产性收入可以凭借出让国有资源（资产）的使用权取得，也可以通过国有资金的投资取得。

三、政府财产性收入的分类

（一）按照政府财产性收入来源分类

1.国有资源有偿使用收入

国有资源有偿使用收入，指使用国家资源向国家缴纳有偿使用费用收入，包括土地出让收入、新增建设用地土地有偿使用费、海域使用金、探矿权和采矿权使用费和价款收入、场地和矿区使用费收入、出租汽车经营权收入、公共交通线路经营权收入、汽车号牌使用权有偿转让收入、政府举办的广播电视机构占用国家无线电频率资源取得的广告收入以及利用其他国有资源取得的收入。

2.国有资产有偿使用收入

国有资产有偿使用收入也称非经营性国有资产收入。非经营性国有资产一般指的是各级行政事业单位所占有、使用、管理的，依法确认为国家所有，能以货币计量的各种经济资源的总和，包括国家拨给行政事业单位的资产，行政事业单位按照国家政策规定运用国有资产组织收入形成的资产，以及接受捐赠和其他经法律确认为国家所有的资产等，主要存在于国家机关、人民团体、科教文卫、体育、军队、警察等公共部门。

3.国有资本收益

狭义的国有资产包括国有企业拥有的国有资产和机关事业单位拥有的国有资产，而非税收入中来自国有资产的收入指的就是来自狭义的国有资产收入。

国有资本收益也称经营性国有资产收益，指国家作为出资者在企业中依法拥有的资本及权益，即从事产品生产、流通、经营服务等领域，以营利为主要目的的，依法经营或使用，其产权属于国家所有的一切财产权益。经营性资产包括：企业国有资产，包括国有资本分得的企业税收利润、国有股股息、红利收入，企业国有产权（股权）出售、拍卖、转让收入以及利用国有资本取得的其他收入；行政事业单位占有、使用的非经营性资产通过各种形式为获取利润转作经营的资产；国有资源中投入生产经营过程的部分。国家作为资本投入方要通过企业生产经营带来收益，国有资本收益必须经过生产经营活动产生收益。

（二）按照我国2016年《政府非税收入管理办法》分类

我国2016年的《政府非税收入管理办法》中，将政府财产性收入分为国有资源（资产）有偿使用收入和国有资本收益。

1.国有资源（资产）有偿使用收入

有偿使用国有资源（资产）也称资源性国有资产，是指依据法律法规，所有权属于国家的资源性资产。一般而言，资源性资产绝大部分属于国有财产，因此有时人们将资源性国有资产简称为资源性资产。根据《国有企业财产监督管理条例》的规定，国务院代表国家统一行使对资源性资产的所有权。通常资源性国有资产包括国有土地资源、国有矿产资源、国有水资源、国有森林草原资源以及海洋资源。由于资源的稀缺性，因此需要付费使用，国有资源有偿使用收入必须跟自然资源具有不可分割性。

2.国有资本收益

国有资本收益是指国家以所有者身份依法取得的国有资本投资收益，具体包括应交利润，国有股股利、股息，国有产权转让收入，企业清算收入和其他国有资本收益。

（三）按照政府财产性收入取得的形式分类

1.拍卖收入

国有资产产权出让为了体现公平的原则，往往采取拍卖的方式进行，以获取财政收入。我国的国有资产拍卖包括以下几种情况：

（1）一般是小型国有企业在它们经营困难、资不抵债、即将破产等情况下，对其资产进行拍卖；

（2）长期亏损或微利的企业，为了优化结构，需要拍卖资产；

（3）国有股票出让；

（4）房产、土地使用权、矿藏开采权拍卖等。

2.租金收入

机关事业单位的国有资产可以采取出租方式取得财政收入，如机关事业单位的房屋出租等。

3.股息红利收入

国有企业和国有控股企业在它们实现利润时，可以依照国有股份和财产所有权取得股息和红利收入。

4.其他收入

这是指不能并入以上形式的收入类型。

第二节　国有资源（资产）有偿使用收入

按照 2016 年《政府非税收入管理办法》确定的非税收入项目，将国有资源、国有资产有偿使用合并为一项，即国有资源（资产）有偿使用收入。

一、国有资源有偿使用收入

《中华人民共和国宪法》第九条规定："矿藏、水流、森林、山岭、草原、荒山、滩涂等自然资源，都属于国家所有，即全民所有；由法律规定属于集体所有的森林和山岭、草原、荒地、滩涂除外。"第十条规定："城市的土地属于国家所有。农村和城市郊区的土地，除法律规定属于国家所有的以外，属于集体所有；宅基地和自留地、自留山，也属于集体所有。"根据《国有企业财产监督管理条例》精神，国务院代表国家统一行使对资源性资产的所有权。通常资源性国有资产包括国有土地资源、国有矿产资源、国有水资源和国有森林草原资源。按国有资源种类不同分为：土地出让金收入，新增建设用地土地有偿使用费，海域使用金，探矿权和采矿权使用费及价款收入，场地和矿区使用费收入，出租汽车经营权、公共交通线路经营权、汽车号牌使用权等有偿出让取得的收入，政府举办的广播电视机构占用国家无线电频率资源取得的广告收入，以及利用其他国有资源取得的收入。

（一）国有土地资源有偿使用收入

1. 国有土地的概念

国有土地有广义、狭义之分。广义的国有土地是指一个国家主权管理的地域或空间，包括一个国家的陆地、河流、湖泊、内海、领海大陆架以及它们的下层（大陆架除外）和上空。狭义的国有土地，是指所有权属于国家的土地。根据《中华人民共和国宪法》和《中华人民共和国土地管理法》的规定，狭义的国有土地包括：国家拨给国有企业、企事业单位使用的土地；城市市区土地；城镇建设已经使用的土地；国家建设依法征用集体所有的土地；国家拨给机关、企业事业单位、军队的农副业生产和职工家属生产使用的土地等。

2. 国有土地资源的有偿使用收入

（1）国有土地使用权出让收入的概念

国有土地使用权出让收入（简称"土地出让收入"）是政府以出让等方式配置国有土地使用权取得的全部土地价款，包括受让人支付的征地和拆迁补偿费用、土地前期开发费用和土地出让收益等。土地价款的具体范围包括：以招标、拍卖、挂牌和协议方式出让国有土地使用权所确定的总成交价款；转让划拨国有土地使用权或依法利用原划拨土地进行经营性建设应当补缴的土地价款；变现处置抵押划拨国有土地使用权应当补缴的土地价款；转让房改房、经济适用住房按照规定应当补缴的土地价款；改变出让国有土地使用权的土地用途、容积率等土地使用条件应当补缴的土地价款；其他和国有土地使用权出让或变更有关的收入等。按照土地出让合同规定依法向受让人收取的定金、保证金和预付款，在土地出让合同生效后可以抵作土地价款。

以下项目一并纳入土地出让收入管理：国土资源管理部门依法出租国有土地向承租者收取的土地租金收入；出租划拨土地上的房屋应当上缴的土地收益；土地使用者以划拨方式取得国有土地使用权，依法向市、县人民政府缴纳的土地补偿费、安置补助费、地上附着物和青苗补偿费、拆迁补偿费等费用（不含征地管理费）。

（2）国有土地使用权出让收入的征收管理

土地出让收入由财政部门负责征收管理，可由国土资源管理部门负责具体征收。国土资源管理部门和财政部门应当督促土地使用者严格履行土地出让合同，确保将应缴的土地出让收入及时足额缴入地方国库。地方国库负责办理土地出让收入的收纳、划分、留解和拨付等各项业务，确保土地出让收支数据准确无误。对未按照合同约定足额缴纳土地出让收入，并提供有效缴款凭证的，国土资源管理部门不予核发国有土地使用证。要完善制度规定，对违规核发国有土地使用证的，收回土地使用证，并依照有关法律法规追究有关领导和人员的责任。

已经实施政府非税收入收缴管理制度改革的地方，土地出让收入纳入政府非税收入收缴管理制度改革范围，统一收缴票据，规范收缴程序，提高收缴效率。任何地区、部门和单位都不得以"招商引资""旧城改造""国有企业改制"等名义减免土地出让收入，实行"零地价"，甚至"负地价"，或者以土地换项目、先征后返、补贴等形式变相减免土地出让收入。

（3）国有土地使用权出让收入的预算管理

自2007年1月1日起，土地出让收支全额纳入地方基金预算管理。收入全部缴入地方国库，支出一律通过地方基金预算从土地出让收入中予以安排，实行彻底的"收支两条线"。在地方国库中设立专账，专门核算土地出让收入和支出情况。

建立健全年度土地出让收支预决算管理制度。每年第三季度，有关部门要严格按照财政部门规定编制下一年度土地出让收支预算；每年年度终了，有关部门要严格按照财政部门规定编制土地出让收支决算。同时，按照规定程序向同级人民政府报告，政府依法向同级人民代表大会报告。编制年度土地出让收支预算要坚持"以收定支、收支平衡"的原则。土地出让收入预算按照上年土地出让收入情况、年度土地供应计划、地价水平等因素编制；土地出让支出预算根据预计年度土地出让收入情况，按照年度土地征收计划、拆迁计划以及规定的用途、支出范围和支出标准等因素编制；其中，属于政府采购范围的，应当按照规定编制政府采购预算。

（4）完善国有土地资源有偿使用制度

全面落实规划土地功能分区和保护利用的要求，优化土地利用布局，规范经营性土地有偿使用。对生态功能重要的国有土地，要坚持保护优先，其中依照法律规定和规划允许进行经营性开发利用的，应设立更加严格的审批条件和程序，并全面实行有偿使用，切实防止无偿或过度占用。完善国有建设用地有偿使用制度。扩大国有建设用地有偿使用范围，加快修订《划拨用地目录》。完善国有建设用地使用权权能和有偿使用方式。鼓励可以使用划拨用地的公共服务项目有偿使用国有建设用地。事业单位等改制为企业的，允许实行国有企业改制土地资产处置政策。探索建立国有农用地有偿使用制度，明晰国有农用地使用权，明确国有农用地的使用方式、供应方式、范围、期限、条件和程序。对国有农场、林场（区）、牧场改革中涉及的国有农用地，参照国有企业改制土地资产处置相关规定，采取国有农用地使用权出让、租赁、作价出资（入股）、划拨、授权经营等方式处置。通过有偿方式取得的国有建设用地、农用地使用权，可以进行转让、出租、作价出资（入股）、担保等。

（二）国有矿产资源有偿使用收入

1.国有矿产资源的概念

矿产资源是指通过地质作用累积于地壳内或表面的呈固态、液态的物质。它既包括在当前技术经济条件下可以开发利用的物质，也包括在未来条件下具有潜在价值的物质。矿产资源可分为能源矿产资源（如煤、石油、天然气等）和金属矿产资源（如冶金、化工、建材等所用矿石）。《中华人民共和国矿产资源法》第三条规定："矿产资源属于国家所有，由国务院行使国家对矿产资源的所有权。地表或者地下的矿产资源的国家所有权，不因其所依附的土地的所有权或者使用权的不同而改变。国家保障矿产资源的合理开发利用。禁止任何组织或者个人用任何手段侵占或者破坏矿产资源，各级人民政府必须加强矿产资源的保护工作。"

矿产资源是不可再生资源，储藏量有限，虽然我国矿产资源种类繁多，总量丰富，但人均占有量很低，所以国家禁止乱挖乱采矿产资源的行为，而要求有计划、有步骤地开发利用以减少损失浪费。

2.国有矿产资源的有偿使用收入

中国历史上的经济思想和财政政策，向来主张由国家控制盐、铁及山泽等自然资源。最早可以追溯到周朝的"山泽之赋"，春秋时期的《管子》一书曾提及管理盐铁之政的"官山海"，清朝曾对开采铜、铅征收"矿税"。中华人民共和国成立后，政务院于1950年发布了《全国税政实施要则》，明确将盐税作为一个税种，由盐务部门负责征收，并在1958年改由税务机关征收。1973年，盐税并入工商税。1984年，国务院发布《中华人民共和国资源税暂行条例》对原油、天然气、煤炭开征资源税。1994年，将盐和部分矿产品纳入资源税征税范围。《中华人民共和国资源税暂行条例》规定，在中华人民共和国境内开采应税矿产品或者生产盐的单位和个人，为资源税的纳税义务人，应当缴纳资源税。

2016年资源税全面改革，是基于有效解决资源税制度存在的问题，并围绕资源税改革目标而进行的一次重大的政策调整，也是我国新时期深化财税体制改革的一项重要工作。本次改革，全面清理了涉及矿产资源的收费基金。在全面推开资源税从价计征改革的同时，在已对煤炭、原油、天然气、稀土、钨、钼等6个矿种清理矿产资源补偿费、价格调节基金等收费的基础上，将剩余全部矿产资源品目的矿产资源补偿费费率均降为零，停止征收矿产品价格调节基金，取缔地方针对矿产资源违规设立的收费基金项目。改革保留少量适宜从量计征的品目，对经营分散、多为现金交易且难以取得计税价格的部分资源品目，按照便利征管原则，仍实行从量定额计征。对财政部和国家税务总局未列举名称的其他非金属矿产品，按照从价计征为主、从量计征为辅的原则，由省级人民政府确定计征方法。改革后，除河北水资源税从量计征外，还有砂石、黏土、天然沥青矿、贺兰石等4个税目全部实行从量计征。对矿泉水、沸石、菱镁矿、大理石、花岗岩、石膏、地热等23个税目，不同省份的计征方式并不统一，有的省份从量计征，有的省份从价计征。

（三）国有水资源有偿使用收入

1.国有水资源的概念

广义的水资源包括淡水资源以及海水资源，但通常它专指在一定技术条件下，可以控制利用的陆地淡水资源，即能用于灌溉、发电、给水、养殖、航运的地表水和地下水资源。随着科技的发展，人类开发利用水资源的规模越来越大，对水资源的依赖程度也越来越高。面对资源紧缺的挑战，充分挖掘水资源的潜力，将是人类未来发展的一大挑战。目前，世界各沿海国家甚至内陆国家都在一定程度上把本国的发展寄希望于水资源的开发和利用，以实现经济与社会的可持续发展。水资源是人类生存和发展的最基本条件，也是资源性国有资产的重要组成部分。

水资源具有以下两个特征：一是再生性。水资源总是处于不停运动的状态，并且由于降雪或降雨，水资源是可以再生的。二是有限性。由于我国地域广阔，降水量和水资源在空间的分布很不均衡，东部和南部水资源相对丰富，西部和北部则相对稀缺，从全国来看，人均占有量还很少，目前全国许多大中城市都面临着水资源紧缺的问题，如果不能解决用水问题，包括工业用水和生活用水，这些城市的发展将受到影响。

2.国有水资源的有偿使用与费改税

水资源涉及面广、政策性强，加之华北地区地下水超采严重，为发挥资源税的调控功能，促进水资源节约和可持续利用，我国曾经对使用水资源征收过水资源费。2016年5月10日，财政部、国家税务总局联合发布《关于全面推进资源税改革的通知》，宣布自2016年7月1日起我国全面推进资源税改革。我国将开展水资源税改革试点工作，并率先在河北试点，采取水资源费改税方式，将地表水和地下水纳入征税范围，实行从量定额计征，对于高耗水行业、超计划用水以及在地下水超采地区取用地下水，适当提高税额标准，正常生产生活用水维持原有负担水平不变。在总结试点经验基础上，财政部、国家税务总局将选择其他地区逐步扩大试点范围，条件成熟后在全国推开。为加强水资源管理和保护，推进资源全面节约和循环利用，推动形成绿色发展方式和生活方式，按照党中央、国务院决策部署，自2017年12月1日起在北京、天津、山西、内蒙古、山东、河南、四川、陕西、宁夏等9个省（自治区、直辖市）扩大水资源税改革试点。试点政策规定如下：

（1）水资源税的纳税人

直接取用地表水、地下水的单位和个人，为水资源税纳税人，应当按照规定缴纳水资源税。相关纳税人应当按照《中华人民共和国水法》《取水许可和水资源费征收管理条例》等规定申领取水许可证。下列情形，不缴纳水资源税：农村集体经济组织及其成员从本集体经济组织的水塘、水库中取用水的；家庭生活和零星散养、圈养畜禽饮用等少量取用水的；水利工程管理单位为配置或者调度水资源取水的；为保障矿井等地下工程施工安全和生产安全必须进行临时应急取用（排）水的；为消除对公共安全或者公共利益的危害临时应急取水的；为农业抗旱和维护生态与环境必须临时应急取水的。

（2）水资源税的征税对象

水资源税的征税对象为地表水和地下水。地表水是陆地表面上动态水和静态水的总称，包括江、河、湖泊（含水库）等水资源。地下水是埋藏在地表以下各种形式的水资源。

（3）水资源税的应纳税额

①一般规定：

水资源税实行从量计征，应纳税额的计算公式为：

应纳税额=实际取用水量×适用税额

城镇公共供水企业实际取用水量应当考虑合理损耗因素。疏干排水的实际取用水量按照排水量确定。疏干排水是指在采矿和工程建设过程中破坏地下水层、发生地下涌水的活动。

②特殊规定：

水力发电和火力发电贯流式（不含循环式）冷却取用水应纳税额的计算公式为：

应纳税额=实际发电量×适用税额

火力发电贯流式冷却取用水，是指火力发电企业从江河、湖泊（含水库）等水源取水，并对机组冷却后将水直接排入水源的取用水方式。火力发电循环式冷却取用水，是指火力发电企业从江河、湖泊（含水库）、地下等水源取水并引入自建冷却水塔，对机组冷却后返回冷却水塔循环利用的取用水方式。

③ 适用税额的确定：

上述适用税额，是指取水口所在地的适用税额。除中央直属和跨省、区、市水力发电取用水外，由试点省份省级人民政府统筹考虑本地区水资源状况、经济社会发展水平和水资源节约保护要求，在"试点省份水资源税最低平均税额表"规定的最低平均税额基础上，分类确定具体适用税额。试点省份的中央直属和跨省、区、市水力发电取用水税额为每千瓦时0.005元。跨省、区、市界河水电站水力发电取用水水资源税税额，与涉及的非试点省份水资源费征收标准不一致的，按较高一方标准执行。

严格控制地下水过量开采。对取用地下水从高确定税额，同一类型取用水，地下水税额要高于地表水，水资源紧缺地区地下水税额要大幅高于地表水。超采地区的地下水税额要高于非超采地区，严重超采地区的地下水税额要大幅高于非超采地区。在超采地区和严重超采地区取用地下水的具体适用税额，由试点省份省级人民政府按照非超采地区税额的2~5倍确定。在城镇公共供水管网覆盖地区取用地下水的，其税额要高于城镇公共供水管网未覆盖地区，原则上要高于当地同类用途的城镇公共供水价格。

除特种行业和农业生产取用水外，对其他取用地下水的纳税人，原则上应当统一税额。试点省份可根据实际情况分步实施到位。

（4）水资源税的优惠政策

下列情形，免征或者减征水资源税：规定限额内的农业生产取用水，免征水资源税；取用污水处理再生水，免征水资源税；除接入城镇公共供水管网以外，军队、武警部队通过其他方式取用水的，免征水资源税；抽水蓄能发电取用水，免征水资源税；采油排水经分离净化后在封闭管道回注的，免征水资源税；财政部、国家税务总局规定的其他免征或者减征水资源税情形。

（5）水资源税的征收管理

水资源税的纳税义务发生时间为纳税人取用水资源的当日。除农业生产取用水外，水资源税按季或者按月征收，由主管税务机关根据实际情况确定。对超过规定限额的农业生产取用水水资源税可按年征收。不能按固定期限计算纳税的，可以按次申报纳税。纳税人应当自纳税期满或者纳税义务发生之日起15日内申报纳税。纳税人应当向生产经营所在地的税务机关申报缴纳水资源税。在试点省份内取用水，其纳税地点需要调整的，由省级财政、税务部门决定。

（四）国有森林草原资源

1. 国有森林草原资源的概念

森林资源是指以林木植物为主体的生态系统，包括天然林、人工林，也包括林内的植物和动物。森林资源是资源性国有资产的重要组成部分，需要对它加强所有权的监督管理。《中华人民共和国森林法》规定，森林属于全国人民所有，由法律规定属于集体所有的除外；国家所有的森林、林木和林地，个人所有的林木和使用的林地，由县以上人民政府登记造册、核发证书，确认所有权和使用权，对防护林、经济林、薪炭林、特用用途林等森林资源也要进行监督和保护。

草原是指陆地生长的饲用植物，能够用作放牧和割草的场地，它是我国畜牧业发展的重要物质条件。根据我国法律的规定，除集体之外，我国境内的一切草原都属国家所有。《中华人民共和国草原法》规定，国务院农牧业部门主管全国的草原管理工作，县以上地方人民政府负责组织本行政区域内的草原管理工作。

2. 国有森林草原资源的有偿使用

鉴于森林、草场、滩涂等资源在各地区的市场开发利用情况不尽相同，目前开征资源税条件尚不成熟，因此，国务院授权各省级人民政府根据本地区森林、草场、滩涂等资源开发利用情况，在征税条件成熟时，提出开征资源税具体方案建议，上报国务院批准后实施。

二、国有资产有偿使用收入

（一）概念

国有资产有偿使用收入也称非经营性国有资产收入。非经营性国有资产一般指的是各级行政事业单位所占有、使用、管理的，依法确认为国家所有，能以货币计量的各种经济资源的总和。包括国家拨给行政事业单位的资产，行政事业单位按照国家政策规定运用国有资产组织收入形成的资产，以及接受捐赠和其他经法律确认为国家所有的资产等，主要存在于国家机关、人民团体、科教文卫、体育、军队、警察等公共部门。国有资产有偿使用收入主要是指行政事业单位运用国有资产产生的收入。

（二）国有资产有偿使用收入的内容

国有资产有偿使用收入主要是机关事业单位国有资产有偿使用收入，具体包括：

（1）行政事业单位国有资产出租、出借、处置、对外投资收入。

（2）世界文化遗产保护范围内实行特许经营项目的有偿使用收入、世界文化遗产的门票收入。

（3）利用政府投资建设的城市道路和公共场地设置提车泊位取得的收入以及利用国有资产取得的其他收入。

三、国有资源（资产）有偿使用收入的管理

要依法推行国有资源（资产）使用权招标、拍卖，进一步加强国有资源（资

产）有偿使用收入征收管理，确保应收尽收，防止收入流失。国有资源（资产）有偿使用收入应严格按照财政部门规定缴入国库或财政专户。

（一）国库集中收付制度

国库集中收付管理制度重点在于规范国有资源（资产）有偿使用收入的征收入库。政府执收部门征收的国有资源（资产）有偿使用收入原则上采取国库收缴。国库集中收付制度一般也称国库单一账户制度，是指由财政部门代表政府设置国库单一账户体系，所有的财政性资金均纳入国库单一账户体系收缴、支付和管理的制度，包括国库集中支付制度和收入收缴管理制度。按照不同支付类型，采用财政直接支付与授权支付的方法，支付到商品或货物供应者或用款单位。其核心是以国库单一账户体系为基础、资金缴拨以国库集中为主要形式的现代国库管理制度。

这种制度具有三个基本特征：一是财政统一开设国库单一账户；二是所有财政收入直接缴入国库，主要财政支出由财政部门直接支付到商品或劳务供应者；三是建立高效的预算执行机构、科学的信息管理系统和完善的监督检查机制。

（二）预算管理制度

国有资源（资产）有偿使用收入纳入预算进行管理。预算编制遵循"以收定支、专款专用、收支平衡、结余结转下年安排使用"的原则。国有资源（资产）有偿使用收益属于政府非税收入，全额纳入财政预算，实行"收支两条线"管理。

第三节　国有资本收益

一、国有资本收益的概念

国有资本收益是指国家以所有者身份依法取得的国有资本投资收益，即国有资本经营、转让、清算等形成的财政预算收入，包括国有企业、国有独资公司依法上缴的税后净利润，国有控股、参股企业分配的国有股利以及企业国有产权转让收入和企业清算净收益中国家所得的部分，是政府非税收入的重要组成部分。

二、国有资本收益的具体内容

（1）应交利润，即国有独资企业按规定应当上缴国家的利润。

（2）国有股股利、股息，即国有控股、参股企业国有股权（股份）获得的股利、股息收入。

（3）国有产权转让收入，即转让国有产权、股权（股份）获得的收入。

企业国有产权，是指国家对企业以各种形式投入形成的权益、国有及国有控股企业各种投资所形成的应享有的权益，以及依法认定为国家所有的其他权益。企业国有产权转让，是指国有资产监督管理机构、持有国有资本的企业将所持有的企业国有产权有偿转让给境内外法人、自然人或者其他组织。

企业国有产权包括：①国有资产管理机构对国有独资企业、国有控股公司、国有参股公司所享有的权益。②国有独资企业、国有控股公司对下属全资、控股、参股企业享有的权益。③国有参股公司对重要子公司所享有的权益。

（4）企业清算收入，即国有独资企业清算收入（扣除清算费用），国有控股、参股企业国有股权（股份）分享的公司清算收入（扣除清算费用）。企业清算收入，在清算组或者管理人编制剩余财产分配方案之日起30个工作日内，由清算组或者管理人据实申报，并附送经依法审计的清算报告，涉及资产评估项目应附送经核准或备案的资产评估报告。企业清算收入根据清算组或者管理人提交的企业清算报告计算的清算净收入（扣除清算费用）全额核定。

三、中央企业国有资本收益

中央企业国有资本收益是我国国有资本收益的重要组成部分，应当按照国库集中收缴的有关规定直接上缴中央财政，纳入中央本级国有资本经营预算收入管理。财政部驻中央企业所在省（自治区、直辖市、计划单列市）财政监察专员办事处负责收缴中央企业国有资本收益。为加快预算执行进度，财政部可以预收部分中央企业国有资本收益。

（一）中央企业国有资本收益的申报

财政部根据国有资本经营预算收支政策和中长期国有资本收支规划，印发年度中央企业国有资本收益申报通知。中央部门（机构）根据财政部通知要求，组织所属（或监管）中央企业申报国有资本收益。中央企业根据财政部通知要求，向中央部门（机构）和驻地财政专员办事处申报国有资本收益，并如实填写中央企业国有资本收益申报表。中国烟草总公司、中国邮政集团公司、中国铁路总公司直接向财政部和财政部驻北京市财政监察专员办事处申报国有资本收益。具体申报要求如下：

1. 应交利润

每年5月31日前，由中央企业按照净利润和规定的上缴比例一次申报，并附送经依法审计的年度合并财务会计报告。

2. 国有股股利、股息

在股东会或者股东大会（没有设立股东会或者股东大会的为董事会，下同）表决日起30个工作日内，由中央企业据实申报，并附送经依法审计的年度合并财务会计报告和股东会或股东大会决议通过的利润分配方案。

3. 国有产权转让收入

在签订产权转让合同之日起 30 个工作日内，由中央企业据实申报，并附送产权转让合同和经核准或备案的资产评估报告。

4. 国有企业清算收入

在清算组或者管理人编制剩余财产分配方案之日起 30 个工作日内，由清算组或者管理人据实申报，并附送经依法审计的清算报告，涉及资产评估项目应附送经核准或备案的资产评估报告。

5. 其他国有资本收益

在收益确定之日起 30 个工作日内，由有关单位申报，并附送有关经济事项发生和金额确认的资料。

国有独资企业拥有全资公司或者控股子公司、子企业的，应当由集团公司根据国有独资企业经依法审计的年度合并财务会计报告反映的归属于母公司所有者的净利润为基础申报。企业计算当年应交利润时，可从净利润中扣除以前年度未弥补亏损和提取的法定盈余公积。财政部会同中央部门（机构），提出国有独资企业应交利润的上缴比例建议，报国务院批准后执行。国有独资企业调整以前年度损益的，应相应补交或抵减应交利润。国有控股、参股企业应当依法分配年度净利润。当年不予分配的，应当说明不分配的理由和依据，并出具股东会或者股东大会的决议。

（二）中央企业国有资本收益的审核

1. 应交利润

根据中央企业经依法审计的年度合并财务会计报告反映的归属于母公司所有者的净利润和规定的上缴比例计算核定。

2. 国有股股利、股息

根据国有控股、参股企业利润分配方案中确定的国有股获得的股利、股息全额核定。

3. 国有产权转让收入

根据企业产权转让协议和资产评估报告等资料计算的转让净收入（扣除转让费用）全额核定。

4. 企业清算收入

根据清算组或者管理人提交的企业清算报告计算的清算净收入（扣除清算费用）全额核定。

5. 其他国有资本收益

根据有关经济行为的财务会计资料核定。

事业单位所属国有控股、参股企业的国有股股利、股息，根据国有控股、参股企业当年可供国有投资者分配利润和规定的上缴比例计算核定。如企业利润分配方案确定的实际分配国有股股利、股息低于计算核定金额，则按实际分配的国有股股利、股息核定。

中央部门（机构）应当在收到所属（或监管）中央企业上报的国有资本收益申报表及相关材料之日起15个工作日内提出初审意见，报送财政部复核。驻地财政监察专员办事处应当在收到中央企业上报的国有资本收益申报表及相关资料之日起15个工作日内提出审核意见，报送财政部。财政部向中央部门（机构）提出复核意见；中央部门（机构）根据财政部复核意见向所属（或监管）中央企业下达国有资本收益上缴通知。财政部根据北京财政专员办事处审核意见，向中国烟草总公司、中国邮政集团公司、中国铁路总公司下达国有资本收益上缴通知。财政部向驻地财政专员办事处下达国有资本收益收缴通知；驻地财政专员办事处根据财政部下达的收缴通知向中央企业开具非税收入一般缴款书。

中央企业由于国家政策进行重大调整，或者遭受重大自然灾害等不可抗力造成巨大损失，要求减免上缴国有资本收益的，应当通过中央部门（机构）向财政部提出申请，由财政部报国务院批准。

（三）中央企业国有资本收益的上缴

中央企业应在收到中央部门（机构）国有资本收益上缴通知和驻地财政专员办事处开具的非税收入一般缴款书之日起15个工作日内，上缴国有资本收益。中央企业当年应交利润应当在申报之日起4个月内交清，其中：应交利润在10亿元以下（含10亿元）的，须一次交清；应交利润在10亿元以上、50亿元以下（含50亿元）的，可分两次交清；应交利润在50亿元以上的，可分三次交清。中央企业上缴的国有资本收益，使用政府收支分类科目中的"10306国有资本经营收入"下相关科目。

（四）中央企业国有资本收益的监督和检查

财政部和中央部门（机构）对中央企业国有资本收益申报、审核、上缴进行监督。对隐瞒、挪用、拖欠、不缴或少缴以及违规审核国有资本收益的行为，依照《预算法》《财政违法行为处罚处分条例》的相关规定进行处理处罚。

四、国有资本收益的管理

国有资本收益管理主要体现在预算管理上，实行国库集中收缴制度，所有资金进入国库账户，在实行全口径预算管理制度下，应将所有的国有资本收益列入政府预算，纳入预算管理。国有资本收益管理重点在于中央企业国有资本收益管理，中央企业国有资本收益管理包括收益的申报管理、审核管理、上缴管理和监督检查管理，保证国有资本收益准确及时入库。

第一节 彩票公益金收入

一、彩票概述

（一）彩票的概念

彩票，是指国家为筹集社会公益资金，促进社会公益事业发展而特许发行、依法销售，自然人自愿购买，并按照经财政部批准的彩票游戏规则获得中奖机会的凭证。该凭证是证明彩票销售与购买关系成立的专门凭据，应当记载彩票游戏名称，购买数量和金额，数字、符号或者图案，开奖和兑奖等相关信息。彩票不返还本金、不计付利息。

（二）彩票的分类

按照彩票游戏机理和特征划分，彩票品种包括乐透型、数字型、竞猜型、传统型、即开型、视频型、基诺型等。国务院特许发行福利彩票、体育彩票。不得以任何方式发行、销售以下形式的彩票：

（1）未经国务院特许，擅自发行、销售的福利彩票、体育彩票之外的其他彩票；

（2）在中华人民共和国境内，擅自发行、销售的境外彩票；

（3）未经财政部批准，擅自发行、销售的福利彩票、体育彩票和彩票游戏；

（4）未经彩票发行机构、彩票销售机构委托，擅自销售的福利彩票、体育彩票。

县级以上财政部门、民政部门、体育行政部门，以及彩票发行机构、彩票销售机构，应当积极配合公安机关和市场监督管理机关依法查处非法彩票，维护彩票市场秩序。

（三）彩票的发行

福利彩票发行机构、体育彩票发行机构，按照统一发行、统一管理、统一标准的原则，分别负责全国的福利彩票、体育彩票发行和组织销售工作。福利彩票销售机构、体育彩票销售机构，在福利彩票发行机构、体育彩票发行机构的统一组织下，分别负责本行政区域内的福利彩票、体育彩票销售工作。

彩票发行机构申请开设、停止福利彩票、体育彩票的具体品种或者申请变更彩票品种审批事项的，应当依照规定的程序报财政部门批准。财政部门应当根据彩票市场健康发展的需要，按照合理规划彩票市场和彩票品种结构、严格控制彩票风险的原则，对彩票发行机构的申请进行审查。经批准开设、停止彩票品种或者变更彩票品种审批事项的，彩票发行机构应当在开设、变更、停止的10个自然日前，将有关信息向社会公告。因维护社会公共利益的需要，在紧急情况下，财政部门可以采取必要措施，决定变更彩票品种审批事项或者停止彩票品种。

（四）彩票的销售

彩票发行机构、彩票销售机构应当依照政府采购法律、行政法规的规定，采购符合标准的彩票设备和技术服务。根据彩票发行销售业务的专业性、市场性特点和彩票市场发展需要，分为专用的彩票设备和技术服务与通用的彩票设备和技术服务。专用的彩票设备和技术服务包括：彩票投注专用设备，彩票开奖设备和服务，彩票发行销售信息技术系统的开发、集成、测试、运营及维护，彩票印制、仓储和运输，彩票营销策划和广告宣传，以及彩票技术和管理咨询等。通用的彩票设备和技术服务包括：计算机、网络设备、打印机、复印机等通用硬件产品，数据库系统、软件工具等商业软件产品，以及工程建设等。彩票发行机构、彩票销售机构采购彩票设备和技术服务，依照政府采购法律及相关规定，以公开招标作为主要采购方式。经同级财政部门批准，彩票发行机构、彩票销售机构采购专用的彩票设备和技术服务，可以采用邀请招标、竞争性谈判、单一来源采购、询价或者国务院政府采购监督管理部门认定的其他采购方式。

彩票发行机构、彩票销售机构可以委托单位、个人代理销售彩票。彩票发行机构、彩票销售机构应当与接受委托的彩票代销者签订彩票代销合同。福利彩票、体育彩票的代销合同示范文本分别由国务院民政部门、体育行政部门制定。彩票代销者不得委托他人代销彩票。彩票销售机构应当为彩票代销者配置彩票投注专用设备。彩票投注专用设备属于彩票销售机构所有，彩票代销者不得转借、出租、出售。彩票销售机构应当在彩票发行机构的指导下，统筹规划彩票销售场所的布局。彩票销售场所应当按照彩票发行机构的统一要求，设置彩票销售标识，张贴警示标语。彩票发行机构、彩票销售机构、彩票代销者不得有下列行为：

（1）进行虚假性、误导性宣传；

（2）以诋毁同业者等手段进行不正当竞争；

（3）向未成年人销售彩票；

（4）以赊销或者信用方式销售彩票。

彩票发行机构、彩票销售机构应当及时将彩票发行、销售情况向社会全面公布，接受社会公众的监督。

（五）彩票的开奖和兑奖

1.彩票的开奖

彩票发行机构、彩票销售机构应当按照批准的彩票品种的规则和开奖操作规程开奖。国务院民政部门、体育行政部门和省、区、市人民政府民政部门、体育行政部门应当加强对彩票开奖活动的监督，确保彩票开奖的公开、公正。彩票发行机构、彩票销售机构应当确保彩票销售数据的完整、准确和安全。当期彩票销售数据封存后至彩票游戏的开奖号码全部摇出或者开奖结果全部产生前，不得查阅、变更或者删除销售数据。彩票销售原始数据保存期限，自封存之日起不得少于60个月。

彩票发行机构、彩票销售机构应当加强对开奖设备的管理，确保开奖设备正常运行，并配置备用开奖设备。彩票发行机构、彩票销售机构应当统一购置、直接管理开奖设备。彩票发行机构、彩票销售机构不得将开奖设备转借、出租、出售。彩票发行机构、彩票销售机构使用专用摇奖设备或者专用电子摇奖设备开奖的，开始摇奖前，应当对摇奖设备进行检测。摇奖设备进入正式摇奖程序后，不得中途暂停或者停止运行。因设备、设施故障等造成摇奖中断的，已摇出的号码有效。未摇出的剩余号码，应当尽快排除故障后继续摇出；设备、设施故障等无法排除的，应当启用备用摇奖设备、设施继续摇奖。彩票发行机构、彩票销售机构应当在每期彩票销售结束后，及时向社会公布当期彩票的销售情况和开奖结果。摇奖活动结束后，彩票发行机构、彩票销售机构负责摇奖的工作人员应当对摇奖结果进行签字确认。签字确认文件保存期限不得少于60个月。

2.彩票的兑奖

彩票中奖者应当自开奖之日起60个自然日内，持中奖彩票到指定的地点兑奖，彩票品种的规则规定需要出示身份证件的，还应当出示本人身份证件。逾期不兑奖的视为弃奖。禁止使用伪造、变造的彩票兑奖。彩票发行机构、彩票销售机构、彩票代销者应当按照彩票品种的规则和兑奖操作规程兑奖。彩票中奖奖金应当以人民币现金或者现金支票形式一次性兑付。不得向未成年人兑奖。彩票发行机构、彩票销售机构、彩票代销者以及其他因职务或者业务便利知悉彩票中奖者个人信息的人员，应当对彩票中奖者个人信息予以保密。

（六）法律责任

违反《中华人民共和国彩票管理条例》的规定，擅自发行、销售彩票，或者在中华人民共和国境内发行、销售境外彩票构成犯罪的，依法追究刑事责任；尚不构成犯罪的，由公安机关依法给予治安管理处罚；有违法所得的，没收违法所得。

二、彩票公益金收入

（一）定义

彩票公益金收入是按国家规定发行彩票销售收入扣除彩票奖金和彩票发行费后的收入。彩票奖金、发行费用与彩票公益金的比例，由国务院财政部门按照国务院的决定确定。随着彩票发行规模的扩大和彩票品种的增加，可以降低彩票发行费比例。

彩票奖金应当按照彩票游戏规则的规定支付给彩票中奖者。彩票游戏单注奖金的最高限额，由财政部根据彩票市场发展情况在彩票游戏规则中规定。彩票发行机构、彩票销售机构应当按照彩票游戏规则的规定设置奖金池和调节基金。奖金池和调节基金应当按照彩票游戏规则的规定分别核算和使用。彩票发行机构、彩票销售机构应当设置一般调节基金。彩票游戏经批准停止销售后的奖金池和调节基金结余，转入一般调节基金。经同级财政部门审核批准后，彩票发行机构、彩票销售机构开展彩票游戏派奖活动所需资金，可以从该彩票游戏的调节基金或者一般调节基金中支出，不得使用奖金池资金、业务费开展派奖活动。逾期未兑奖的奖金，纳入彩票公益金。

彩票发行费专项用于彩票发行机构、彩票销售机构的业务费用支出以及彩票代销者的销售费用支出。业务费，是指彩票发行机构、彩票销售机构按照彩票销售额一定比例提取的，专项用于彩票发行销售活动的经费。彩票发行机构、彩票销售机构应当在业务费中提取彩票发行销售风险基金、彩票兑奖周转金。彩票发行销售风险基金专项用于因彩票市场变化或者不可抗力事件等造成的彩票发行销售损失支出。彩票兑奖周转金专项用于向彩票中奖者兑付奖金的周转支出。彩票代销者的销售费用，由彩票发行机构、彩票销售机构与彩票代销者按照彩票代销合同的约定进行结算。

（二）彩票公益金的管理规定

1.彩票公益金用途

彩票公益金专项用于社会福利、体育等社会公益事业，结余结转下年继续使用，不得用于平衡财政一般预算。

2.资金分配规定

彩票公益金按照国务院批准的分配政策在中央与地方之间分配，由彩票销售机构分别上缴中央财政和省级财政。上缴中央财政的彩票公益金，由财政部驻各省、自治区、直辖市财政监察专员办事处就地征收；上缴省级财政的彩票公益金，由省级财政部门负责征收。逾期未兑奖的奖金纳入彩票公益金，由彩票销售机构结算归集后上缴省级财政，全部留归地方使用。

3.预算管理和资金管理规定

彩票公益金按照政府性基金管理办法纳入预算，实行收支两条线管理。中央和省级彩票公益金的管理、使用单位，应当会同同级财政部门制定彩票公益金资助项目实施管理办法。彩票公益金的管理、使用单位，应当及时向社会进行公告或者发布消息，依法接受财政部门、审计部门和社会公众的监督。彩票公益金资助的基本建设设施、设备或者社会公益活动，应当以显著方式标明彩票公益金资助标识。财政部应当每年向社会公告上年度全国彩票公益金的筹集、分配和使用情况。省级财政部门应当每年向社会公告上年度本行政区域内彩票公益金的筹集、分配和使用情况。中央和地方各级彩票公益金的管理、使用单位，应当每年向社会公告上年度彩票公益金的使用规模、资助项目和执行情况等。

第二节　其他非税收入

本章中的其他非税收入包括特许经营收入、中央银行收入、以政府名义接受的捐赠收入、主管部门集中收入和政府收入的利息收入。

一、特许经营收入

特许经营收入是指国家依法特许企业、组织和个人垄断经营某种产品或服务而取得的收入，具体包括饮酒专卖收入、免税商品专营收入、货币发行收入、邮票及纪念币发行收入、食盐专卖收入等，它是非税收入的重要组成部分。

二、中央银行收入

中央银行收入包括其下属商业银行以及经特殊批准的其他金融机构的再贷款、再贴现收入；证券买卖收入、外汇买卖收入；向商业银行和其他金融机构提供服务收取的费用收入。

三、以政府名义接受的捐赠收入

这包括政府、国家机关、事业单位、代行政府职能的社会团体以及其他组织接受的非定向捐赠的货币收入，它将定向捐赠、民间组织接受的捐赠、没有代行政府职能的团体接受的捐赠，以及捐给企业、个人的资金排除在外。

四、主管部门集中收入

主管部门集中收入主要是指国家机关、事业单位、代行政府职能的社会团体以及其他组织集中所属事业单位收入。主管部门集中收入应当纳入预算进行管理。随着财政管理体制改革的深入，主管部门应与其管理的事业单位在财务上彻底脱钩，逐步取消主管部门集中收入。

五、政府收入的利息收入

政府收入存入财政部门在银行开设的账户中，作为存款应当取得利息收入，利息收入也是非税收入的组成部分。

非税收入管理体制是包括非税收入管理权限的划分、非税收入预算管理、非税收入资金管理、非税收入票据管理在内的一个完整管理系统。加强非税收入管理有利于提高国家宏观调控能力，有利于增强各级政府财力，对于完善公共财政体制、有效遏制腐败起到重要作用。

一、非税收入管理体制的概念

非税收入管理体制是确定中央与地方、地方各级政府之间、财政与相关部门、单位之间的非税收入管理职责权限和收支范围的一项根本制度，是财政管理体制的重要组成部分。非税收入政策、规章制度的制定和收入的及时征缴入库等，都必须依靠各级政府及相关部门、单位的配合、协同才能完成。

由于非税收入管理体制是财政管理体制的组成部分，所以财政管理体制确定的原则，也是非税收入管理体制的参考依据。政府非税收入的立项、征收、资金使用权限在各级部门中的划分，也是根据财政管理体系中的分级管理而设定的。

非税收入管理体制的内容包括非税收入管理机构的设置、非税收入管理权限的划分以及资金使用权限的确定等几个方面。划分非税收入管理权限是非税收入管理体制的核心内容。非税收入管理体制按管理内容分为非税收入制度的制定权限、执行权限以及资金使用权限；按职责主体分为中央与地方、地方各级政府之间，财政与相关部门、单位之间的非税收入管理的权限。

非税收入管理体制的构成要素，包括非税收入的管理原则、管理机构、管理权限划分和管理的具体内容。其中，非税收入管理的具体内容包括项目设置权限、征收权限、资金管理、票据管理。

二、非税收入管理体制的原则

根据非税收入不同类别和特点，制定与分类相适应的管理制度，鼓励各地区探索和建立符合本地区实际的非税收入管理制度。非税收入管理应当遵循依法、规范、透明、高效的原则。政府非税收入管理体制一方面必须与社会经济基础相适应；另一方面作为社会经济管理体制、财政管理体制的一部分，非税收入管理体制要与财政经济管理体制相配套。非税收入管理体制的原则如下：

（一）统一领导、分级管理原则

统一领导是指在国家统一的方针政策、财政制度和财政计划管理下，给予各地方、各部门、各企事业单位相应的自主权，体现了集权和分权的关系。

在非税收入管理上，统一领导是指对政府性基金实行中央一级审批制度，审批权力在中央财政部门。中央财政部门负责制定非税收入征收、使用、管理政策与制度，审批与管理全国性非税收入，制定非税收入的编制方式。非税收入立项权、标准等制定由政府掌握。非税收入资金使用必须纳入政府预算和财政国库进行管理。

分级管理是指非税收入的实施管理由中央和地方来执行，具体是指各级地方政府财政部门负责本区域内的非税收入的征收、使用、管理和监督工作，编制本地区非税收入的预决算等。

（二）责权相统一的原则

责，是负责非税收入管理的各级管理部门的职责；权，是非税收入各级管理部门在属于自己职责范围内的法定权力。有什么样的职权，有什么样的责任，就要拥有相应的非税收入的财权。权力和责任相结合，是政府非税收入管理体制的一项重要原则。责权相统一的原则，在非税收入管理上，就是确定财政在哪些项目上、按照什么标准获取非税收入，非税收入如何分配、如何使用。

（三）法治原则

非税收入的设置、取得、使用和管理都要依法办事，依法划分各级政府的职责和权限。违法要受到相应的处罚。

（四）适度分权原则

按照中央和地方不同的职责，对非税收入进行划分，有的划归中央所有，有的划归地方所有，有的属于地方与中央共同拥有。进行适度分权管理，有益于提高非税收入的使用效率。

三、非税收入管理机构的设置

（一）全国人民代表大会

全国人民代表大会和地方各级人民代表大会对包括非税收入的国家预算草案及其报告、预算执行情况的报告进行重点审查，向全国人民代表大会主席团提出关于中央和地方预算草案及中央和地方预算执行情况的审查结果报告，对包括非税收入的国家预决算的实施具有监督权力。

（二）财政部门

财政部负责制定全国非税收入管理制度和政策，按管理权限审批设立非税收入，征缴、管理和监督中央非税收入，指导地方非税收入管理工作。税收收入管理职责由财政综合部门负责行使。县级以上地方财政部门负责制定本行政区域内非税收入管理制度和政策，按管理权限审批设立非税收入，征缴、管理和监督本行政区域内非税收入。各级财政部门应当完善非税收入管理工作机制，建立健全非税收入管理系统和统计报告制度。地方政府在非税收入管理机构的设置上，虽然地区存在差异，但是都在各级财政部门设置了专门负责政府非税收入管理的工作机构。非税收入可以由财政部门直接征收，也可以由财政部门委托的部门和单位征收。未经财政部门批准，不得改变非税收入的执收单位。

（三）税务部门

自2018年起，税务部门对非税收入具有征收职责。

1.征收原则

（1）依法征收。主管部门集中的收入、以政府名义接受的捐赠收入、政府收入的利息收入及其他非税收入，要按照同级人民政府及其财政部门的管理规定征收和收取。任何部门和单位不得违反规定设立非税收入项目、对象、范围、标准和期限。取消法律、法规规定的非税收入项目，应当按照法定程序办理。

（2）不得越权。取消、停征、减征、免征或者缓征非税收入，以及调整非税收入的征收对象、范围、标准和期限，应当按照设立和征收非税收入的管理权限予以批准，不许越权批准。

执收单位不得违规多征、提前征收或者减征、免征、缓征非税收入，各级财政部门应当加强非税收入执收管理和监督，不得向执收单位下达非税收入指标。缴纳义务人因特殊情况需要缓缴、减缴、免缴非税收入的，应当向执收单位提出书面申请，并由执收单位报有关部门按照规定审批。非税收入应当全部上缴国库，任何部门、单位和个人不得截留、占用、挪用、坐支或者拖欠。

2.征收职责

（1）公示非税收入征收依据和具体征收事项，包括项目、对象、范围、标准、期限和方式等；

（2）严格按照规定的非税收入项目、征收范围和征收标准进行征收，及时足额上缴非税收入，并对欠缴、少缴收入实施催缴；

（3）记录、汇总、核对并按规定向同级财政部门报送非税收入征缴情况；

（4）编报非税收入年度收入预算；

（5）执行非税收入管理的其他有关规定。

（四）审计部门

审计部门对非税收入具有监督职责。对于非税收入，各级财政部门应当建立健全非税收入监督管理制度，加强对非税收入政策执行情况的监督检查，依法处理非税收入违法违规行为。执收单位应当建立健全内部控制制度，接受财政部门和审计机关的监督检查，如实提供非税收入情况和相关资料。各级财政部门和执收单位应当通过政府网站和公共媒体等渠道，向社会公开非税收入项目名称、设立依据、征收方式和标准等，并加大预决算公开力度，提高非税收入透明度，接受公众监督。任何单位和个人有权监督和举报非税收入管理中的违法违规行为。

对违反规定设立、征收、缴纳、管理非税收入的行为，依照《预算法》、《财政违法行为处罚处分条例》和《违反行政事业性收费和罚没收入收支两条线管理规定行政处分暂行规定》等国家有关规定追究法律责任；涉嫌犯罪的，依法移送司法机关处理。

对于非税收入的审计，应重点关注以下几个方面：

1.关注"待结算收入"科目

"待结算收入"科目下设"预收款项""待分成款项""待处理款项"3个二级科目。核算的资金主要有三类：一类是需要清算、"多退少补"的预交资金，或者需要退付的保证金、暂收暂扣款项；二是涉及上下分成、部门之间分成的非税收入；三是银行与非税对账尚未完成，或其他原因暂时没有记入"非税收入"科目的款项。审计人员应重点审核以上几类资金是否及时结算、清退，有无资金在该科目长时间停留，造成资金滞留未作非税收入的情况。另外，如果"待处理款项"占当年非税收入比重较大，则反映出非税对账不及时或执收单位开票、缴款人缴款不规范等问题。

2.关注"其他收入"科目

非税征收系统中收费类别名称分为国有资本经营收入、待结算收入、政府性基金、专项收入、国有资产资源有偿使用收入、行政事业性收费、罚没收入、其他收入。其中"其他收入"科目的设置给部分单位留下"钻空子"的余地，无证收费的、捐赠的、回扣、技术服务费等都会记入"其他收入"科目里。

3.关注取消、停收、免收收费项目政策执行情况

作为"稳增长、调结构、惠民生"的一部分，国家多次发文取消了几百余项行

政事业性收费，审计人员按批次整理了2008年至2014年年底取消、停止征收的收费项目明细，内容包括取消的收费项目名称、取消时间、取消文号等。按收费项目取消的批次编写SQL语句，查询以上项目在规定的取消日期之后是否还在继续征收。

4. 关注非税征收信息系统

首先关注收缴系统是否及时更新，如收费项目已取消，系统中是否及时删除；收费标准已变化，系统中是否调整；经营服务性收费项目，执收单位办理了许可证，系统中是否及时添加。其次关注收款进度情况，主要审核已开票、未作废票据是否已收款。

第二节　非税收入资金管理制度

一、收支两条线制度

收支两条线是指政府对行政事业性收费、罚没收入等非税收入资金的管理方式，即有关部门取得的非税收入与发生的支出脱钩，收入上缴国库或财政专户，部门不得截留、坐支，财政部门安排给部门的支出不能和收入挂钩，根据各单位履行职能的需要按标准核定并拨付。

深化收支两条线管理改革的核心是按照公共管理的要求，将所有财政收支全部纳入政府预算管理，不能存在游离于政府预算之外、不受社会公众监督的财政收支。它解决的主要是公共财政收支的管理范围问题，其本质也是规范政府的活动范围。这项改革，从收入的角度讲，主要是收缴分离，规范政府预算收入收缴并减少部门、单位占压政府资金。对于那些合法合规的收费收入，不再由部门、单位自收自缴，而是实行收缴分离，纳入政府预算或实行专户管理。从支出方面讲，主要是收支脱钩，执收单位上缴的收费和罚没收入不再与其支出安排挂钩。

（一）罚缴分离

所谓罚缴分离，是指各执法、司法机关及其他有权做出决定的机关，依法对违法、违章者实施行政处罚时，只向当事人开具行政处罚决定书，不直接收缴罚款，由当事人持行政处罚决定书到指定的代收银行缴纳罚款，由代收银行向当事人开具罚款收据，并将代收的罚款直接上缴国库。

（二）收缴分离

所谓收缴分离，是指各执收单位取得非税收入时，不直接收取资金，只开具缴款通知书，由缴款单位（或个人）持缴款通知书到财政部门指定的银行、代收代缴点或政府收费服务大厅办理缴款手续，并由执收单位开具财政票据。

（三）票款分离

所谓票款分离，是指在行政事业性收费和政府性基金的征收过程中，实行"部门开票、银行收款、财政统管"的资金收缴和票据开具相分离的办法。部门开票，是指执收部门在收费时，向缴费人开具缴款通知书，不再直接收取资金；银行收款，是指有关银行受财政部门委托，负责收费资金的代收工作；财政统管，是指由银行代收的资金划入财政专户或者国库后，财政部门负责统一核算和管理。

实行票款分离，从机制上对收费行为进行了规范，有利于解决乱收、坐支等问题，是贯彻落实收支两条线规定的一项标本兼治的措施，是从源头上预防和治理腐败的一项重要举措，对于加强非税收入规范化管理，提高财政资金的使用效益，树立政府的良好执法形象，促进政府职能转变和党风廉政建设，具有重要意义。

二、国库集中收付制度

国库集中收付制度一般也称国库单一账户制度，包括国库集中支付制度和收入收缴管理制度，是由财政部门代表政府设置国库单一账户体系，所有的财政性资金均纳入国库单一账户体系收缴、支付和管理的制度。

这种制度具有三个基本特征：一是财政部门统一开设国库单一账户；二是所有财政收入直接缴入国库，主要财政支出由财政部门直接支付到商品或劳务供应者；三是建立高效的预算执行机构、科学的信息管理系统和完善的监督检查机制。

（一）国库集中收入管理

国库集中收入是指非税收入的取得纳入国库账户统一核算。目前尚有少数和地方联系比较紧密的非税收入也统一进入财政专户里进行管理，如地方教育附加等。各部门不得以任何形式开设"小金库"截留资金，且各部门的支出也不得从收取的资金里支出，而是全部归入财政预算，征收部门所需资金由每年财政拨款解决。

（二）财政直接支付

财政直接支付是指由预算单位提出支付申请，经财政部门审核并开具支付令，代理银行通过财政零余额账户将财政资金直接支付到收款人或用款单位的财政资金支付方式。

实行财政直接支付的财政性资金目前包括工资支出、集中采购支出、上级对下级的转移支付等。

（三）财政授权支付

财政授权支付是指预算单位根据财政部门授权，自行向代理银行签发支付令，代理银行在财政批准的用款额度内，通过预算单位零余额账户将财政资金支付到收款人或用款单位的财政资金支付方式。

财政授权支付适用于预算单位的零星支出和分散采购支出。在财政授权支付方式下，预算单位既可以办理转账结算，也可以办理现金结算。

三、专款专用管理

专款专用是指非税收入中的专项收入，主要是指一些政府性基金。专项收入属于一般公共预算管理下的组成部分，专项收入只用于专项支出，不能用于其他一般性的预算支出。我国目前一般预算收入中的专项收入主要包括排污费收入、水资源费收入、教育费附加收入、矿产资源补偿费收入、探矿权采矿权使用费及价款收入、内河航道养护费收入、公路运输管理费收入、水路运输管理费收入、三峡库区移民专项收入等。这些项目的收入和支出基本上都是直接以项目本身命名的。此类非税收入的使用被限定在专门的用途范围内，分别用于排污费支出、水资源费支出、教育费附加支出、矿产资源补偿费支出、探矿权采矿权使用费及价款支出、内河航道养护费支出、公路运输管理费支出、水路运输管理费支出、三峡库区移民专项支出。

第三节　非税收入预算管理制度

非税收入预算管理是整个非税收入管理的核心内容，实行全口径预算管理，包括资金的取得管理、资金的预算管理及资金的分配使用管理。

一、非税收入预算管理的原则

非税收入预算管理是整个非税收入管理的核心内容。非税收入预算管理除了要遵循政府财政收支预算的基本原则外，还要遵循其自身的特定原则。

（一）依法收纳

非税收入的项目、范围、标准应依据法律、法规、规章的规定设定和征收。

（二）完整统一

非税收入预算要与财政预算统一布置、统一编制、统一审批，将非税收入按不同类别分别纳入财政收支预算的相应类别，按照财政收支预算的口径，全面、系统、完整地予以反映。

（三）收支分离

非税收入"所有权属国家、使用权归政府、管理权在财政"。非税收入的征收与执收单位的经费支出完全分离，真正做到非税收入纳入财政预算，实行统筹安排。

（四）分类管理

非税收入在具体纳入预算管理的过程中，应区别其性质、用途与管理方式上的差异，采取不同的预算方式。比如成本补偿支出纳入部门预算，罚没收入纳入一般预算管理，用于维持市场经济秩序的正常运行等。

二、非税收入预算分类

根据我国《预算法》的要求，非税收支体现在预算里，预算由预算收入和预算支出组成。政府的全部收入和支出都应当纳入预算。财政预算包括一般公共预算、政府性基金预算、国有资本经营预算、社会保险基金预算。除了社会保险基金预算，其他财政预算都涉及非税收入的预算。

（一）一般公共预算

一般公共预算是对以税收为主体的财政收入，安排用于保障和改善民生、推动经济社会发展、维护国家安全、维持国家机构正常运转等方面的收支预算。

中央一般公共预算包括中央各部门的预算和中央对地方的税收返还、转移支付预算。中央一般公共预算收入包括中央本级收入和地方向中央的上解收入。中央一般公共预算支出包括中央本级支出、中央对地方的税收返还和转移支付。地方各级一般公共预算包括本级各部门的预算和税收返还、转移支付预算。地方各级一般公共预算收入包括地方本级收入、上级政府对本级政府的税收返还和转移支付、下级政府的上解收入。地方各级一般公共预算支出包括地方本级支出、对上级政府的上解支出、对下级政府的税收返还和转移支付。

一般公共预算中的非税收入包括专项收入、行政事业性收入、罚没收入、国有资本经营收入、国有资源（资产）有偿使用收入、捐赠收入、政府住房基金收入和其他收入。

（二）政府性基金预算

政府性基金预算是对依照法律、行政法规的规定在一定期限内向特定对象征收、收取或者以其他方式筹集的资金，专项用于特定公共事业发展的收支预算。政府性基金预算应当根据基金项目收入情况和实际支出需要，按基金项目编制，做到以收定支。

（三）国有资本经营预算

国有资本经营预算是对国有资本收益做出支出安排的收支预算。国有资本经营预算应当按照收支平衡的原则编制，不列赤字，并安排资金调入一般公共预算。国有资本经营预算包括国有企业经营收益、股息和红利收入。

三、非税收入预算编制

国务院应当及时下达关于编制下一年预算草案的通知。编制预算草案的具体事项由国务院财政部门部署。各级政府、各部门、各单位应当按照国务院规定的时间编制预算草案。各级预算应当根据年度经济社会发展目标、国家宏观调控总体要求和跨年度预算平衡的需要，参考上一年预算执行情况、有关支出绩效评价结果和本年度收支预测，按照规定程序征求各方面意见后，进行编制。各级政府依据法定权限做出决定或者制定行政措施，凡涉及增加或者减少财政收入或者支出的，应当在预算批准前提出并在预算草案中做出相应安排。

各部门、各单位应当按照国务院财政部门制定的政府收支分类科目、预算支出标准和要求，以及绩效目标管理等预算编制规定，根据其依法履行职能和事业发展的需要以及存量资产情况，编制本部门、本单位预算草案。在政府收支分类科目中，收入分为类、款、项、目；支出按其功能分类分为类、款、项，按其经济性质分类分为类、款。

省、自治区、直辖市政府应当按照国务院规定的时间，将本级总预算草案报国务院审核汇总。国务院财政部门应当在每年全国人民代表大会会议举行的一个月前，将中央预算草案的主要内容提交全国人民代表大会财政经济委员会进行初步审查。

省、自治区、直辖市、设区的市、自治州政府财政部门应当在本级人民代表大会会议举行的一个月前，将本级预算草案的主要内容提交本级人民代表大会有关的专门委员会，或者根据本级人民代表大会常务委员会会议的决定提交本级人民代表大会常务委员会有关的工作委员会进行初步审查。

县、自治县、不设区的市、市辖区政府财政部门应当在本级人民代表大会会议举行一个月前，将本级预算草案的主要内容提交本级人民代表大会常务委员会进行初步审查。

四、非税收入预算的审查和批准

国务院在全国人民代表大会举行会议时，向大会作关于中央和地方预算草案以及中央和地方预算执行情况的报告。地方各级政府在本级人民代表大会举行会议时，向大会作关于总预算草案和总预算执行情况的报告。

全国人民代表大会和地方各级人民代表大会对预算草案及其报告、预算执行情况的报告重点审查下列内容：

（1）上一年预算执行情况是否符合本级人民代表大会预算决议的要求；

（2）预算安排是否符合法律的规定；

（3）预算安排是否贯彻国民经济和社会发展的方针政策，收支政策是否切实可行；

（4）重点支出和重大投资项目的预算安排是否适当；

（5）预算的编制是否完整，是否符合法律的规定；

（6）对下级政府的转移性支出预算是否规范、适当；

（7）预算安排举借的债务是否合法、合理，是否有偿还计划和稳定的偿还资金来源；

（8）与预算有关重要事项的说明是否清晰。

全国人民代表大会财政经济委员会向全国人民代表大会主席团提出关于中央和地方预算草案及中央和地方预算执行情况的审查结果报告。省、自治区、直辖市、设区的市、自治州人民代表大会有关专门委员会，县、自治县、不设区的市、市辖区人民代表大会常务委员会，向本级人民代表大会主席团提出关于总预算草案及上一年总预算执行情况的审查结果报告。

审查结果报告应当包括下列内容：第一，对上一年预算执行和落实本级人民代表大会预算决议的情况做出评价；第二，对本年度预算草案是否符合法律的规定，是否可行做出评价；第三，对本级人民代表大会批准预算草案和预算报告提出建议；第四，对执行年度预算、改进预算管理、提高预算绩效、加强预算监督等提出意见和建议。

乡、民族乡、镇政府应当及时将经本级人民代表大会批准的本级预算报上一级政府备案。县级以上地方各级政府应当及时将经本级人民代表大会批准的本级预算及下一级政府报送备案的预算汇总，报上一级政府备案。县级以上地方各级政府将下一级政府依照前款规定报送备案的预算汇总后，报本级人民代表大会常务委员会备案。国务院将省、自治区、直辖市政府依照前款规定报送备案的预算汇总后，报全国人民代表大会常务委员会备案。

各级预算经本级人民代表大会批准后，本级政府财政部门应当在20日内向本级各部门批复预算。各部门应当在接到本级政府财政部门批复的本部门预算后15日内向所属各单位批复预算。

中央对地方的一般性转移支付应当在全国人民代表大会批准预算后30日内正式下达。中央对地方的专项转移支付应当在全国人民代表大会批准预算后90日内正式下达。

省、自治区、直辖市政府接到中央一般性转移支付和专项转移支付后，应当在30日内正式下达到本行政区域县级以上各级政府。

县级以上地方各级预算安排对下级政府的一般性转移支付和专项转移支付，应当分别在本级人民代表大会批准预算后的30日和60日内正式下达。

对自然灾害等突发事件处理的转移支付，应当及时下达预算；对据实结算等特殊项目的转移支付，可以分期下达预算，或者先预付后结算。

县级以上各级政府财政部门应当将批复本级各部门的预算和批复下级政府的转移支付预算，抄送本级人民代表大会财政经济委员会、有关专门委员会和常务委员会有关工作机构。

五、非税收入的预算执行

预算收入征收部门和单位，必须依照法律、行政法规的规定，及时、足额征收应征的预算收入。不得违反法律、行政法规规定，多征、提前征收或者减征、免征、缓征应征的预算收入，不得截留、占用或者挪用预算收入。各级政府不得向预算收入征收部门和单位下达收入指标。政府的全部收入应当上缴国库，任何部门、单位和个人不得截留、占用、挪用或者拖欠。对于法律有明确规定或者经国务院批准的特定专用资金，可以依照国务院的规定设立财政专户。

各级政府财政部门必须依照法律、行政法规和国务院财政部门的规定，及时、足额地拨付预算支出资金，加强对预算支出的管理和监督。各级政府、各部门、各单位的支出必须按照预算执行，不得虚假列支。各级政府、各部门、各单位应当对预算支出情况开展绩效评价。各级预算的收入和支出实行收付实现制。特定事项按照国务院的规定实行权责发生制的有关情况，应当向本级人民代表大会常务委员会报告。

县级以上各级预算必须设立国库。具备条件的乡、民族乡、镇也应当设立国库。中央国库业务由中国人民银行经理，地方国库业务依照国务院的有关规定办理。各级国库应当按照国家有关规定，及时准确地办理预算收入的收纳、划分、留解、退付和预算支出的拨付。各级国库库款的支配权属于本级政府财政部门。除法律、行政法规另有规定外，未经本级政府财政部门同意，任何部门、单位和个人都无权冻结、动用国库库款或者以其他方式支配已入国库的库款。各级政府应当加强对本级国库的管理和监督，按照国务院的规定完善国库现金管理，合理调节国库资金余额。各级政府应当加强对本级国库的管理和监督。

各级一般公共预算年度执行中有超收收入的，只能用于冲减赤字或者补充预算稳定调节基金。各级一般公共预算的结余资金，应当补充预算稳定调节基金。省、自治区、直辖市一般公共预算年度执行中出现短收，通过调入预算稳定调节基金、减少支出等方式仍不能实现收支平衡的，省、自治区、直辖市政府报本级人民代表大会或者其常务委员会批准，可以增列赤字，报国务院财政部门备案，并应当在下一年度预算中予以弥补。

六、非税收入的预算调整

经全国人民代表大会批准的中央预算和经地方各级人民代表大会批准的地方各级预算，在执行中出现下列情况之一的，应当进行预算调整：（1）需要增加或者减少预算总支出的；（2）需要调入预算稳定调节基金的；（3）需要调减预算安排的重点支出数额的；（4）需要增加举借债务数额的。

在预算执行中，各级政府一般不制定新的增加财政收入或者支出的政策和措施，也不制定减少财政收入的政策和措施。必须做出并需要进行预算调整的，应当在预算调整方案中做出安排。对于必须进行的预算调整，应当编制预算调整方案。预算调整方案应当说明预算调整的理由、项目和数额。

在预算执行中，由于发生自然灾害等突发事件，必须及时增加预算支出的，应当先动支预备费。预备费不足支出的，各级政府可以先安排支出，属于预算调整的，列入预算调整方案。国务院财政部门应当在全国人民代表大会常务委员会举行会议审查和批准预算调整方案的30日前，将预算调整初步方案送交全国人民代表大会财政经济委员会进行初步审查。

省、自治区、直辖市政府财政部门应当在本级人民代表大会常务委员会举行会议审查和批准预算调整方案的30日前，将预算调整初步方案送交本级人民代表大会有关专门委员会进行初步审查；设区的市、自治州政府财政部门应当在本级人民代表大会常务委员会举行会议审查和批准预算调整方案的30日前，将预算调整初步方案送交本级人民代表大会有关专门委员会进行初步审查，或者送交本级人民代表大会常务委员会有关工作机构征求意见；县、自治县、不设区的市、市辖区政府财政部门应当在本级人民代表大会常务委员会举行会议审查和批准预算调整方案的30日前，将预算调整初步方案送交本级人民代表大会常务委员会有关工作机构征求意见。

中央预算的调整方案应当提请全国人民代表大会常务委员会审查和批准；县级以上地方各级预算的调整方案应当提请本级人民代表大会常务委员会审查和批准；乡、民族乡、镇预算的调整方案应当提请本级人民代表大会审查和批准。未经批准，不得调整预算。

第四节　非税收入票据管理制度

一、非税收入票据的种类

非税收入票据就是指各级国家政府机关、事业单位、社会团体以及其他组织依据有关法律、法规和省人民政府有关规定，征收或者收取非税收入时，向缴款义务人开具的收（缴）款凭证。非税收入票据种类包括非税收入通用票据、非税收入专用票据和非税收入一般缴款书。其适用范围如下：

（1）非税收入通用票据，是指执收单位征收非税收入时开具的通用凭证。

（2）非税收入专用票据，是指特定执收单位征收特定的非税收入时开具的专用凭证，主要包括行政事业性收费票据、政府性基金票据、国有资源（资产）收入票据、罚没票据等。

（3）非税收入一般缴款书，是指实施非税收入收缴管理制度改革的执收单位收缴非税收入时开具的通用凭证。

二、非税收入票据管理相关部门职责

（一）财政部门

财政部门是非税收入票据的管理机关。应建立健全票据管理制度，加强票据管理建设。一般政府非税收入票据由省财政厅负责印制，由同级财政部门负责发放、核销、检查及其他监督管理工作。通过统一印制、发放、核销非税收入票据，确保国家有关非税收入管理政策的贯彻落实，从源头上预防和治理乱收费，从制度上规范部门和单位收费行为。监督各项政府非税收入及时足额上缴国库或财政专户，保证收入收缴管理制度改革顺利进行。各级财政部门应建立收费票据稽查制度，根据实际情况和管理需要，对收费票据的印制、领购、使用、保管等情况进行定期或不定期检查。被查单位应如实反映情况，提供资料，接受监督和检查，不得拒绝核查、隐瞒情况或弄虚作假。

（二）执收单位

执收单位收取非税收入，除财政另有规定外，必须严格按照财政隶属关系分别使用财政部或省、自治区、直辖市财政部门统一印制的非税收入票据。执收单位应建立收费票据使用登记制度，设置收费票据登记簿，定期向同级财政部门报告收费票据的购领、使用、结存情况。

三、非税收入票据管理内容

各级财政部门应当通过加强非税收入票据管理，规范执收单位的征收行为，从源头上杜绝乱收费，并确保依法合规的非税收入及时足额上缴国库。

（一）票据的印制

一般政府非税收入票据由省财政厅负责印制。

非税收入票据由省级及以上非税收入部门按照管理权限分别监（印）制，并按照国家政府采购有关规定确定承印财政票据的企业，并与其签订印制合同，印制企业应当按照印制合同和非税收入管理部门规定的式样印制票据，禁止私自印制、伪造、变造财政票据。并且印制票据应当使用省级及以上财政部门确定的防伪专用品。禁止私自生产、使用或者伪造财政票据防伪专用品。

票据应当套印全国统一式样的财政票据监制章。票据监制章的形状、规格和印色由财政部统一规定。禁止伪造、变造财政票据监制章，禁止在非财政票据上套印财政票据监制章。票据应当使用中文印制。民族自治地方的票据，可以加印一种当地通用的民族文字。有实际需要的，可以同时使用中外两种文字印制。

票据印制企业应当建立票据印制管理制度和保管措施，对票据式样模板、监制章印模、防伪专用品等的使用和管理实行专人负责，不得将承印的票据委托其他企业印制，不得向委托印制票据的财政部门以外的其他单位或者个人提供票据。印制合同终止后，财政票据印制企业应当将印制票据所需用品、资料交还委托印制票据的财政部门，不得自行保留或者提供给其他单位或者个人。

票据实行不定期换版制度。全国统一式样的票据换版时间、内容和要求，由财政部确定；非全国统一式样的财政票据换版时间、内容和要求，由财政部和省级财政部门按照职责权限分别确定。财政票据换版时应当进行公告。

（二）票据的申领

非税收入票据实行凭证领取、分次限量、核旧领新制度。执收单位使用的非税收入票据，一般按照财务隶属关系向同级财政部门申领。

非税收入票据实行分级管理，即下级非税收入管理机构到上一级非税收入管理机构购领；执收单位按照收入级次或者财务隶属关系，向同级非税收入管理机构购领。各级非税收入管理机构和行政事业单位主管部门均不得越级、越权发放非税收入票据。

1.首次领购财政票据

非税收入票据实行凭证领购、分次限量、核旧领新制度。

首次领购财政票据，应当按照规定程序办理"非税收入票据领购证"。

办理"非税收入票据领购证"，应当提交申请函、单位法人证书、组织机构代

码证书副本原件及复印件，填写"非税收入票据领购证申请表"，并按照领购财政
票据的类别提交相关依据。

领购非税收入票据的，应当根据收取非税收入的性质分别提交下列资料：

（1）收取行政事业性收费的，提交国务院或者省级人民政府及其财政、价格主
管部门批准收取行政事业性收费的文件复印件。

（2）收取政府性基金的，提交国务院或者财政部批准收取政府性基金的文件复
印件。

（3）收取国有资源（资产）收入的，提交国务院或者省级人民政府及其财政部
门批准收取国有资源（资产）收入的文件复印件，或者有关部门批准出租、出借、
处置国有资产的文件复印件。

（4）收取罚没收入的，提交证明本单位具有罚没处罚权限的法律依据。

受理申请的非税收入管理部门应当对申请单位提交的材料进行审核，对符合条
件的单位，核发"非税收入票据领购证"，并发放非税收入票据。"非税收入票据领
购证"应当包括单位基本信息、使用的财政票据名称、非税收入项目（含标准）、
文件依据、购领票据记录、审核票据记录、作废票据记录、票据检查及违纪处理记
录、销毁票据记录等项目。

2.再次领购财政票据

再次领购财政票据，应当出示"非税收入票据领购证"，提供前次票据使用情
况，包括票据的种类、册（份）数、起止号码、使用份数、作废份数、收取金额及
票据存根等内容。受理申请的财政部门审核后，核销财政票据存根，并发放财政
票据。

如果领购未列入"非税收入票据领购证"内的票据，应当向原核发领购证的财
政部门提出申请，并依照相关规定提交相应材料。受理申请的财政部门审核后，应
当在"非税收入票据领购证"上补充新增票据的相关信息，并发放票据。票据一次
领购的数量一般不超过本单位6个月的使用量。

（三）票据的发放

发放非税收入票据时，对按照规定可以收取工本费的，收取后应当缴入同级国
库，纳入预算管理。收取的工本费也应该实行收支两条线，纳入预算管理

（四）票据的开具

除财政部另有规定外，执收单位征收非税收入时，应当向缴纳义务人开具财政
部或者省级财政部门统一监（印）制的非税收入票据。对附加在价格上征收或者需
要依法纳税的有关非税收入，执收单位应当按规定向缴纳义务人开具税务发票。不
按照规定开具票据的，缴纳义务人有权拒付款项。

（五）非税收入票据使用

使用单位不得转让、出借、代开、买卖、擅自销毁、涂改非税收入票据；不得

串用非税收入票据，不得将非税收入票据与其他票据互相替代。

非税收入票据使用单位应当指定专人负责管理非税收入票据，建立票据使用登记制度，设置票据管理台账，按照规定向非税收入管理部门报送票据使用情况。

非税收入票据应当按照规定填写，做到字迹清楚、内容完整真实、印章齐全、各联次内容和金额一致。填写错误的，应当另行填写。因填写错误等原因而作废的非税收入票据，应当加盖作废戳记或者注明"作废"字样，并完整保存各联次，不得擅自销毁。填写非税收入票据应当统一使用中文。如果非税收入票据以两种文字印制，可以同时使用另一种文字填写。

非税收入票据应当按照规定使用。不按规定使用的，付款单位和个人有权拒付款项，财务部门不得报销。

（六）非税收入票据的保管

非税收入票据使用完毕，使用单位应当按照要求填写相关资料，按顺序清理财政非税收入票据存根、装订成册、妥善保管。票据存根的保存期限一般为5年。保存期满需要销毁的，报经原核发票据的财政部门查验后销毁。保存期未满，但有特殊情况需要提前销毁的，应当报原核发票据的财政部门批准。

尚未使用但应予作废销毁的非税收入票据，使用单位应当登记造册，报原核发票据的非税收入管理部门核准、销毁。非税收入票据使用单位发生合并、分立、撤销、职权变更，或者收费项目被依法取消或者名称变更的，应当自变动之日起15日内，向原核发票据的财政部门办理"非税收入票据领购证"的变更或者注销手续；对已使用非税收入票据的存根和尚未使用的非税收入票据应当分别登记造册，报非税收入管理部门核准、销毁。

非税收入票据或者"非税收入票据领购证"灭失的，票据使用单位应当查明原因，及时以书面形式报告原核发票据的非税收入管理部门，并自发现之日起3日内登报声明作废。票据使用单位应当设置财政票据专用仓库或者专柜，指定专人负责保管，确保票据安全。

四、非税收入票据监督检查及罚则

非税收入票据使用单位和票据印制企业应当自觉接受财政部门的监督检查，如实反映情况，提供有关资料，不得隐瞒、弄虚作假或者拒绝、阻挠。

单位和个人违反规定，有下列行为之一的，由县级以上财政部门责令改正并给予警告；对非经营活动中的违法行为，处以1 000元以下罚款。对经营活动中的违法行为，有违法所得的，处以违法所得金额3倍以下不超过30 000元的罚款，没有违法所得的，处以10 000元以下罚款。涉嫌犯罪的，依法移送司法机关：（1）违反规定印制票据；（2）转让、出借、串用、代开票据；（3）伪造、变造、买卖、擅自销毁票据；（4）伪造、使用伪造的票据监制章；（5）未按规定使用票据监制章；（6）违反规定生产、使用、伪造票据防伪专用品；（7）在境外印制票据；（8）其他违反票据管理规定的行为。

2018年非税收入征收职责改革前已经纳入税务部门征收的非税收入有教育费附加、地方教育附加、残疾人就业保障金、文化事业建设费、废弃电器电子产品处理基金等。

自2019年1月1日起，由财政部驻地方财政监察专员办事处负责征收的国家重大水利工程建设基金、农网还贷资金、可再生能源发展基金、中央水库移民扶持基金、中央水库移民扶持基金（含大中型水库移民后期扶持基金、三峡水库库区基金、跨省际大中型水库库区基金）、三峡电站水资源费、核电站乏燃料处理处置基金、核事故应急准备专项收入、免税商品特许经营费、油价调控风险准备金、石油特别收益金、国家留成油收入、彩票公益金收入等非税收入划转到税务部门进行征收。

自2020年1月1日起，将地方负责征收的重大水利工程建设基金、水利建设基金划入税务部门征收。

自2021年1月1日起，将水土保持补偿费、地方水库移民扶持基金、排污权出让收入、防空地下室异地建设费等四项非税收入划入税务部门征收。

自2021年7月1日起，将自然资源部门负责征收的土地闲置费、住房和城乡建设等部门负责征收的按行政事业性收费管理的城镇垃圾处理费划转至税务部门征收。

2021年6月4日，财政部、自然资源部、国家税务总局、中国人民银行联合发布了《关于将国有土地使用权出让收入、矿产资源专项收入、海域使用金、无居民海岛使用金四项政府非税收入划转税务部门征收有关问题的通知》，决定将由自然资源部门征收的土地使用权出让收入、矿产资源专项收入、海域使用金、无居民海岛使用金四项非税收入，全部划转给税务部门负责征收。

本章重点介绍2021年7月底以前，已经由税务部门征收的各项非税收入相关征收政策。其中，2019年划转至税务部门征收的彩票公益金收入已经在前面彩票公益金章节里介绍过了，这里不再赘述。

第一节　教育费附加

一、概述

为了促进地方教育事业的发展，扩大地方教育资金来源，国家规定对于缴纳增值税、消费税的单位和个人按其缴纳的增值税和消费税的税额征收3%的资金，用于地方教育事业的发展。教育费附加属于政府性基金的一种，在一般公共预算中的专项收入中列示，专款专用。教育费附加是根据国务院规定设立的用于地方教育的基金，全国统一征收。教育费附加属于中央与地方共享收入，来自银行总行、铁道系统、保险总公司的部分属于中央所有，其余的归地方所有。教育费附加纳入一般公共预算进行管理。

二、征收管理政策

（一）缴费人

缴纳增值税、消费税的单位和个人都是教育费附加的缴费人。凡代征增值税、消费税的单位和个人，也是代征教育费附加的义务人。

（二）计费依据

教育费附加以单位和个人缴纳的增值税和消费税的税额为计费依据。

（三）缴费比例

教育费附加采取比例费率，比率为3%。

（四）费额计算

应纳教育费附加=（实际缴纳的增值税＋消费税）×3%

（五）缴纳期限

缴费人申报缴纳增值税、消费税的同时，申报缴纳教育费附加。可以采取按次、按月、按季申报缴纳。海关进口产品征收的增值税、消费税不征教育费附加。

缴费人不按规定期限缴纳，需处以滞纳金和罚款的，由县、市人民政府规定。

（六）减免规定

（1）对于全国城乡公办和民办、教育系统和非教育系统的所有中小学校"校舍安全工程"涉及的教育费附加免于征收。

（2）按照财政部规定，城镇棚户区改造项目免征教育费附加。

（3）按月纳税的月销售额或营业额不超过10万元（按季度纳税的季度销售额或营业额不超过30万元）的缴费义务人，免征教育费附加。

（4）进口的产品征收的增值税、消费税，不征收教育费附加。

（5）增值税小规模纳税人教育费附加等降低征收标准的规定。

① 根据财政部、国家税务总局发布的《关于实施小微企业普惠性税收减免政策的通知》（财税〔2019〕13号），自2019年1月1日至2021年12月31日，由省、自治区、直辖市人民政府根据本地区实际情况，以及宏观调控需要，对增值税小规模纳税人可以在50%的税额幅度内减征资源税、城市维护建设税、房产税、城镇土地使用税、印花税（不含证券交易印花税）、耕地占用税和教育费附加、地方教育附加。

② 增值税小规模纳税人已依法享受资源税、城市维护建设税、房产税、城镇土地使用税、印花税、耕地占用税、教育费附加、地方教育附加其他优惠政策的，可叠加享受规定的优惠政策。

（6）2022年财政部、税务总局进一步实施小微企业"六税两费"减免政策的规定。

① 对增值税小规模纳税人、小型微利企业和个体工商户可以在50%的税额幅度内减征资源税、城市维护建设税、房产税、城镇土地使用税、印花税（不含证券交易印花税）、耕地占用税和教育费附加、地方教育附加。

② 增值税小规模纳税人、小型微利企业和个体工商户已依法享受资源税、城市维护建设税、房产税、城镇土地使用税、印花税、耕地占用税、教育费附加、地方教育附加其他优惠政策的，可叠加享受本公告第一条规定的优惠政策。

③ 政策执行期限为2022年1月1日至2024年12月31日。

（7）企业招用自主就业退役士兵的教育费附加等税收政策的规定。

根据财政部、国家税务总局《关于进一步扶持自主就业退役士兵创业就业有关税收政策的通知》（财税〔2019〕21号），自2019年1月1日至2021年12月31日，企业招用自主就业退役士兵，与其签订1年以上期限劳动合同并依法缴纳社会保险费的，自签订劳动合同并缴纳社会保险当月起，在3年内按实际招用人数予以定额依次扣减增值税、城市维护建设税、教育费附加、地方教育附加和企业所得税优惠。定额标准为每人每年6 000元，最高可上浮50%，各省、自治区、直辖市人民政府可根据本地区实际情况在此幅度内确定具体定额标准。

企业按招用人数和签订的劳动合同时间核算企业减免税总额，在核算减免税总额内每月依次扣减增值税、城市维护建设税、教育费附加和地方教育附加。企业实际应缴纳的增值税、城市维护建设税、教育费附加和地方教育附加小于核算减免税总额的，以实际应缴纳的增值税、城市维护建设税、教育费附加和地方教育附加为限；实际应缴纳的增值税、城市维护建设税、教育费附加和地方教育附加大于核算减免税总额的，以核算减免税总额为限。

纳税年度终了，如果企业实际减免的增值税、城市维护建设税、教育费附加和地方教育附加小于核算减免税总额，企业在企业所得税汇算清缴时以差额部分扣减企业所得税。当年扣减不完的，不再结转以后年度扣减。

自主就业退役士兵在企业工作不满1年的，应当按月换算减免税限额。计算公式为：企业核算减免税总额=Σ每名自主就业退役士兵本年度在本单位工作月份÷12×具体定额标准。

城市维护建设税、教育费附加、地方教育附加的计税依据是享受本项税收优惠政策前的增值税应纳税额。

（8）自主就业退役士兵从事个体经营的教育费附加等税收政策的规定。

自2019年1月1日至2021年12月31日，自主就业退役士兵从事个体经营的，自办理个体工商户登记当月起，在3年（36个月，下同）内按每户每年12 000元为限额依次扣减其当年实际应缴纳的增值税、城市维护建设税、教育费附加、地方教育附加和个人所得税。限额标准最高可上浮20%，各省、自治区、直辖市人民政府可根据本地区实际情况在此幅度内确定具体限额标准。

纳税人年度应缴纳税款小于上述扣减限额的，减免税额以其实际缴纳的税款为限；大于上述扣减限额的，以上述扣减限额为限。纳税人的实际经营期不足1年的，应当按月换算其减免税限额。换算公式为：减免税限额=年度减免税限额÷12×实际经营月数。城市维护建设税、教育费附加、地方教育附加的计税依据是享受本项税收优惠政策前的增值税应纳税额。

2022年财政部、税务总局联合发布《关于延长部分税收优惠政策执行期限的公告》（2022年第4号），公告明确规定将2019年自主就业士兵创业就业的执行截止时间由2021年12月31日延长到2023年12月31日。

（9）经中国人民银行依法决定撤销的金融机构及其分设于各地的分支机构（包括被依法撤销的商业银行、信托投资公司、财务公司、金融租赁公司、城市信用社和农村信用社），用其财产清偿债务时，免征被撤销金融机构转让货物、不动产、无形资产、有价证券、票据等应缴纳的教育费附加。

（10）为支持国家重大水利工程建设，对国家重大水利工程建设基金免征城市维护建设税和教育费附加。

（11）国家对产教融合型企业兴办职业教育投资相应抵免教育费附加的规定。

自2019年1月1日起，纳入产教融合型企业建设培育范围的试点企业，兴办职业教育的投资符合规定的，可按投资额的30%比例，抵免该企业当年应缴教育费附加。试点企业属于集团企业的，其下属成员单位（包括全资子公司、控股子公司）对职业教育有实际投入的，可按规定抵免教育费附加。

允许抵免的投资是指纳入产教融合型企业建设培育范围的试点企业当年实际发生的，独立举办或参与举办职业教育的办学投资和办学经费支出，以及按照有关规定与职业院校稳定开展校企合作，对产教融合实训基地等国家规划布局的产教融合重大项目建设投资和基本运行费用的支出。

试点企业当年应缴教育费附加不足抵免的，未抵免部分可在以后年度继续抵免。试点企业有撤回投资和转让股权等行为的，应当补缴已经抵免的教育费附加。

（12）对一些特定群体自主创业的教育费附加等相关税收政策的规定。

根据财政部、国家税务总局《关于进一步支持和促进重点群体创业就业有关税收政策的通知》（财税〔2019〕22号），建档立卡贫困人口、持"就业创业证"（注明"自主创业税收政策"或"毕业年度内自主创业税收政策"）或"就业失业登记证"（注明"自主创业税收政策"）的人员，从事个体经营的，自办理个体工商户登记当月起，在3年（36个月，下同）内按每户每年12 000元为限额依次扣减其当年实际应缴纳的增值税、城市维护建设税、教育费附加、地方教育附加和个人所得税。限额标准最高可上浮20%，各省、自治区、直辖市人民政府可根据本地区实际情况在此幅度内确定具体限额标准。

纳税人年度应缴纳税款小于上述扣减限额的，减免税额以其实际缴纳的税款为限；大于上述扣减限额的，以上述扣减限额为限。

上述人员具体包括：一是纳入全国扶贫开发信息系统的建档立卡贫困人口；二是在人力资源和社会保障部门公共就业服务机构登记失业半年以上的人员；三是零就业家庭、享受城市居民最低生活保障家庭劳动年龄内的登记失业人员；四是毕业年度内高校毕业生。高校毕业生是指实施高等学历教育的普通高等学校、成人高等学校应届毕业的学生，毕业年度是指毕业所在自然年，即1月1日至12月31日。

（13）企业招用招收特定群体人员就业的教育费附加等税收政策的规定。

企业招用建档立卡贫困人口，以及在人力资源和社会保障部门公共就业服务机构登记失业半年以上且持"就业创业证"或"就业失业登记证"（注明"企业吸纳税收政策"）的人员，与其签订1年以上期限劳动合同并依法缴纳社会保险费的，自签订劳动合同并缴纳社会保险当月起，在3年内按实际招用人数予以定额依次扣减增值税、城市维护建设税、教育费附加、地方教育附加和企业所得税优惠。定额标准为每人每年6 000元，最高可上浮30%，各省、自治区、直辖市人民政府可根据本地区实际情况在此幅度内确定具体定额标准。城市维护建设税、教育费附加、地方教育附加的计税依据是享受本项税收优惠政策前的增值税应纳税额。

按上述标准计算的税收扣减额应在企业当年实际应缴纳的增值税、城市维护建设税、教育费附加、地方教育附加和企业所得税税额中扣减，当年扣减不完的，不得结转下年使用。

该通知所称企业是指属于增值税纳税人或企业所得税纳税人等单位。

需要注意的是，以下三种情形不得减免：生产企业出口货物实行当期免抵的增值税税额应按规定征收教育费附加；对增值税、消费税实行先征后返、先征后退、即征即退等办法的，对随税附征的教育费附加不予退还；对由于减免增值税、消费税而发生退税的，可以同时退还已征收的教育费附加，但对于出口产品退还增值税、消费税的，不退还已征的教育费附加。

（14）享受增值税期末留抵退税政策的集成电路企业，其退还的增值税期末留抵税额，应在城市维护建设税、教育费附加和地方教育附加的计税（征）依据中予以扣除。

（15）黄金交易所会员单位通过黄金交易所销售标准黄金，发生实物交割的，由税务机关按照实际成交价格代开增值税专用发票并实行增值税即征即退的政策，同时免征教育费附加。

（16）黄金交易所可享受增值税即征即返的优惠政策，同时免征城市维护建设税、教育费附加。《国家税务总局关于印发〈黄金交易增值税征收管理办法〉的通知》（国税发明电〔2002〕47号）中规定，上海期货交易所会员和客户通过上海期货交易所销售标准黄金（持上海期货交易所开具的"黄金结算专用发票"）发生实物交割并已出库的，由税务机关按照实际交割代开增值税专用发票，并实行增值税即征即退的政策，同时免征城市维护建设税、教育费附加。

（17）单位和个体工商户将自产、委托加工或购买的货物，通过公益性社会组织和县级以上人民政府及其部门等国家机关，或者直接向承担疫情防治任务的医院，无偿捐赠用于应对新型冠状病毒感染的肺炎疫情的，免征增值税、消费税、城市维护建设税、教育费附加、地方教育附加。

（18）自2020年1月1日起，对纳税人运输疫情防控重点保障物资取得的收入，免征增值税，相应免征城市维护建设税、教育费附加、地方教育附加。自2020年1月1日起，对纳税人提供公共交通运输服务、生活服务，以及为居民提供必需生活物资快递收派服务取得的收入，免征增值税，相应免征城市维护建设税、教育费附加、地方教育附加。

（19）实行增值税留抵退税的纳税人可以从教育费附加、地方教育附加计税依据中扣除退还的增值税税额。

（七）法律责任

纳费人不按规定缴纳教育费附加的，要加收滞纳金，进行罚款，具体数额由县、市人民政府规定。

第二节　地方教育附加

一、概述

为了实施"科教兴省"战略，促进地方教育事业的发展，增加省、自治区、直辖市的教育资金来源，国家规定对于省、自治区、直辖市缴纳增值税、消费税的单位和个人按其缴纳的增值税和消费税的税额征收2%的资金，用于地方教育事业的发展。地方教育附加属于政府性基金的一种，在一般公共预算中的专项收入中列示，专款专用。

二、征收管理政策

（一）缴费人

凡是缴纳增值税、消费税的单位和个人都是地方教育附加的缴费人。

（二）计费依据

地方教育附加以单位和个人缴纳的增值税和消费税的税额为计费依据。

（三）缴费比例

地方教育附加采取比例费率，比率为2%。

（四）费额计算

应纳地方教育附加=（实际缴纳的增值税＋消费税）×2%。

（五）缴纳期限

缴费人申报缴纳增值税、消费税的同时，申报缴纳地方教育附加。可以采取按次、按月、按季申报缴纳。海关进口产品征收的增值税、消费税不征地方教育附加。

缴费人不按规定期限缴纳，需处以滞纳金和罚款的，由县、市人民政府规定。

（六）减免规定

（1）对于全国城乡公办和民办、教育系统和非教育系统的所有中小学校"校舍安全工程"涉及的地方教育附加免于征收。

（2）按照财政部规定，城镇棚户区改造项目免征地方教育附加。

（3）按月纳税的月销售额或营业额不超过10万元（按季度纳税的季度销售额或营业额不超过30万元）的缴费义务人，免征地方教育附加。

（4）进口的产品征收的增值税、消费税，不征收地方教育附加。

（5）增值税小规模纳税人地方教育附加等降低征收标准的规定。

① 根据财政部、国家税务总局发布的《关于实施小微企业普惠性税收减免政策的通知》（财税〔2019〕13号），自2019年1月1日至2021年12月31日，由省、自治区、直辖市人民政府根据本地区实际情况，以及宏观调控需要，对增值税小规模纳税人可以在50%的税额幅度内减征资源税、城市维护建设税、房产税、城镇土地使用税、印花税（不含证券交易印花税）、耕地占用税和教育费附加、地方教育附加。

② 增值税小规模纳税人已依法享受资源税、城市维护建设税、房产税、城镇土地使用税、印花税、耕地占用税、教育费附加、地方教育附加其他优惠政策的，可叠加享受规定的优惠政策。

（6）2022年财政部、税务总局关于进一步实施小微企业"六税两费"减免政策的公告（财政部 税务总局公告2022年第10号）规定。

① 对增值税小规模纳税人、小型微利企业和个体工商户可以在50%的税额幅度内减征资源税、城市维护建设税、房产税、城镇土地使用税、印花税（不含证券交易印花税）、耕地占用税和教育费附加、地方教育附加。

② 增值税小规模纳税人、小型微利企业和个体工商户已依法享受资源税、城市维护建设税、房产税、城镇土地使用税、印花税、耕地占用税、教育费附加、地方教育附加其他优惠政策的，可叠加享受本公告第一条规定的优惠政策。

③ 政策执行期限为2022年1月1日至2024年12月31日。

（7）企业招用自主就业退役士兵的教育费附加等税收政策的规定。

根据财政部、国家税务总局《关于进一步扶持自主就业退役士兵创业就业有关税收政策的通知》（财税〔2019〕21号），自2019年1月1日至2021年12月31日，企业招用自主就业退役士兵，与其签订1年以上期限劳动合同并依法缴纳社会保险费的，自签订劳动合同并缴纳社会保险当月起，在3年内按实际招用人数予以定额依次扣减增值税、城市维护建设税、教育费附加、地方教育附加和企业所得税优惠。定额标准为每人每年6 000元，最高可上浮50%，各省、自治区、直辖市人民政府可根据本地区实际情况在此幅度内确定具体定额标准。

企业按招用人数和签订的劳动合同时间核算企业减免税总额，在核算减免税总额内每月依次扣减增值税、城市维护建设税、教育费附加和地方教育附加。企业实际应缴纳的增值税、城市维护建设税、教育费附加和地方教育附加小于核算减免税总额的，以实际应缴纳的增值税、城市维护建设税、教育费附加和地方教育附加为限；实际应缴纳的增值税、城市维护建设税、教育费附加和地方教育附加大于核算减免税总额的，以核算减免税总额为限。

纳税年度终了，如果企业实际减免的增值税、城市维护建设税、教育费附加和地方教育附加小于核算减免税总额，企业在企业所得税汇算清缴时以差额部分扣减企业所得税。当年扣减不完的，不再结转以后年度扣减。

自主就业退役士兵在企业工作不满1年的，应当按月换算减免税限额。计算公式为：企业核算减免税总额=$\sum$每名自主就业退役士兵本年度在本单位工作月份÷12×具体定额标准。

城市维护建设税、教育费附加、地方教育附加的计税依据是享受本项税收优惠政策前的增值税应纳税额。

（8）自主就业退役士兵从事个体经营的地方教育附加等税收政策的规定。

自2019年1月1日至2021年12月31日，自主就业退役士兵从事个体经营的，自办理个体工商户登记当月起，在3年（36个月，下同）内按每户每年12 000元为限额依次扣减其当年实际应缴纳的增值税、城市维护建设税、教育费附加、地方教育附加和个人所得税。限额标准最高可上浮20%，各省、自治区、直辖市人民政府可根据本地区实际情况在此幅度内确定具体限额标准。

纳税人年度应缴纳税款小于上述扣减限额的，减免税额以其实际缴纳的税款为限；大于上述扣减限额的，以上述扣减限额为限。纳税人的实际经营期不足1年的，应当按月换算其减免税限额。换算公式为：减免税限额=年度减免税限额÷12×实际经营月数。城市维护建设税、教育费附加、地方教育附加的计税依据是享受本项税收优惠政策前的增值税应纳税额。

2022年财政部、税务总局联合发布《关于延长部分税收优惠政策执行期限的公告》（2022年第4号），公告明确规定将2019年自主就业士兵创业就业税收优惠政策的执行截止时间由2021年12月31日延长到2023年12月31日。

（9）经中国人民银行依法决定撤销的金融机构及其分设于各地的分支机构（包括被依法撤销的商业银行、信托投资公司、财务公司、金融租赁公司、城市信用社和农村信用社），用其财产清偿债务时，免征被撤销金融机构转让货物、不动产、无形资产、有价证券、票据等应缴纳的地方教育附加。

（10）国家对产教融合型企业兴办职业教育投资相应抵免地方教育附加的规定。

自2019年1月1日起，纳入产教融合型企业建设培育范围的试点企业，兴办职业教育的投资符合规定的，可按投资额的30%比例，抵免该企业当年应缴地方教育附加。试点企业属于集团企业的，其下属成员单位（包括全资子公司、控股子公司）对职业教育有实际投入的，可按规定抵免地方教育附加。

允许抵免的投资是指纳入产教融合型企业建设培育范围的试点企业当年实际发生的，独立举办或参与举办职业教育的办学投资和办学经费支出，以及按照有关规定与职业院校稳定开展校企合作，对产教融合实训基地等国家规划布局的产教融合重大项目建设投资和基本运行费用的支出。

试点企业当年应缴地方教育附加不足抵免的，未抵免部分可在以后年度继续抵免。试点企业有撤回投资和转让股权等行为的，应当补缴已经抵免的地方教育附加。

（11）对一些特定群体自主创业的地方教育附加等相关税收政策的规定。

根据财政部、国家税务总局《关于进一步支持和促进重点群体创业就业有关税收政策的通知》（财税〔2019〕22号），建档立卡贫困人口、持"就业创业证"（注明"自主创业税收政策"或"毕业年度内自主创业税收政策"）或"就业失业登记证"（注明"自主创业税收政策"）的人员，从事个体经营的，自办理个体工商户登记当月起，在3年（36个月，下同）内按每户每年12000元为限额依次扣减其当年实际应缴纳的增值税、城市维护建设税、教育费附加、地方教育附加和个人所得税。限额标准最高可上浮20%，各省、自治区、直辖市人民政府可根据本地区实际情况在此幅度内确定具体限额标准。

纳税人年度应缴纳税款小于上述扣减限额的，减免税额以其实际缴纳的税款为限；大于上述扣减限额的，以上述扣减限额为限。

上述人员具体包括：一是纳入全国扶贫开发信息系统的建档立卡贫困人口；二是在人力资源和社会保障部门公共就业服务机构登记失业半年以上的人员；三是零就业家庭、享受城市居民最低生活保障家庭劳动年龄内的登记失业人员；四是毕业年度内高校毕业生。高校毕业生是指实施高等学历教育的普通高等学校、成人高等学校应届毕业的学生，毕业年度是指毕业所在自然年，即1月1日至12月31日。

（12）企业招用招收特定群体人员就业的地方教育附加等税收政策的规定。

企业招用建档立卡贫困人口，以及在人力资源和社会保障部门公共就业服务机构登记失业半年以上且持"就业创业证"或"就业失业登记证"（注明"企业吸纳税收政策"）的人员，与其签订1年以上期限劳动合同并依法缴纳社会保险费的，自签订劳动合同并缴纳社会保险当月起，在3年内按实际招用人数予以定额依次扣减增值税、城市维护建设税、教育费附加、地方教育附加和企业所得税优惠。定额标准为每人每年6000元，最高可上浮30%，各省、自治区、直辖市人民政府可根据本地区实际情况在此幅度内确定具体定额标准。城市维护建设税、教育费附加、地方教育附加的计税依据是享受本项税收优惠政策前的增值税应纳税额。

按上述标准计算的税收扣减额应在企业当年实际应缴纳的增值税、城市维护建设税、教育费附加、地方教育附加和企业所得税税额中扣减，当年扣减不完的，不得结转下年使用。

该通知所称企业是指属于增值税纳税人或企业所得税纳税人等单位。

需要注意的是，以下三种情形不得减免：生产企业出口货物实行当期免抵的增值税税额应按规定征收教育费附加；对增值税、消费税实行先征后返、先征后退、即征即退等办法的，对随税附征的地方教育附加不予退还；对由于减免增值税、消费税而发生退税的，可以同时退还已征收的教育费附加，但对于出口产品退还增值税、消费税的，不退还已征的教育费附加。

（13）享受增值税期末留抵退税政策的集成电路企业，其退还的增值税期末留抵税额，应在城市维护建设税、教育费附加和地方教育附加的计税（征）依据中予以扣除。

（14）单位和个体工商户将自产、委托加工或购买的货物，通过公益性社会组织和县级以上人民政府及其部门等国家机关，或者直接向承担疫情防治任务的医院，无偿捐赠用于应对新型冠状病毒感染的肺炎疫情的，免征增值税、消费税、城市维护建设税、教育费附加、地方教育附加。

（15）自2020年1月1日起，对纳税人运输疫情防控重点保障物资取得的收入，免征增值税的，相应免征城市维护建设税、教育费附加、地方教育附加。自2020年1月1日起，对纳税人提供公共交通运输服务、生活服务，以及为居民提供必需生活物资快递收派服务取得的收入，免征增值税，相应免征城市维护建设税、教育费附加、地方教育附加。

（16）实行增值税留抵退税的纳税人可以从教育费附加、地方教育附加计税依据中扣除退还的增值税税额。

（七）法律责任

纳费人不按规定缴纳地方教育附加的，要加收滞纳金，进行罚款，具体数额由县、市人民政府规定。

三、教育费附加与地方教育附加的关系

（一）共同点

都是为了促进地方教育事业的发展，扩大地方教育事业的资金来源而设置的基金，都属于非税收入项目，都列在一般公共预算中，征收的应纳费额都是增值税、消费税的一定比例。

（二）区别

1. 立项级次不同

教育费附加是按国务院规定设立的，所得费用要在中央和地方之间进行分成，是全国统一实行的。地方教育附加，是地方教育费的补充，由省级设立的，属于地方性基金，用于地方教育事业。地方教育附加在全国不是同一时间征收的，1995年内蒙古自治区开始征收，以后其他省、区、市陆续征收，直到2011年才在全国开始全面征收。

2. 征收比例不同

教育费附加比例为3%，地方教育附加比例为2%。

第三节　文化事业建设费

一、概述

文化事业建设费是国务院为进一步完善文化经济政策，拓展文化事业资金投入渠道而对缴纳增值税的广告服务单位以及从事娱乐服务的单位及个人开征的一种非税收入。文化事业建设费列入一般公共预算。

二、征收管理政策

（一）缴费人

1.广告服务单位

广告服务单位包括在中华人民共和国境内提供广告服务的广告媒介单位和户外广告经营单位；中华人民共和国境外的广告媒介单位和户外广告经营单位在境内提供广告服务，在境内未设有经营机构的，以广告服务接受方为文化事业建设费的扣缴义务人。

在中华人民共和国境内从事广告服务的广告媒介和户外广告经营单位，是指利用图书、报纸、杂志、广播电视、电影、幻灯、路牌、招贴、橱窗、霓虹灯、灯箱、互联网等各种形式为客户的商品、经营服务项目、文体节目或者通告、声明等委托事项进行宣传和提供相关服务的业务活动。其包括广告代理和广告的发布、播映、宣传、展示等。

2.娱乐服务的单位和个人

娱乐服务，是指为娱乐活动同时提供场所和服务业务。具体包括歌厅、舞厅、夜总会、酒吧、台球、高尔夫球、保龄球、游艺（包括射击、狩猎、跑马、游戏机、蹦极、卡丁车、热气球、动力伞、飞镖等）。

娱乐服务的缴费人包括在中华人民共和国境内提供娱乐服务的单位和个人（以下称缴纳义务人）。

文化事业建设费湖北已停止征收，西藏没有开始征收，其他地方都要征收。

（二）计费依据

（1）广告服务：提供广告服务取得的全部含税价款和价外费用，减除支付给其他广告公司或广告发布者的含税广告发布费后的余额。

（2）娱乐服务：提供娱乐服务取得的全部含税价款和价外费用。

（三）缴费比例

采取比例费率，比率为3%。

（四）费额计算

1. 广告服务应缴费额=计费销售额×3%

2. 娱乐服务应缴费额=娱乐服务计费销售额×3%

（五）缴纳期限

文化事业建设费纳税期限与缴纳义务人的增值税纳税期限相同，实行按次、按月、按季征收。缴纳义务人应当向其机构所在地或者居住地主管税务机关申报缴纳。

（六）优惠政策

（1）增值税小规模纳税人中月销售额不超过2万元（按季纳税6万元）的企业和非企业性单位提供的应税服务，免征文化事业建设费。

（2）未达到增值税起征点的提供娱乐服务的单位和个人，免征文化事业建设费。

（3）自2019年7月1日至2024年12月31日，对归属中央收入的文化事业建设费，按照缴纳义务人应缴费额的50%减征；对归属地方收入的文化事业建设费，各省（区、市）财政、党委宣传部门可以结合当地经济发展水平、宣传思想文化事业发展情况等，在应缴费额50%的幅度内减征。

（4）为了应对新冠肺炎疫情冲击，2020年和2021年全面免征文化事业建设费。

（七）法律责任

纳费人不按规定缴纳文化事业建设费的，要加收滞纳金，进行罚款，具体数额由县、市人民政府规定。

第四节　残疾人就业保障金

一、概述

用人单位（国家机关、社会团体、企业事业单位、民办非企业单位）按照国家规定的比例安排残疾人就业，如果达不到规定比例，用人单位要按照上年单位职工月平均工资乘以没有达标的人数取得的资金进行缴费，用于保障残疾人收入待遇。该基金设立的目的是促使残疾人就业。残疾人就业保障金在一般公共预算中的专项收入中列示，专款专用，列入一般公共预算。具体解释如下：

（一）残疾人定义

残疾人是指持有"中华人民共和国残疾人证"，属于证上注明的视力残疾、听力残疾、言语残疾、肢体残疾、智力残疾、精神残疾或多重残疾的人员，或者持有

"中华人民共和国残疾军人证"（1~8级）的人员。

（二）安排残疾人就业标准

用人单位与残疾人签订劳动合同（服务协议）满一年，并给该残疾人缴纳社会保险，其工资水平达到当地最低工资标准。用人单位安排1名持有"中华人民共和国残疾人证"（1~2级）或"中华人民共和国残疾军人证"（1~3级）的人员就业的，按安排2名残疾人就业计算。用人单位跨地区招用残疾人的，应当计入所安排的残疾人就业人数。

二、征收管理政策

（一）缴费人

缴费人包括国家机关、社会团体、企业事业单位、民办非企业单位。

（二）计费依据

计费依据为用人单位上年在职职工年平均工资。

（三）缴费比例

用人单位安排残疾人就业的比例不得低于本单位在职职工总数的1.5%。具体比例由各省、自治区、直辖市人民政府根据本地区的实际情况确定。

（四）缴费计算

$$\text{残保金年缴纳额} = \left(\text{上年用人单位在职职工人数} \times \text{安排残疾人就业比例} - \text{上年用人单位实际已安排的残疾人就业人数} \right) \times \text{上年用人单位在职职工年平均工资}$$

用人单位安排残疾人就业未达到规定比例的差额人数，以公式计算结果为准，可以不是整数。

（五）费款申报缴纳期限

残疾人就业保障金一般按年计算，按月缴纳。实际征收中，部分地区保障金暂按年申报，逐步推行按月缴纳。

（六）减免和优惠政策

（1）自2017年4月1日起，自工商注册登记之日起3年内，在职职工总数30人（含）以下小微企业，免征残疾人就业保障金。

（2）自2020年1月1日起至2020年12月31日止，对在职职工总数30人（含）以下的企业，暂免征收残疾人就业保障金。

（3）自2018年4月1日起，残疾人就业保障金征收标准上限，由当地社会平均工资的3倍降低至2倍。其中，用人单位在职职工平均工资未超过当地社会平均工资2倍（含）的，按用人单位在职职工年平均工资计征残疾人就业保障金；超过当地社会平均工资2倍的，按当地社会平均工资2倍计征残疾人就业保障金。

（4）自2020年4月1日起，实行分档减缴制度。

自 2020 年 1 月 1 日起至 2022 年 12 月 31 日，对残疾人就业保障金实行分档减缴政策。

其中，用人单位安排残疾人就业比例 1%（含）以上但低于本省、区、市规定比例的，3 年内按应缴费额 50% 征收；用人单位安排残疾人就业比例在 1% 以下的，3 年内按应缴费额 90% 征收。

（5）用人单位遇不可抗力、自然灾害或其他突发事件遭受重大直接经济损失，可以申请减免或者缓缴残疾人就业保障金。

（七）法律责任

用人单位未按规定缴纳残疾人就业保障金的，按照《残疾人就业条例》的规定，由残疾人就业保障金征收机关提交财政部门，由财政部门予以警告，责令限期缴纳，逾期仍不缴纳的，除补缴欠缴数额外，还应当自欠缴之日起，按日加收 5‰ 的滞纳金。滞纳金按照残疾人就业保障金入库预算级次缴入国库。

第五节　废弃电器电子产品处理基金

废弃电器电子产品流向分散，由个体手工作坊拆解，技术手段落后，浪费大量资源。采用露天焚烧、强酸浸泡等原始落后方式提取贵金属时随意排放废气、废液、废渣，会对大气、土壤和水体造成严重污染，危害人类健康。为了规范废弃电器电子产品回收处理，促进资源综合利用和循环经济发展，保护环境，保障人体健康，2012 年国家建立废弃电器电子产品处理基金，用于废弃电器电子产品回收处理费用的补贴，列入政府性基金预算。

一、概述

为了规范废弃电器电子产品回收处理和合理利用，国家设立基金专门用于回收处理废弃电器电子产品的补贴。废弃电器电子产品处理基金由《废弃电器电子产品处理基金征收使用管理办法》中规定的电器电子产品生产者、进口电器电子产品的收货人或者其代理人按规定的标准进行缴纳。

二、征收管理政策

（一）缴费人

（1）中华人民共和国境内电器电子产品生产者。生产者，包括具有自主品牌的电器电子产品的生产者和没有自主品牌为他人代工的生产者。

（2）进口电器电子产品的收货人或者其代理人。进口电器电子产品的废弃电器电子产品处理基金由海关征收。

（二）征收对象

（1）电视机，是指含有电视调谐器（高频头）的用于接收信号并还原出图像及伴音的终端设备，包括阴极射线管（黑白、彩色）电视机、液晶电视机、等离子电视机、背投电视机以及其他用于接收信号并还原出图像及伴音的终端设备。

（2）电冰箱，是指具有制冷系统、消耗能量以获取冷量的隔热箱体，包括各自装有单独外门的冷藏冷冻箱（柜）、容积≤500升的冷藏箱（柜）、制冷温度 > -40°C且容积≤500升的冷冻箱（柜），以及其他具有制冷系统、消耗能量以获取冷量的隔热箱体。对上述产品中分体形式的设备，按其制冷系统设备的数量计征基金。对自动售货机、容积 < 50升的车载冰箱以及不具有制冷系统的柜体，不征收基金。

（3）纳入基金征收范围的洗衣机，是指干衣量≤10kg的依靠机械作用洗涤衣物（含兼有干衣功能）的器具，包括波轮式洗衣机、滚筒式洗衣机、搅拌式洗衣机、脱水机以及其他依靠机械作用洗涤衣物（含兼有干衣功能）的器具。

（4）纳入基金征收范围的房间空调器，是指制冷量≤14 000W（12 046大卡／时）的房间空气调节器具，包括整体式空调（窗机、穿墙机、移动式等）、分体式空调（分体壁挂、分体柜机、一拖多、单元式空调器等）以及其他房间空气调节器。对分体式空调器，按室外机的数量计征基金。对不具有制冷系统的空气调节器，不征收基金。

（5）纳入基金征收范围的微型计算机，是指接口类型仅包括VGA（模拟信号接口）、DVI（数字视频接口）或HDMI（高清晰多媒体接口）的台式微型计算机的显示器、主机和显示器一体形式的台式微型计算机、便携式微型计算机（含笔记本电脑、平板电脑）以及其他信息事务处理实体。

（三）征收标准

废弃电器电子产品处理基金采取从量定额征收，电视机类一台征收13元，电冰箱类一台征收12元，洗衣机类一台征收7元，空调类一台征收7元，微型计算机类一台征收10元。生产者的废弃电器电子产品应缴基金由税务机关征收，海关进口应纳缴费范围的电器电子产品由海关征收。

（四）缴费计算

应缴纳废弃电器电子产品处理基金=销售数量（受托加工数量）×征收标准

（五）缴费义务发生时间

（1）基金缴纳人销售产品时，缴费义务发生时间根据结算方式的不同有如下规定：

①采取赊销和分期收款方式结算的，为合同约定的收款日期的当天，如果合同没有约定时间，为发出商品的当天；

②采取预收货款结算方式结算的，为发出商品的当天；

③采取托收承付和委托银行收款方式结算的，为发出商品办妥托收手续的当天；

④采取其他结算方式的，为收取货款和索取销售款凭证的当天。

（2）受托加工应征基金产品，基金缴纳义务人只收取加工费的，为委托方提货的当天。

（3）基金缴纳义务人将应征基金产品用于视同销售情形的，为移送使用的当天。

（4）基金缴纳义务人以委托代销方式销售应征基金产品的，为收到代销单位的代销清单或者收到全部或者部分货款的当天。未收到代销清单及货款的，为发出应征基金产品满180天的当天。

（六）申报缴纳时间

废弃电器电子产品按季申报缴纳，在季度终了之日起15日内向主管税务机关报送"废弃电器电子产品处理基金申报表"申报缴纳废弃电器电子产品处理基金。

（七）基金减免规定

（1）出口电器电子产品，免征废弃电器电子产品处理基金；

（2）购进或收回委托加工已缴纳废弃电器电子产品处理基金的电器电子产品，不收取废弃电器电子产品处理基金；

（3）已缴纳基金发生销货退回的，准许从当期申报中扣除；

（4）生产的有利于资源综合利用电器电子产品、设计的无害化处理方案、使用便于回收利用材料生产的电器电子产品，都可以减征废弃电器电子产品处理基金。

第六节　国家重大水利工程建设基金

一、概述

根据《财政部 国家发展改革委 水利部关于印发〈国家重大水利工程建设基金征收使用管理暂行办法〉的通知》（财综〔2009〕90号）的规定，国家重大水利工程建设基金（简称重大水利基金）是国家为支持南水北调工程建设、解决三峡工程后续问题以及加强中西部地区重大水利工程建设而设立的政府性基金，该基金利用三峡工程建设基金停征后的电价空间设立。重大水利工程基金列入政府性基金预算。

重大水利工程基金按下列原则筹集和分配：

（1）三峡工程建设基金向重大水利基金平稳过渡，保持三峡工程建设基金现行征收政策基本不变；

（2）南水北调和三峡工程直接受益省份筹集的重大水利工程基金，专项用于南水北调工程建设和三峡工程后续工作；

（3）南水北调和三峡工程非直接受益省份筹集的重大水利工程基金，留给所在省份用于本地重大水利工程建设。

二、征收管理政策

（一）缴费人

除企业自备电厂自发自用电量和地方独立电网销售电量外，重大水利工程基金由省级电网企业在向电力用户收取电费时一并代征。

北京、天津、河北、河南、山东、江苏、上海、浙江、安徽、江西、湖北、湖南、广东、重庆等14个南水北调和三峡工程直接受益省份（简称14个省份）电网企业代征的重大水利工程基金，按属地管理原则由当地税务机关负责征收，并全额上缴中央国库。

山西、内蒙古、辽宁、吉林、黑龙江、福建、广西、海南、四川、贵州、云南、陕西、甘肃、青海、宁夏、新疆等16个南水北调和三峡工程非直接受益省份（简称16个省份）电网企业代征的重大水利工程基金，按属地管理原则由当地税务机关负责征收，并全额上缴省级国库。

对企业自备电厂自发自用电量和地方独立电网销售电量应缴纳的重大水利工程基金，按照前面划分的省份按属地管理原则由当地税务机关负责征收，并分别缴入中央和省级国库。

国家重大水利工程基金自2010年1月1日起开始征收，至2025年12月31日止。自2020年1月1日起，缴入中央国库的国家重大水利工程建设基金，根据国务院批复的相关规划，统筹用于南水北调工程和三峡后续工作等。具体的资金分配根据基金年度实际征收情况，以及国务院批复的南水北调工程和三峡后续工作相关规划的资金落实情况等统筹安排。

（二）征收对象

重大水利工程基金在除西藏自治区以外的全国范围内筹集，按照各省、自治区、直辖市扣除国家扶贫开发工作重点县农业排灌用电后的全部销售电量和规定征收标准计征。各省、区、市全部销售电量包括省级电网企业销售给电力用户的电量、省级电网企业扣除合理线损后的趸售电量（即实际销售给转供单位的电量）、省级电网企业销售给子公司的电量和对境外销售电量、企业自备电厂自发自用电量、地方独立电网销售电量（不含省级电网企业销售给地方独立电网企业的电量，下同）。跨省、区、市电力交易，计入受电省份销售电量。

（三）征收标准

根据《财政部 国家发展改革委 水利部关于印发〈国家重大水利工程建设基金征收使用管理暂行办法〉的通知》（财综〔2009〕90号），各省、区、市重大水利基金的具体征收标准见表15-1。

表 15-1 　　　　　　　　　　　　　　**重大水利工程建设基金征收标准** 　　　　　　　　单位：厘/千瓦时

省、区、市	基金征收标准	省、区、市	基金征收标准	省、区、市	基金征收标准
北京	7	浙江	14.36	海南	4
天津	7	安徽	12.92	重庆	7
上海	13.92	福建	7	四川	7
河北	7	江西	5.52	贵州	4
山西	7	山东	7	云南	4
内蒙古	4	河南	11.34	陕西	4
辽宁	4	湖北	0	甘肃	4
吉林	4	湖南	3.75	青海	4
黑龙江	4	广东	7	宁夏	4
江苏	14.91	广西	4	新疆	4

拥有自备电厂企业、地方独立电网企业应准确计量自发自用电量和销售电量，不能准确计量的，由属地税务机关会同省级财政部门按照其最大发电（售电）能力核定自发自用电量和销售电量，并确定重大水利基金征收数额。

（四）缴费计算

重大水利工程建设基金征收数额=全部销售电量×重大水利工程建设基金征收标准

（五）缴费义务发生时间

省级电网企业应将代征的重大水利工程基金与其正常业务收入分账核算。省级电网企业、拥有自备电厂企业和地方独立电网企业应及时足额上缴重大水利工程基金，不得拖延缴纳。

（六）申报缴纳时间

14个省份的重大水利工程基金由属地税务机关按月征收，实行直接缴库。省级电网企业、拥有自备电厂企业和地方独立电网企业应于每月10日前向属地税务机关申报上月实际销售电量（自发自用电量）和应缴纳的重大水利基金。属地税务机关应于每月12日前完成对申报的审核，确定重大水利工程基金征收数额，并向申报企业开具非税收入一般缴款书。省级电网企业、拥有自备电厂企业和地方独立电网企业应于每月15日前，按照属地税务机关开具非税收入一般缴款书所规定的缴款额，足额上缴资金。

缴纳期限按现行规定执行，期限最后一日是法定休假日的，以休假日期满的次日为最后一日，期限内有连续3日以上法定休假日的，按休假日天数顺延。

属地税务机关应根据省级电网企业、拥有自备电厂企业和地方独立电网企业全年实际销售电量（自发自用电量），在次年3月底前完成对相关企业全年应缴重大水利工程基金的汇算清缴工作。属地税务机关开展汇算清缴工作时，应对电力用户欠缴电费、电网企业核销坏账损失的电量情况进行审核，经确认后不计入相关企业全年实际销售电量。16个省份重大水利基金的具体征管办法由当地省级财政部门制定。

（七）基金减免规定

（1）免征水利建设基金的缴纳义务人包括按月纳税的月销售额或营业额不超过10万元或按季度纳税的季度销售额或营业额不超过30万元的缴纳义务人。

（2）财政部《关于对分布式光伏发电自发自用电量免征政府性基金有关问题的通知》（财综〔2013〕103号）规定，为了促进光伏产业健康发展，自2013年11月19日起，对分布式光伏发电自发自用电量免收可再生能源电价附加、国家重大水利工程建设基金、大中型水库移民后期扶持基金、农网还贷资金4项针对电量征收的政府性基金。

（3）根据《财政部关于降低部分政府性基金征收标准的通知》（财税〔2018〕39号），自2018年7月1日起，将国家重大水利工程建设工程基金征收标准，在按照《财政部关于降低国家重大水利工程建设基金和大中型水库移民后期扶持基金征收标准的通知》（财税〔2017〕51号）降低25%的基础上，再统一降低25%。调整后的征收标准=按照《财政部 国家发展改革委 水利部关于印发〈国家重大水利工程建设基金征收使用管理暂行办法〉的通知》规定的征收标准×（1−25%）×（1−25%）。2019年在2018年的基础上再降50%。

征收标准降低后南水北调、三峡后续规划等中央支出缺口，在适度压减支出、统筹现有资金渠道予以支持的基础上，由中央财政通过其他方式予以适当弥补。地方支出缺口，由地方财政统筹解决。要求各地区、各相关部门和单位按照以上通知规定，及时制定出台相关配套措施，确保上述政策落实到位。

按照《财政部关于调整部分政府性基金有关政策的通知》（财税〔2019〕46号），自2019年7月1日起，将国家重大水利工程建设基金征收标准降低50%。降低后各省、区、市征收标准见表15-2。

表15-2　　　　　　　降低后的重大水利工程建设基金征收标准　　　　单位：厘/千瓦时

省、区、市	基金征收标准	省、区、市	基金征收标准	省、区、市	基金征收标准
北京	1.96875	浙江	4.03875	海南	1.125
天津	1.96875	安徽	3.63375	重庆	1.96875
上海	3.915	福建	1.96875	四川	1.96875
河北	1.96875	江西	1.5525	贵州	1.125
山西	1.96875	山东	1.96875	云南	1.125
内蒙古	1.125	河南	3.189375	陕西	1.125
辽宁	1.125	湖北	0	甘肃	1.125
吉林	1.125	湖南	1.0546875	青海	1.125
黑龙江	1.125	广东	1.96875	宁夏	1.125
江苏	4.1934375	广西	1.125	新疆	1.125

（八）法律责任

（1）未经国务院批准，任何地方、部门和单位不得擅自减免重大水利基金，不得调整基金征收范围和征收标准。

（2）各级财政、发展改革、水利、审计、监察部门应按照职责分工，加强对重大水利基金征收、拨付、使用和管理情况的监督检查，确保基金按规定征缴和使用。

（3）对违反相关规定，多征、减征、缓征、停征，或者侵占、截留、挪用重大水利基金的单位及责任人，依照《财政违法行为处罚处分条例》（国务院令第427号）和《违反行政事业性收费和罚没收入收支两条线管理规定行政处分暂行规定》（国务院令第281号）进行处罚或行政处分，构成犯罪的，依法追究刑事责任。

（4）逾期不缴纳的，属地税务机关和省级财政部门应责令其限期缴纳，并从滞纳之日起按日加收滞纳部分2‰的滞纳金。滞纳金纳入本金一并核算。

第七节　农网还贷资金

一、概述

农网还贷资金是对农网改造贷款"一省多贷"的省、自治区、直辖市（指该省、区、市的农网改造工程贷款由多个电力企业承贷）电力用户征收的政府性基金，专项用于农村电网改造贷款还本付息。农网还贷资金自2001年1月1日起开始征收。根据《国务院关于加强预算外资金管理的决定》（国发〔1996〕29号）的规定，农网还贷资金纳入政府性基金预算管理。征收农网还贷资金的电网经营企业，可按年征收额的2‰提取手续费，并记入企业的"应付工资"科目。

二、征收管理政策

（一）缴费人

农网改造贷款"一省多贷"的省、区、市，是指对农网改造贷款"一省多贷"的山西、吉林、湖南、湖北、广东、广西、四川、重庆、云南、陕西等地，其中，山西、陕西、广西3省区农网改造还贷加价收入，均应纳入农网还贷资金征收和使用范围。农网还贷资金由电网经营企业在向用户收取电费时一并收取，并在电费收款凭证中注明农网还贷资金的征收电量、征收标准和征收金额。除规定的减免用量外，电力用户必须及时足额缴纳农网还贷资金。

（二）计费依据

计费依据为农网改造贷款"一省多贷"的省、区、市的社会用电量。

（三）缴费比例

农网还贷资金按社会用电量每度电2分钱标准，并入电价收取。

（四）费额计算

电网经营企业将收取的农网还贷资金在销售收入中单独核算，集中到省级电力企业，由省级电力企业按月向属地税务机关申报农网还贷资金征收情况，属地税务机关按比例开具一般缴款书分别缴入中央和地方省级国库。具体缴库比例原则上按国家批准的农网改造贷款计划确定。农网改造竣工后，实际投资没有完成计划的省、区、市，由财政部相应调整缴入中央和地方省级国库的比例。

（五）缴纳期限

农网还贷资金按月征收。省级电力企业按月向属地税务机关申报农网还贷资金征收情况，属地税务机关按比例开具一般缴款书分别缴入中央和地方省级国库。

农网还贷资金原来执行时间暂定5年，即自2001年1月1日至2005年12月31日。征收期满后，根据农网改造还贷情况由财政部另行规定。2007年1月8日财政部颁布《财政部关于延续农网还贷资金等17项政府性基金政策问题的通知》（财综〔2007〕3号），农网还贷资金继续缴纳。

（六）优惠政策规定

（1）财政部《关于对分布式光伏发电自发自用电量免征政府性基金有关问题的通知》（财综〔2013〕103号）规定，为了促进光伏产业健康发展，自2013年11月19日起，对分布式光伏发电自发自用电量免收可再生能源电价附加、国家重大水利工程建设基金、大中型水库移民后期扶持基金、农网还贷资金4项针对电量征收的政府性基金。

（2）农网还贷资金征收使用应接受财政、审计等部门的监督。有关企业必须严格按照国家规定征收农网还贷资金，不得擅自调整征收范围和标准。使用单位应严格按批准的预算和财政部门核拨的资金及规定用途安排使用农网还贷资金。

农网还贷资金减免范围包括：

①农业排灌，抗灾救灾，氮肥、磷肥、钾肥及原化工部颁发生产许可证的复合肥的生产用电，免征农网还贷资金；

②自备电厂自用电量免征农网还贷资金；

③国有重点煤炭企业生产用电、核工业铀扩散厂和堆化工厂生产用电，农网还贷资金暂按每千瓦时3厘标准征收。

（七）法律责任

有关省、区、市财政厅（局）应根据《农网还贷资金征收使用管理办法》的规定制定具体实施办法，并报财政部备案。

第八节　可再生能源发展基金

一、概述

（一）定义

可再生能源发展基金是由国家财政设立的专门用于支持可再生能源发电和开发利用活动的专项资金，规定除西藏以外在全国范围内征收。可再生能源发展基金列入政府性基金预算。可再生能源发展基金随电费一同征收，为可再生能源电价附加。

（二）用途

可再生能源发展基金资金用途包括以下活动：

（1）可再生能源开发利用的科学技术研究、标准制定和示范工程；

（2）农村、牧区生活用能的可再生能源利用项目；

（3）偏远地区和海岛可再生能源独立电力系统建设；

（4）可再生能源的资源勘查、评价和相关信息系统建设；

（5）促进可再生能源开发利用设备的本地化生产。

二、征收管理政策

（一）征收范围

可再生能源电价附加在除西藏自治区以外的全国范围内，对各省、区、市扣除农业生产用电（含农业排灌用电）后的销售电量进行征收。

可再生能源电价附加由财政部驻各省、区、市属地税务机关按月向电网企业征收，实行直接缴库，收入全额上缴中央国库。

电力用户应缴纳的可再生能源电价附加，按照下列方式由电网企业代征：

（1）大用户与发电企业直接交易电量的可再生能源电价附加，由代为输送电量的电网企业代征；

（2）地方独立电网销售电量的可再生能源电价附加，由地方电网企业在向电力用户收取电费时一并代征；

（3）企业自备电厂自发自用电量应缴纳的可再生能源电价附加，由所在地电网企业代征；

（4）其他社会销售电量的可再生能源电价附加，由省级电网企业在向电力用户收取电费时一并代征。

（二）缴费基数

各省、自治区、直辖市纳入可再生能源电价附加征收范围的销售电量包括：

（1）省级电网企业（含各级子公司）销售给电力用户的电量；

（2）省级电网企业扣除合理线损后的趸售电量，即实际销售给转供单位的电量，不含趸售给各级子公司的电量；

（3）省级电网企业对境外销售的电量；

（4）企业自备电厂自发自用电量；

（5）地方独立电网（含地方供电企业，下同）销售的电量（不含省级电网企业销售给地方独立电网的电量）；

（6）大用户与发电企业直接交易的电量。

省（区、市）际间交易电量，计入受电省份的销售电量征收可再生能源电价附加。

（三）缴费比例

根据《关于调整可再生能源电价附加标准与环保电价有关事项的通知》（发改价格〔2013〕1651号），自2013年9月25日起，将向除居民生活和农业生产以外的其他用电量征收的可再生能源电价附加征收标准提高至1.5分/千瓦时。

根据《关于提高可再生能源发展基金征收标准等有关问题的通知》（财税〔2016〕4号），自2016年1月1日起，将各省（自治区、直辖市，不含新疆维吾尔自治区、西藏自治区）居民生活和农业生产以外全部销售电量的基金征收标准，由每千瓦时1.5分提高到每千瓦时1.9分。新疆维持1.5分/千瓦时，西藏不征收。

（四）费额计算

可再生能源电价附加=企业全年实际销售电量×0.019元

属地税务机关根据省级电网企业和地方独立电网企业全年实际销售电量，在次年3月底前完成对相关企业全年应缴可再生能源电价附加的汇算清缴工作。开展汇算清缴工作时，应对电力用户欠缴电费、电网企业核销坏账损失的电量情况进行审核，经确认后不计入相关企业全年实际销售电量。

（五）缴纳期限

可再生能源电价附加按月缴纳，次年3月底完成全年的汇算清缴工作。

省级电网企业和地方独立电网企业，应于每月10日前向属地税务机关申报上月实际销售电量（含自备电厂自发自用电量，下同）和应缴纳的可再生能源电价附加。属地税务机关应于每月12日前完成对企业申报的审核，确定可再生能源电价附加征收额，并向申报企业开具非税收入一般缴款书。省级电网企业和地方独立电网企业，应于每月15日前，按照属地税务机关开具非税收入一般缴款书所规定的缴款额，足额上缴可再生能源电价附加。

（六）减免政策

财政部《关于对分布式光伏发电自发自用电量免征政府性基金有关问题的通知》（财综〔2013〕103号）规定，为了促进光伏产业健康发展，自2013年11月19日起，对分布式光伏发电自发自用电量免收可再生能源电价附加、国家重大水利工程建设基金、大中型水库移民后期扶持基金、农网还贷资金4项针对电量征收的政府性基金。

（七）法律责任

财政、价格、能源、审计部门按照职责分工，对可再生能源电价附加的征收、拨付、使用和管理情况进行监督检查。

省级电网企业和地方独立电网企业，应及时足额上缴可再生能源电价附加，不得拖延缴纳。

未经批准，多征、减征、缓征、停征或截留、挤占、挪用可再生能源电价附加收入的单位及责任人，由财政、价格、能源、审计等相关部门依照《中华人民共和国价格法》《财政违法行为处罚处分条例》《价格违法行为行政处罚规定》等法律法规追究法律责任。

第九节　大中型水库移民后期扶持基金

一、概述

大中型水库移民后期扶持基金属于中央水库移民后期扶持基金的重要组成部分。2016年将大中型水库移民后期扶持基金、跨省际大中型水库库区基金、三峡水库库区基金合并为中央水库移民扶持基金。但是三个基金还是按照各自标准在征收，为了便于学习，本教材还是对中央水库移民扶持基金中的各项进行单独编写。

（一）定义

大中型水库移民后期扶持基金（以下简称后期扶持基金），是国家为扶持大中型水库农村移民解决生产生活问题而设立的政府性基金。大中型水库移民后期扶持基金属于政府性基金。

（二）预算管理

该基金列入政府性基金预算，按照"收支两条线"原则纳入中央财政预算管理。

二、征收管理政策

（一）缴费人

后期扶持基金由各省级电网企业在向电力用户收取电费时一并代征，按月上缴中央国库。中央财政按电网企业代征额的2%付给其代征手续费。代征手续费在该项基金的预算支出中安排，由中央财政分别支付给国家电网公司、中国南方电网有限责任公司和内蒙古自治区电力有限责任公司，具体支付方式按照财政部有关规定执行。代征电网企业不得在代征收入中直接提留代征手续费。

（二）计费依据

对于省级电网企业在本省（区、市）区域内扣除农业生产用电后的全部销售电量加价征收。

（三）征收标准（见表15-3）

表15-3　　　　从销售电价加价中征收的后期扶持基金标准　　　　单位：厘/千瓦时

省、区、市	基金征收标准	省、区、市	基金征收标准
北京	8.3	河南	8.3
天津	8.3	湖北	8.3
河北	8.3	湖南	8.3
山西	3.5	广东	8.3
内蒙古	3.2	广西	8.3
辽宁	3.1	重庆	8.3
吉林	8.3	四川	8.3
黑龙江	5.5	贵州	6.3
江苏	3.9	云南	5.0
浙江	8.3	陕西	8.3
安徽	8.3	甘肃	3.5
福建	8.3	青海	1.9
江西	8.3	宁夏	2.1
山东	8.3	新疆	2.8

（四）缴费计算

应缴后期扶持基金=（全部销售电量-免征电量）×本区域征收标准

（五）费款申报缴纳期限

电网企业于每月15日前申报缴纳。后期扶持基金划转税务部门征收后，税务部门根据省级电网企业全年实际销售电量，在次年3月底前完成对当地省级电网企业全年应缴后期扶持基金的清算和征缴。

省级电网企业应在规定的申报期限内通过税务部门网上申报系统或到办税服务厅自行申报缴纳。省级电网企业应及时足额上缴代征的后期扶持基金，不得延期缴纳。如发生延期缴纳，属地征管机关应责令其尽快足额缴纳基金，并从逾期之日起按每日2‰的标准加收滞纳金。

（六）减免和优惠政策

（1）农业生产用电免征该基金；

（2）省级电网企业间销售电量（由买入方在最终销售环节向用户收取）免征该基金；

（3）经国务院批准，可以免除交纳后期扶持基金的其他电量。

（4）2013年，财政部《关于对分布式光伏发电自发自用电量免征政府性基金有关问题的通知》（财综〔2013〕103号）规定，自2013年11月19日起对分布式光伏发电自发自用电量免征后期扶持基金。

（5）自2017年7月1日起将后期扶持基金的征收标准统一降低25%。

未经国务院批准，任何单位和部门均不得减免后期扶持基金。

（七）法律责任

电网企业应按照规定及时足额上缴代征的后期扶持基金，不得延期缴纳。如发生延期缴纳，应责令其尽快足额缴纳，并从逾期之日起按每日2‰的标准加收滞纳金。

第十节　跨省际大中型水库库区基金

一、概述

（一）定义

为了促进库区和移民安置区经济社会发展，对水库实际上网销售电量征收跨省际大中型水库库区基金。具体是指对装机容量为2.5万千瓦时及以上的发电收入的跨省、自治区、直辖市大中型水库征收的基金。

（二）预算管理

跨省际大中型水库库区基金，都纳入中央财政预算管理。

二、征收管理政策

（一）缴费人

跨省际大中型水库库区基金缴费人为跨省际水库的独立法人。如果没有独立法人，由水库归属企业缴纳。

（二）征收对象

跨省际大中型水库库区基金征收对象是跨省际水库的实际上网销售的电量。

（三）征收标准

跨省际大中型水库库区基金征收标准都是按照每千瓦时8厘来征收。

（四）缴费计算

缴费额=实际电量×征收标准

（五）申报缴纳时间

实行按月征收，每月15日申报缴纳。

（六）减免和优惠政策

跨省际大中型水库库区基金暂时没有减免优惠政策。

第十一节　三峡水库库区基金

一、概述

（一）定义

为了促进三峡库区和移民安置区经济社会发展，财政部《关于三峡水库库区基金有关问题的通知》（财综〔2007〕69号）文件明确规定，对三峡库区水库实际上网销售电量征收三峡水库库区基金。该项基金按照三峡电站机组实际上网销售电量和一定标准来进行征收，主要用于安排三峡库区维护和管理费用以外，按照一定比例在湖北省和重庆市进行分配用于当地三峡库区及移民安置区基础设施建设和经济发展规划，支持三峡库区防护工程和移民生产、生活设施维护和解决三峡库区移民的其他遗留问题等。

（二）预算管理

三峡水库库区基金属于政府性基金，纳入中央财政预算管理。

二、征收管理政策

（一）缴费人

三峡水库库区基金缴费人为中国长江三峡集团有限公司（原中国三峡工程开发总公司）、中国长江电力股份有限公司。

（二）征收对象

三峡水库库区基金征收对象是三峡电站机组实际上网销售电量。

（三）征收标准

三峡水库库区基金征收标准按照每千瓦时8厘来征收。

（四）缴费计算

缴费额=实际电量×征收标准

（五）申报缴纳时间

实行按月征收，每月15日申报缴纳。

（六）减免和优惠政策

三峡水库库区基金暂时没有减免优惠政策。

第十二节　三峡电站水资源费

一、三峡电站水资源费

（一）概述

1.定义

根据《取水许可和水资源费征收管理条例》（国务院令第460号）和《财政部 国家发展改革委 水利部关于印发〈水资源费征收使用管理办法〉的通知》（财综〔2008〕79号）的规定，经国务院同意，专门向中国长江电力股份有限公司征收三峡电站水资源费。三峡电站水资源费纳入一般公共预算。

2.征收原则

三峡电站水资源费的中央分成和湖北省分成部分，由缴费人向湖北省税务部门申报缴纳；重庆市分成部分，由缴费人向重庆市税务部门申报缴纳。

制定水资源费征收标准的基本原则：

（1）促进水资源的合理开发、利用、节约和保护；

（2）与水资源条件和经济社会发展水平相适应，并充分考虑不同产业和行业的差别；

（3）保持同类性质用水水资源费征收标准的统一性，维护公平的市场环境。

由流域管理机构审批取水的中央直属和跨省、区、市水利工程的水资源费征收标准，由国家发展改革委会同财政部、水利部制定和调整。

其他水利工程的水资源费征收标准，由省、区、市价格主管部门会同同级财政、水行政主管部门制定和调整，报本级人民政府批准，并报国家发展改革委、财政部、水利部备案。

3. 中央与地方的分成

三峡电站水资源费收入的10%上缴中央国库，其余90%按比例在湖北省和重庆市之间进行分配（湖北省16.67%、重庆市83.33%），并分别上缴两省市国库。

在政府收支分类科目103类02款02项"水资源费收入"下增设01目"三峡电站水资源费收入"，用于核算上缴中央和地方国库的三峡电站水资源费收入。

（二）征收管理政策

1. 缴费人

自2009年9月1日起，中国长江电力股份有限公司按照三峡电站实际发电量和《国家发展改革委 财政部 水利部关于中央直属和跨省水利工程水资源费征收标准及有关问题的通知》（发改价格〔2009〕1779号）规定的征收标准缴纳水资源费。

2. 征收对象

中国长江电力股份有限公司全年实际发电量。

3. 征收标准

由流域管理机构审批取水的中央直属和跨省、区、市水利工程的水资源费征收标准为：

（1）供农业生产用水暂免征收水资源费。

（2）供非农业用水（不含供水力发电用水）暂按取水口所在地现行标准执行。

（3）水力发电用水为每千瓦时0.3分~0.8分，其中：取水口所在地省、区、市制定的同类水力发电用水水资源费征收标准低于每千瓦时0.3分的，按0.3分执行；高于0.8分的，按0.8分执行；在0.3分~0.8分之间的，维持不变。抽水蓄能发电用水暂免征收水资源费。

4. 缴费计算

缴费额=实际电量×征收标准

5. 申报缴纳时间

三峡电站水资源费由属地税务机关负责按月征收，暂实行以下收缴方式：中国长江电力股份有限公司于每月10日前向属地税务机关申报上月实际发电量和应缴纳的水资源费。属地税务机关于每月12日前完成对申报的审核，确定水资源费征收数额，对中央分成的10%部分，由湖北属地税务机关向中国长江电力股份有限公司开具非税收入一般缴款书；对湖北省分成的15.003%部分和重庆市分成的74.997%部分，由湖北属地税务机关分别向中国长江电力股份有限公司开具两份一般缴款书。中国长江电力股份有限公司于每月15日前按非税收入一般缴款书和两份一般缴款书规定的缴款额足额上缴资金，其中：中央分成收入，由中国长江电力股份有限公司缴入财政部为湖北属地税务机关开设的中央财政汇缴专户；湖北省分成收入，由中国长江电力股份有限公司通过其开户银行就地缴入国家金库湖北省宜昌市中心支库。重庆市分成收入，由中国长江电力股份有限公司从其开户银行通过中国现代化支付系统汇划至国家金库重庆市分库，汇款凭证中"收款人账号"为"278"，"附言"中应载明"地方级，103020201三峡电站水资源费收入"，同时将加盖开户银行业务印章的一般缴款书第三、第四联寄往国家金库重庆市分库，第五联送湖北属地税务机关，并将汇款凭证复印件寄往重庆市财政局。国家金库重庆市分库收到汇款和缴款凭证后，及时准确办理入库手续。收款国库与湖北属地税务机关及同级财政部门之间要加强资金入库的对账工作，确保缴库资金准确和安全。

属地税务机关根据中国长江电力股份有限公司全年实际发电量，在次年3月底前完成对该公司全年应缴水资源费的清算和征缴。

6. 基金减免规定

供农业生产用水和抽水蓄能发电用水暂免征收水资源费。

7. 法律责任

湖北省、重庆市人民政府要加强三峡电站水资源费使用管理，确保专款专用，并制定具体使用管理办法。财政部、国家发展改革委、水利部、中国人民银行和审计署按照职责加强对三峡电站水资源费征收缴库及使用情况的监督检查。

各地不得越权出台涉及中央直属和跨省、区、市水电企业的新的行政事业性收费项目。中央直属和跨省、区、市水利工程名录，由水利部商国家发展改革委、财政部确定并公布。

第十三节　核电站乏燃料处理处置基金

为规范我国核电站乏燃料处理处置基金项目管理，保障基金合理和有效使用，依据《核电站乏燃料处理处置基金征收使用管理暂行办法》（财综〔2010〕58号）及其他有关规定，制定核电站乏燃料处理处置基金的征收、解缴、使用和监督检查等办法。核电站乏燃料处理处置基金列入政府性基金预算。

一、概述

（一）定义

核电站乏燃料处理处置基金是专项用于核电站乏燃料处理处置的政府性基金。

（二）具体使用范围

具体使用范围包括：（1）乏燃料运输；（2）乏燃料离堆贮存；（3）乏燃料后处理（含乏燃料后处理中试厂进行的商用核电站乏燃料后处理）；（4）乏燃料后处理所产生的高放废物处理处置；（5）乏燃料后处理厂的建设、运行、改造和退役；（6）乏燃料处理处置的其他支出。

二、征收管理政策

（一）缴费人

凡拥有已投入商业运行5年以上压水堆核电机组的核电厂（以下简称核电厂），应当按照本办法规定缴纳核电站乏燃料处理处置基金。

（二）征收对象

乏燃料处理处置基金按照核电厂已投入商业运行5年以上压水堆核电机组的实际上网销售电量征收。

乏燃料处理处置基金计入核电厂发电成本。

乏燃料处理处置基金由核电厂所在省、自治区、直辖市、计划单列市属地税务机关负责征收，并实行直接缴库。

（三）征收标准

征收标准为0.026元/千瓦时。财政部会同国家发展改革委、工业和信息化部、国家能源局、国防科工局等部门根据核电发展规模及乏燃料处理处置资金需求的变化，适时调整征收标准。

（四）缴费计算

乏燃料处理处置基金＝年度实际上网销售电量×征收标准

（五）缴费义务发生时间

《核电站乏燃料处理处置基金征收使用管理暂行办法》（财综〔2010〕58号）自2010年10月1日起施行。此办法施行前相关核电厂预提且尚未使用的乏燃料处理处置资金，应按此办法第八条规定的上缴方式，于2010年10月15日前向当地税务机关申报和上缴本企业预提且尚未使用的乏燃料处理处置资金。

确有困难无法一次性缴纳预提且尚未使用的乏燃料处理处置资金的核电厂，应向当地专员办事处提出延期或分期缴纳的书面申请并随附相关材料，由专员办事处核实情况并报财政部审批后执行，延期或分期缴纳的期限最长不得超过3年。

（六）申报缴纳时间

核电站乏燃料处理处置基金实行按年征收。

核电厂应于每年1月10日前向属地税务机关申报上年实际上网销售电量和应缴纳的乏燃料处理处置基金。属地税务机关应于每年1月20日前完成对申报的审核，并向申报企业开具非税收入一般缴款书。核电厂应在5日内按照属地税务机关开具的非税收入一般缴款书所确定的缴款额足额上缴资金。缴库时填列政府收支分类科目103类"非税收入"，01款"政府性基金收入"，66项"核电站乏燃料处理处置基金收入"（新增）。

（七）法律责任

核电厂应按照本办法规定及时足额上缴乏燃料处理处置基金，不得拖欠。凡无正当理由拖欠缴纳乏燃料处理处置基金的，属地税务机关应责令其尽快补缴，并从逾期之日起按日加收应缴金额1‰的滞纳金。滞纳金纳入乏燃料处理处置基金收入管理。

未经国务院或财政部批准，任何地方、部门和单位不得擅自改变乏燃料处理处置基金的征收对象、范围和标准，不得减征、免征、缓征、停征乏燃料处理处置基金，也不得改变乏燃料处理处置基金的使用范围和原则。

乏燃料处理处置基金的征收、解缴、使用等应当接受财政、审计、投资管理部门的监督，任何单位或者个人不得拒绝、妨碍和阻挠。

对于违反本办法，不缴、少缴、缓缴乏燃料处理处置基金或者侵占、截留、挪用乏燃料处理处置基金的责任单位及责任人，按照《财政违法行为处罚处分条例》（国务院令第427号）以及国家有关法律法规规定处理；涉嫌犯罪的，移交司法机关依法处理。

为保障核电厂的安全运行及乏燃料处理处置，国防科工局应负责督促相关单位及时转运乏燃料。

第十四节　免税商品特许经营费

一、概述

免税商品特许经营费是为进一步加强免税商品经营管理，体现免税行业特许经营政策，理顺企业与国家的利益分配关系，特别向指定免税商品征收的费用。免税商品特许经营费列入一般公共预算。

免税商品是指免征关税、进口环节税的进口商品和实行退（免）税（增值税、消费税）进入免税店销售的国产商品。免税商品经营业务包括：中国免税品（集团）总公司的免税商品经营业务，以及设立在机场、港口、车站、陆路边境口岸和海关监管特定区域的免税商店以及在出境飞机、火车、轮船上向出境的国际旅客、驻华外交官和国际海员等提供免税商品购物服务的特种销售业务。

二、征收管理政策

（一）缴费人

征收免税商品特许经营费的企业包括：中国免税品（集团）总公司、深圳市国有免税商品（集团）有限公司、珠海免税企业（集团）有限公司、中国中旅（集团）公司、中国出国人员服务总公司、上海浦东国际机场免税店以及其他经营免税商品或代理销售免税商品的企业。

（二）征收对象

在国际交通工具上销售（或代理销售）免税商品的民航、交通、铁道等行业的企业，以及非全部经营免税商品的企业，应将免税商品销售额单独核算，并在企业纳税所在地缴纳特许经营费。

经营国产品的免税企业，应将享受出口退税政策的国产品及从境外以免税方式进口经营的国产品均视同免税商品，按规定缴纳特许经营费。企业经营完税国产品，不缴纳特许经营费。对免税商品经营实行招投标管理模式的单位，应在招标标的中，明确国家征收特许经营费的有关事项。承租免税商品经营场所的免税品经营企业，根据国家征收免税商品特许经营费的有关规定，与租赁方协商同意后，可变更原签订的租赁合同（协议）。

（三）征收标准

中国免税品（集团）总公司按其合并会计报表口径，由总公司集中缴纳；中国免税品（集团）总公司供货的其他免税商品经营企业在企业所在地就地解缴。

凡经营免税商品的企业，均按经营免税商品业务年销售收入（额）的1%向国家上缴特许经营费。海南按照4%征收。

2006年3月20日，《财政部关于印发〈免税商品特许经营费缴纳办法〉的补充通知》中，将原办法规定的凡经营免税商品的企业，"均按经营免税商品业务年销售收入（额）的1%，向国家上缴特许经营费"，改为"按经营免税商品业务年销售收入的1%，向国家上缴特许经营费"。

（四）缴费计算

应缴免税商品特许经营费=免税商品业务年销售收入×1%

（五）缴费义务发生时间

自 2005 年 1 月 1 日起施行，2006 年起征收 2005 年度免税商品特许经营费。《财政部关于征收免税品经营专营利润的通知》（财企〔2002〕27 号）文件相应废止。

（六）申报缴纳时间

免税商品经营企业于年度终了前 5 个月内，依据注册会计师的审计报告，清算当年应缴免税商品特许经营费并上缴中央金库。

（七）法律责任

各省、自治区、直辖市及计划单列市属地税务机关负责免税商品特许经营费缴纳情况的监督检查。

第十五节　油价调控风险准备金

一、概述

为完善成品油价格形成机制，加强和规范油价调控风险准备金（以下简称油价风险准备金）征收管理，根据《预算法》和《国家发展改革委关于进一步完善成品油价格形成机制有关问题的通知》（发改价格〔2016〕64 号）的有关规定，制定风险准备金的收缴、预算、使用和监督管理办法，即财政部、国家发展改革委印发的《油价调控风险准备金征收管理办法》（财税〔2016〕137 号）。

油价风险准备金设置的目的是稳定大宗商品的价格，避免国际油价暴跌重创国内石油企业，防止日后涨价带来的石油需求的价格的风险。

油价风险准备金全额上缴中央国库，纳入一般公共预算管理，列入"其他专项收入"科目，统筹用于节能减排、提升油品质量、保障石油供应安全，以及应对国际油价大幅波动，实施保障措施的资金来源。

二、征收管理政策

（一）缴费人

油价风险准备金的缴纳义务人为中华人民共和国境内生产、委托加工和进口汽、柴油的成品油生产经营企业。

风险准备金由缴纳义务人申报缴纳。其中，缴纳义务人有两个及以上从事成品油生产经营企业的，可由征收机关指定集团公司或其他公司实行汇总缴纳。

中国石油天然气集团公司、中国石油化工集团公司、中国海洋石油总公司等中央企业应当缴纳的风险准备金，由财政部驻北京属地税务机关负责征收。

地方企业应当缴纳的风险准备金，由所在省、区、市税务征收机关负责征收。

（二）征收对象

当国际市场原油价格低于国家规定的成品油价格调控下限时，缴纳义务人应按照汽、柴油的销售数量和规定的征收标准缴纳风险准备金。当前我国规定调控下限为40美元。

汽、柴油销售数量是指缴纳义务人于相邻两个调价窗口期之间实际销售数量。

（三）征收标准

风险准备金征收标准按照成品油价格未调金额确定。成品油价格未调金额由国家发展改革委、财政部根据国际原油价格变动情况，按照现行成品油价格形成机制计算核定，于每季度前10个工作日内，将上季度每次调价窗口期的征收标准，书面告知征收机关。

风险准备金的缴纳地点为缴纳义务人注册登记地。

表15-4是《油价调控风险准备金征收管理办法》所给出的2016年年初，"地板价"实行后，各炼油销售单位应当缴纳的风险准备金金额。

表15-4　　　　　　　　　　　风险准备金征收标准

调价窗口期	调价周期天数		汽油90#	柴油0#
	天		元/吨	元/吨
2016年1月14日—1月27日	14		460	445
2016年1月28日—2月15日	19		770	740
2016年2月16日—2月29日	14		560	540
2016年3月1日—3月14日	14		495	475
2016年3月15日—3月28日	14		190	180
2016年3月29日—4月12日	15		50	50
2016年4月13日—4月26日	14		120	115

（四）缴费计算

按照汽、柴油销售数量和规定征收标准来进行计算。

汽、柴油销售数量，是指缴纳义务人于相邻两个调价窗口期之间实际销售数量。汽、柴油实际销售数量的确定：

（1）直接生产销售汽、柴油的（不包括销售未经生产加工的外购汽油），其销售数量以发票开具日期及数量为准。无法提供发票的，以无法确定销售日期的全月销售量和窗口期占全月时间比合理确定。

（2）进口汽、柴油的，其销售数量以报关日期及报关数量为准。

（3）委托加工汽、柴油的，其销售数量按已委托加工合同签署日期及交货凭证确认。没有交货凭证的，以月度总交货量和窗口期占全月时间比合理确定。

（4）来料加工贸易以及直接用于一般贸易出口的汽、柴油，不纳入风险准备金征收范围。

（五）缴费义务发生时间

缴纳义务人可以选择按季度或者按年度缴纳风险准备金。具体缴纳方式由缴纳义务人报征收机关核准。缴纳方式一经确定，不得随意变更。

缴纳义务人应当根据《油价调控风险准备金征收管理办法》规定，向所在地征收机关如实申报汽、柴油销售数量和应缴纳的风险准备金。

（六）申报缴纳时间

按季度缴纳的，缴纳义务人应当于每季度前15个工作日内，如实填写"油价调控风险准备金申报表"，提交给征收机关审核。

按年度缴纳的，缴纳义务人应当于每年1月20日前，如实填写"油价调控风险准备金申报表"，提交给征收机关审核。

（七）基金减免规定

任何单位和个人不得违反本办法规定，擅自减免或缓征风险准备金，不得自行调整风险准备金征收对象、范围和标准。

（八）法律责任

风险准备金的征收情况应当接受财政、发展改革（价格）部门的监督检查和审计机关的审计监督。

缴纳义务人应当按照本通知规定，及时申报和缴纳风险准备金，不得拒绝或拖延。

征收机关要加强风险准备金征收管理，对逃避缴纳、应申报未申报、申报不实等情况，严格按照法律、行政法规规定查处，确保资金及时足额入库。

征收机关违反规定，多征、提前征收或者减征、免征、缓征应征风险准备金收入的，严格按照有关法律、行政法规规定，追究负有直接责任的主管人员和其他直接责任人员法律责任。

第十六节　核事故应急准备专项收入

一、概述

核事故应急准备专项收入是国家为了核事故应急资金需要而征收的一项专项收入，纳入一般公共预算。

为加强核电厂核事故应急准备专项收入的管理，进一步规范收缴和使用，根据国务院发布的《核电厂核事故应急管理条例》，财政部和国防科工委于2007年9月29日联合发布了《核电厂核事故应急准备专项收入管理规定》（财防〔2007〕181号）。该规定对核事故应急准备专项收入的来源、上缴标准和比例、收缴时间和方式、应用范围、预算和决算机制、监管机制等作了明确规定。

场外核应急专项收入主要用于国家和地方的场外核应急准备工作，包括：核应急设施的基本建设、运行维护和更新改造；核应急机构组织开展的公众宣传教育、人员培训、应急值班、应急演习、科技攻关、国际交流、法规和标准制定、核应急预案和方案编制等工作。

二、征收管理政策

（一）缴费人

场内核应急准备资金由核电企业承担，并作为核电企业的成本开支项目，基建期在工程基建费中列支；运行期在企业的管理费中列支。

场外核应急准备资金由核电企业和地方省级人民政府共同承担。

核电企业承担的部分，按规定的比例，以财政专项收入的形式分别上缴中央和地方财政，并由中央和地方财政纳入预算内管理；地方承担的部分，由地方省级人民政府自行筹措使用。核电企业上缴的场外核应急专项收入作为成本开支项目，基建期在工程基建费中列支，运行期在企业的管理费中列支。

（二）征收对象

包括基建期的设计额定容量与运行期年度上网销售电量。

（三）征收标准

（1）核电企业承担上缴的场外核应急专项收入，基建期按设计额定容量每千瓦5元人民币的标准缴纳，并在核电工程浇灌第一罐混凝土的当年起3年内按规定承担数额的30%、40%、30%分年度缴清；

（2）运行期按年度上网销售电量每千瓦0.2厘人民币的标准缴纳。

（四）缴费计算

除基建期场外核应急专项收入分年度按比例上缴外，运行期场外核应急专项收入缴费公式如下：

场外核应急专项收入=年度上网销售电量×0.2厘/千瓦

（五）缴费义务发生时间

核电企业按年申报缴纳。核电企业应于每年3月底前，向当地税务机关申报缴纳中央场外核应急专项收入。

核电企业应于每年3月底前，将当年应缴纳中央和地方管理的场外核应急专项收入分别及时足额缴库。属地税务机关负责中央场外核应急专项收入的征收工作，省级财政部门负责地方场外核应急专项收入的监缴工作。

同一省、区、市内，核电企业缴纳的场外核应急专项收入按比例分别上缴中央和地方。首期建设的核电厂按15%和85%的比例上缴中央和地方财政；后续再建的核电厂按50%和50%的比例上缴中央和地方财政。

（六）法律责任

财政、审计、监察及国防科工委等部门负责对核电厂核应急专项收入的收缴和使用进行监督检查，任何单位不得以任何理由阻挠或逃避。

第十七节　石油特别收益金

一、概述

石油特别收益金，是指国家对石油开采企业销售国产原油因价格超过一定水平所获得的超额收入按比例征收的收益金。石油特别收益金列入政府性基金预算。

二、征收管理政策

（一）缴费人

凡在中华人民共和国陆地领域和所辖海域独立开采并销售原油的企业，以及在上述领域以合资、合作等方式开采并销售原油的其他企业（以下简称合资合作企业），均应当按照财政部印发《石油特别收益金征收管理办法》（财企〔2006〕72号）及《财政部关于征收石油特别收益金有关问题的补充通知》（财企〔2006〕183号）的规定缴纳石油特别收益金。中外合作油田按规定上缴国家的石油增值税、矿区使用费、国家留成油不征收石油特别收益金。石油特别收益金属中央财政非税收入，纳入一般公共预算管理。

（二）征收对象

财政部负责石油特别收益金的征收管理工作。中央石油开采企业向财政部申报缴纳石油特别收益金；地方石油开采企业向属地税务机关申报缴纳；合资合作企业应当缴纳的石油特别收益金由合资合作的中方企业代扣代缴。

石油开采企业集团公司有下属多家石油开采企业的，石油特别收益金以石油开采企业集团公司为单位汇总缴纳。

（三）征收标准

石油特别收益金征收比率按石油开采企业销售原油的月加权平均价格确定。为便于参照国际市场油价水平，原油价格按美元/桶计价，起征点为65美元/桶。石油特别收益金征收实行5级超额累进从价定率计征，征收比率为20%~40%。具体征收比率及速算扣除数见表15-5。

表15-5　　　　　　　石油特别收益金征收比率及速算扣除数

原油价格（美元/桶）	征收比率	速算扣除数（美元/桶）
65 ~ 70（含）	20%	0
70 ~ 75（含）	25%	0.25
75 ~ 80（含）	30%	0.75
80 ~ 85（含）	35%	1.5
85以上	40%	2.5

例如现在国际油价每桶72美元，对应每桶应征石油特别收益金计算方法为：（72-65）×0.25=1.75美元，然后1.75-0.25（对应速算扣除数）=1.5美元。

（四）缴费计算

计算石油特别收益金时，原油吨桶比按石油开采企业实际执行或挂靠油种的吨桶比计算；美元兑换人民币汇率以中国人民银行当月每日公布的中间价按月平均计算。

石油特别收益金=［（原油价格-65）×征收比率-速算扣除数］×销售总数×当月平均汇率

（五）申报缴纳时间

缴纳石油特别收益金的石油开采企业，应当如实填写石油特别收益金申报表，各集团公司汇总后，在每季度结束后的10个工作日内，向税务机关申报缴纳。

实行按月计算，按季申报、按月缴纳。

（六）基金减免规定

石油特别收益金暂无优惠政策。

财政机关不得擅自减征或免征石油开采企业应缴纳的石油特别收益金。

石油特别收益金列入企业成本费用，准予在企业所得税税前扣除。

（七）法律责任

石油开采企业在规定的期限内未足额缴纳石油特别收益金的，由财政机关责令限期缴纳，并从滞纳之日起按日加收万分之五的滞纳金。

石油开采企业未按照规定缴纳石油特别收益金的，由财政机关按照《财政违法行为处罚处分条例》的规定予以处罚。

第十八节　水利建设基金

一、概述

水利建设基金是用于水利建设的专项资金，由中央水利建设基金和地方水利建设基金组成。中央水利建设基金主要用于关系经济社会发展全局的重点水利工程建设。地方水利建设基金主要用于地方水利工程建设。跨流域、跨省、区、市的重大水利建设工程和跨国河流、国界河流我方重点防护工程的治理投资由中央和地方共同负担。水利建设基金属于政府性基金。

二、资金来源

（一）中央水利建设基金的来源

中央水利建设基金的来源包括以下3项：

（1）从车辆购置税收入中定额提取。

（2）从铁路建设基金、港口建设费收入中提取3%。根据交通运输部海事局《关于港口建设费征收政策执行到期有关工作的通知》，决定港口建设费征收至2020年12月31日止。港口建设费征收时间为2011年10月1日至2020年12月31日，自2021年1月1日零时起，对于对外开放口岸港口辖区范围内所有货物不再征收港口建设费。

（3）经国务院批准的其他可用于水利建设基金的资金。

（二）地方水利建设基金的来源

地方水利建设基金的来源包括以下4项：

（1）从地方收取的政府性基金和行政事业性费收入中提取3%。应提取水利建设基金的地方政府性基金和行政事性收费项目包括：车辆通行费、城市基础设施配套费、征地管理费，省、区、市人民政府确定的政府性基金和行政事业性收费项目。

（2）经财政部批准，各省、区、市向企事业单位和个体经营者征收的水利建设基金。

（3）地方人民政府按规定从中央对地方成油价格和税费改革转移支付资金中足额安排资金，划入水利建设基金。

（4）有重点防洪任务和水资源严重短缺的城市要从征收的城市维护建设税中划出不少于15%的资金，用于城市防洪和水源工程建设。具体比例由省、区、市人民政府确定。

有重点防洪任务的城市包括：北京、天津、沈阳、盘锦、长春、吉林、哈尔滨、齐齐哈尔、佳木斯、郑州、开封、济南、合肥、芜湖、安庆、淮南、蚌埠、上海、南京、武汉、黄石、荆州、南昌、九江、长沙、岳阳、成都、广州、南宁、梧州、柳州，以及省、区、市人民政府确定的有重点防洪任务的城市。

水资源严重短缺的城市，水利建设基金征收政策由省、区、市人民政府确定。

三、征收管理政策

根据《财政部关于国家重大水利工程建设基金、水利建设基金划转税务部门征收的通知》的规定，自2020年1月1日起，将向企事业单位和个体经营者征收的水利建设基金，划转至税务部门征收。以前年度应缴未缴的基金收入，由税务部门负责征缴入库。

（一）缴费人

企事业单位和个体经营者是水利建设基金的缴费主体。

（二）征收方式

水利建设基金主要有五种计费方式：

一是按比例提取。主要是安徽、湖南、陕西、山西、河南、湖北、广东、海南、重庆、贵州、青海等省（区、市）对地方收取政府性基金和行政事业性收费收入按3%的比例提取；河南、湖南、贵州、青海等省从中央对成品油价格和税费改革转移支付资金中按比例提取；安徽、陕西、湖北、广东、贵州、青海、新疆维吾尔自治区等省（区、市）从征收的城市维护建设税划出15%；山东、青岛、河南等省市对缴纳增值税和消费税的企事业单位和个体经营者，按照增值税和消费税实际缴纳额的1%征收。

二是按定额提取。主要是湖北、陕西、重庆每年从成品油价格和税费改革转移支付资金中定额提取（湖北8 000万元、陕西2 200万元、重庆5 000万元）。

三是按收入计征。主要是安徽、吉林、湖南、宁夏、陕西、福建、内蒙古、甘肃等省（区、市）对企事业单位和个体经营者的销售收入和营业收入按比例计征，不同的地方比例存在差异（安徽、吉林、湖南是0.6‰，宁夏是0.7‰，陕西是0.8‰，福建是0.9‰，内蒙古、甘肃是1‰）。

四是按土地面积征收。主要是吉林、陕西、江苏、安徽等省对非农业建设征用土地，按照土地面积一次性征收。

五是按实际电量计征。云南省对行政区域内的企事业单位和个体经营者实际用电量按照2分/千瓦时的标准征收。

（三）优惠政策

1. 全国性优惠

《财政部国家税务总局关于扩大有关政府性基金免征范围的通知》（财税〔2016〕12号）规定，对按月缴纳增值税、消费税的缴费主体，其月销售额不超过10万元（按季度纳税的季度销售额不超过30万元）的，免征水利建设基金。该政策不区分增值税一般纳税人还是增值税小规模纳税人，满足条件即可享受减免。

2. 部分省市出台的优惠

部分地区还出台了水利建设基金的减免优惠政策。例如，浙江省自2021年1月1日至2025年12月31日，全省各地继续暂停向企事业单位和个体经营者征收地方水利建设基金。山东省自2021年1月1日起免征地方水利建设基金，即对本省行政区域内缴纳增值税、消费税的企事业单位和个体经营者，其地方水利建设基金征收比例，由原按增值税、消费税实际缴纳额的1%调减为0。

第十九节　2021年划转至税务部门征收的非税收入

根据《财政部关于水土保持补偿费等四项非税收入划转税务部门征收的通知》的规定，自2021年1月1日起，将水土保持补偿费、地方水库移民扶持基金、排污权出让收入、防空地下室易地建设费划转至税务部门征收。以前年度应缴未缴的收入，由税务部门负责征缴入库。

根据《财政部关于土地闲置费、城镇垃圾处理费划转税务部门征收的通知》的规定，自2021年7月1日起，将自然资源部门负责征收的土地闲置费、住房和城乡建设等部门负责征收的按行政事业性收费管理的城镇垃圾处理费划转至税务部门征收。税务部门应按照国库集中收缴制度等有关规定，依法依规开展收入征管工作，确保非税收入及时足额入库。土地闲置费、城镇垃圾处理费划转税务部门征收以前欠缴的收入，由税务部门负责征缴入库。

根据《关于将国有土地使用权出让收入、矿产资源专项收入、海域使用金、无居民海岛使用金等四项政府非税收入划转税务部门征收有关问题的通知》的规定，将自然资源部门负责征收的国有土地使用权出让收入、矿产资源专项收入、海域使用金、无居民海岛使用金四项政府非税收入全部划转到税务部门进行征收。采取先试点后推开的办法，自2021年7月1日起，选择在河北、内蒙古、上海、浙江、安徽、青岛、云南等地开展征管职责划转试点，自2022年1月1日起全面实施征管划转工作。

一、水土保持补偿费

（一）概述

为了规范水土保持补偿费征收使用管理，促进水土流失防治工作，改善生态环境，《中华人民共和国水土保持法》规定，企业事业单位在建设和生产过程中必须采取水土保持措施，对造成的水土流失负责治理。本单位无力治理的，由水行政主管部门治理，治理费用由造成水土流失的企业事业单位负担。

水土保持补偿费是水行政主管部门对损坏水土保持设施和地貌植被、不能恢复原有水土保持功能的生产建设单位和个人征收并专项用于水土流失预防治理的资金。水土保持补偿费全额上缴国库，纳入政府性基金预算管理，实行专款专用，年终结余结转下年使用。水土保持补偿费征收、缴库、使用和管理应当接受财政部门、价格部门、中国人民银行、审计部门和上级水行政主管部门的监督检查。

（二）征收政策

1.缴纳义务人

在山区、丘陵区、风沙区以及水土保持规划确定的容易发生水土流失的其他区域开办生产建设项目或者从事其他生产建设活动，损坏水土保持设施、地貌植被，不能恢复原有水土保持功能的单位和个人，应当缴纳水土保持补偿费。其他生产建设活动包括取土、挖砂、采石（不含河道采砂）、烧制砖、瓦、瓷、石灰，排放废弃土、石、渣。

2.征收方式

自2021年1月1日起，将水土保持补偿费划转至税务部门征收。水土保持补偿费按照下列方式计征：

（1）开办一般性生产建设项目的，按照征占用土地面积计征。

（2）开采矿产资源的，在建设期间按照征占用土地面积计征；在开采期间，对于石油、天然气以外的矿产资源按照开采量计征，对石油、天然气按照油气生产井占地面积每年计征。

（3）取土、挖砂、采石以及烧制砖、瓦、瓷、石灰的，按照取土、挖砂、采石量计征。

（4）排放废弃土、石、渣的，按照排放量计征。对于缴纳义务人已按照前三种方式计征水土保持补偿费的，其排放废弃土、石、渣，不再按照排放量重复计征。

3.征收标准

水土保持补偿费收费标准按下列规定执行：

（1）对于一般性生产建设项目，按照征占用土地面积一次性计征，东部地区由每平方米不超过2元（不足1平方米的按1平方米计，下同）降为每平方米不超过

1.4 元，中部地区由每平方米不超过 2.2 元降为每平方米不超过 1.5 元，西部地区由每平方米不超过 2.5 元降为每平方米不超过 1.7 元。

对于水利水电工程建设项目，水库淹没区不在水土保持补偿费计征范围之内。

（2）开采矿产资源的，建设期间，按照征占用土地面积一次性计征，具体收费标准按照上述规定执行。开采期间，石油、天然气以外的矿产资源按照开采量（采掘、采剥总量）计征。石油、天然气根据油、气生产井（不包括水井、勘探井）占地面积按年征收，每口油、气生产井占地面积按不超过 2 000 平方米计算；对丛式井每增加一口井，增加计征面积按不超过 400 平方米计算，每平方米每年收费由不超过 2 元降为不超过 1.4 元。各地在核定具体收费标准时，应充分评估损害程度，对生产技术先进、管理水平较高、生态环境治理投入较大的资源开采企业，在核定收费标准时应按照从低原则制定。

（3）取土、挖砂（河道采砂除外）、采石以及烧制砖、瓦、瓷、石灰的，根据取土、挖砂、采石量，由按照每立方米 0.5~2 元计征（不足 1 立方米的按 1 立方米计，下同）降为按照每立方米 0.3~1.4 元计征。对缴纳义务人已按前两种方式计征水土保持补偿费的，不再重复计征。

（4）排放废弃土、石、渣的，根据土、石、渣量，由按照每立方米 0.5~2 元计征降为按照每立方米 0.3~1.4 元计征。对缴纳义务人已按前三种方式计征水土保持补偿费的，不再重复计征。

上述各类收费具体标准，由各省、区、市价格主管部门、财政部门会同水行政主管部门根据本地实际情况制定。

4. 缴费期限

水土保持补偿费分为按次缴纳和按期缴纳。

（1）按次缴纳：开办一般性生产建设项目的，缴纳义务人应当在项目开工前一次性缴纳水土保持补偿费；开采矿产资源处于建设期的，缴纳义务人应当在建设活动开始前一次性缴纳水土保持补偿费。

（2）按期缴纳：处于开采期的，缴纳义务人应当按季度缴纳水土保持补偿费；从事其他生产建设活动的，缴纳水土保持补偿费的时限由县级水行政主管部门确定。

5. 减免规定

下列情形免征水土保持补偿费：

（1）建设学校、幼儿园、医院、养老服务设施、孤儿院、福利院等公益性工程项目的；

（2）农民依法利用农村集体土地新建、翻建自用住房的；

（3）按照相关规划开展小型农田水利建设、田间土地整治建设和农村集中供水工程建设的；

（4）建设保障性安居工程、市政生态环境保护基础设施项目的；

（5）建设军事设施的；

（6）按照水土保持规划开展水土流失治理活动的；

（7）法律、行政法规和国务院规定免征水土保持补偿费的其他情形。

除以上规定外，任何单位和个人均不得擅自减免水土保持补偿费，不得改变水土保持补偿费征收对象、范围和标准。

二、地方水库移民扶持基金

（一）概述

根据《财政部关于取消、停征和整合部分政府性基金项目等有关问题的通知》（财税〔2016〕11号）的规定，将省级大中型水库库区基金、小型水库移民扶助基金合并为地方水库移民扶持基金。具体征收政策、收入划分、使用范围等仍按现行规定执行，今后根据水库移民扶持工作需要适时完善分配使用政策。

（二）征收政策

省级大中型水库库区基金的缴纳义务人为有发电收入的大中型水库；小型水库移民扶助基金为扣除农业生产用电后的全部销售电量提取资金征收，由省级电网企业在向电力用户收取电费时一并代征。

由于地方水库移民基金属于地方性基金，其征收政策按照地方规定执行。

三、排污权出让收入

（一）概述

排污权出让收入，是指政府以有偿出让方式配置排污权取得的收入，包括采取定额出让方式出让排污权收取的排污权使用费和通过公开拍卖等方式出让排污权取得的收入。排污权出让收入属于政府非税收入，全额上缴地方国库，纳入地方财政预算管理。排污权出让收入的征收、使用和管理应当接受审计监督。

排污权使用权出让收入列入一般公共预算。

（二）征收政策

试点地区地方人民政府采取定额出让或通过市场公开出让（包括拍卖、挂牌、协议等）方式出让排污权。对于现有排污单位取得排污权，采取定额出让方式；对于新建项目取得排污权和改建、扩建项目新增排污权，以及现有排污单位在排污许可证核定的排污权基础上新增排污权，采取市场公开出让方式。

采取定额出让方式出让排污权的，排污单位应当按照排污许可证确认的污染物排放种类、数量和规定征收标准缴纳排污权使用费。排污权使用费的征收标准由试点地区省级价格、财政、环境保护部门根据当地环境资源稀缺程度、经济发展水平、污染治理成本等因素确定。

排污权有效期原则上为五年。有效期满后，排污单位需要延续排污权的，应当按照地方环境保护部门重新核定的排污权，继续缴纳排污权使用费。缴纳排污权使用费金额较大、一次性缴纳确有困难的排污单位，可在排污权有效期内分次缴纳，首次缴款不得低于应缴总额的40%。分次缴纳排污权使用费的具体办法由试点地区确定。

对现有排污单位取得排污权，考虑其承受能力，经试点地区省级人民政府批准，在试点初期可暂免缴纳排污权使用费。现有排污单位将无偿取得的排污权进行转让、抵押的，应当按规定征收标准补缴转让、抵押排污权的使用费。

任何单位和个人均不得违反规定，自行改变排污权出让收入的征收范围和标准，也不得违反排污权交易规则低价出让排污权。严禁违规对排污单位减免、缓征排污权出让收入，或者以先征后返、补贴等形式变相减免排污权出让收入。

四、防空地下室易地建设费

（一）概述

结合地面民用建筑修建防空地下室是依法建设人防工程的重要组成部分，是战时保障城市居民就地就近掩蔽，减少人员伤亡的重要途径。在人防重点城市的市区（直辖市含近郊区）新建民用建筑，要按照原国家人民防空委员会、国家计委、城乡建设环境保护部《关于改变结合民用建筑修建防空地下室规定的通知》（人防委字〔1984〕9号）的规定修建防空地下室。

对按规定需要配套建设防空地下室的，防空地下室建设要随民用建筑项目计划一同下达，坚持同步配套建设，不得收费。对按规定需要同步配套建设，但确因条件限制不能同步配套建设的，建设单位可以申请易地建设。建设单位依规定提出易地建设申请，经有批准权限的人防主管部门批准后，应按应建防空地下室的建筑面积和规定的易地建设费标准缴纳建设费用，由人防主管部门统一就地就近安排易地建设人防工程。

防空地下室易地建设费列入一般公共预算。

（二）征收政策

防空地下室易地建设费的收费标准，由省、区、市价格主管部门会同同级财政、人防主管部门按照当地防空地下室的造价制定，报国家计委（现国家发改委）、财政部、国家人防办备案。除国家规定的减免项目外，任何部门和个人不得批准减免易地建设费。

对于以下新建民用建筑项目应适当减免防空地下室易地建设费：

（1）享受政府优惠政策建设的廉租房、经济适用房等居民住房，减半收取；

（2）新建幼儿园、学校教学楼、养老院及为残疾人修建的生活服务设施等民用建筑，减半收取；

（3）临时民用建筑和不增加面积的危房翻新改造商品住宅项目，予以免收；

（4）因遭受水灾、火灾或其他不可抗拒的灾害造成损坏后按原面积修复的民用建筑，予以免收。

自2015年1月1日起对非营利性养老和医疗机构建设全额免征行政事业性收费，对营利性养老和医疗机构建设减半收取人防部门收取的防空地下室易地建设费。自2019年7月1日起对易地扶贫搬迁项目免征城市基础设施配套费、不动产登记费。对确因地质条件等原因无法修建防空地下室的易地扶贫搬迁项目，免征防空地下室易地建设费。在商品住房等开发项目中配套建设易地扶贫搬迁安置住房的，按安置住房建筑面积占总建筑面积的比例，计算应予免征的政府性基金和行政事业性收费。用于提供社区养老、托育、家政服务的建设项目，确因地质条件等原因无法修建防空地下室的，免征防空地下室易地建设费。

五、土地闲置费

（一）概述

《中华人民共和国城市房地产管理法》规定，以出让方式取得土地使用权进行房地产开发的，必须按照土地使用权出让合同约定的土地用途、动工开发期限开发土地。土地闲置满一年不满两年的，应当征收土地闲置费。土地闲置费列入一般公共预算。

（二）征收政策

1. 缴费人

缴费人为城市房地产开发企业。

2. 征收标准

根据《国务院关于促进节约集约用地的通知》（国发〔2008〕3号）的规定，土地闲置满两年、依法应当无偿收回的，坚决无偿收回，重新安排使用；不符合法定收回条件的，也应采取改变用途、等价置换、安排临时使用、纳入政府储备等途径及时处置，充分利用。土地闲置满一年不满两年的，按出让或划拨土地价款的20%征收土地闲置费。因不可抗力或者政府及政府有关部门的行为或者动工开发必需的前期工作造成动工开发迟延的除外。

3. 减免规定

自2015年1月1日起，对非营利性养老和医疗机构建设全额免征土地闲置费，对营利性养老和医疗机构建设减半收取土地闲置费。自2019年6月1日起至2025年

12月31日，用于提供社区养老、托育、家政服务的房产、土地，免征土地闲置费。其他规定按照地方政策执行。

六、城镇垃圾处理费

（一）概述

实行生活垃圾处理收费制度，是适应社会主义市场经济体制的客观要求，促进垃圾处理体制改革，实行政事、政企分开，逐步实现垃圾处理产业化的重要措施。根据《国务院批转住房城乡建设部等部门关于进一步加强城市生活垃圾处理工作意见的通知》（国发〔2011〕9号）的规定，按照"谁产生、谁付费"的原则，推行城市生活垃圾处理收费制度。产生生活垃圾的单位和个人应当按规定缴纳垃圾处理费，具体收费标准由城市人民政府根据城市生活垃圾处理成本和居民收入水平等因素合理确定，探索改进城市生活垃圾处理收费方式，降低收费成本。城市生活垃圾处理费应当用于城市生活垃圾处理，不得挪作他用。

城镇垃圾处理费属于行政事业性收费，列入一般公共预算。

（二）征收政策

城市生活垃圾是指城市人口在日常生活中产生或为城市日常生活提供服务而产生的固体废物，以及法律、行政法规规定，视为城市生活垃圾的固体废物（包括建筑垃圾和渣土，不包括工业固体废物和危险废物）。所有产生生活垃圾的国家机关、企事业单位（包括交通运输工具）、个体经营者、社会团体、城市居民和城市暂住人口等，均应按规定缴纳生活垃圾处理费。

垃圾处理费收费标准，由城市人民政府价格主管部门会同建设（环境卫生）行政主管部门制定，报城市人民政府批准执行，并报省级价格、建设行政主管部门备案。目前垃圾处理费仍按行政事业性收费管理的，应创造条件，结合环卫体制改革，尽快向经营服务性收费转变。

生活垃圾处理费应本着简便、有效、易操作的原则，按不同的收费对象采取不同的计费方法，并按月计收。对城市居民，可以以户或居民人数为单位收取；对纳入城市暂住人口管理的居民以及国家机关、事业单位，可以以人为单位收取；对生产经营单位、商业网点可以按营业面积收取；船舶、列车及飞机等交通工具可以按核定的载重吨位或座位收取；其他生产经营单位产生的生活垃圾，原则上以人为单位计收，生活垃圾处理费与工业废物垃圾处理费不得相互重复计收。具备条件的城市可以按照生活垃圾量计收垃圾处理费。对于下岗职工自谋职业者和城市下岗职工、失业人员及低保对象，应实行收费减免政策。

加强生活垃圾处理收费的管理，提高垃圾处理费的收缴率。应针对不同收费对象，采取措施，鼓励其按规定、按时足额缴纳垃圾处理费。对于代收单位，允许其从收取的垃圾处理费中提取一定比例的手续费。手续费标准，在制定垃圾处理费标准时予以明确。任何单位和个人都不得擅自减免垃圾处理费。

七、国有土地使用权出让收入

（一）概述

1. 概念

国有土地使用权出让收入（又称土地出让金）是政府以出让等方式配置国有土地使用权取得的全部土地价款，包括受让人支付的征地和拆迁补偿费用、土地前期开发费用和土地出让收益等。国有土地使用权出让收入列入政府性基金预算。

2. 组成

（1）以招标、拍卖、挂牌和协议方式出让国有土地使用权所确定的总成交价款；

（2）转让划拨国有土地使用权或依法利用原划拨土地进行经营性建设应当补缴的土地价款；

（3）变现处置抵押划拨国有土地使用权应当补缴的土地价款；

（4）转让房改房、经济适用住房按照规定应当补缴的土地价款；

（5）改变出让国有土地使用权的土地用途、容积率等土地使用条件应当补缴的土地价款；

（6）其他与国有土地使用权出让或变更有关的收入。

按照土地出让合同规定依法向受让人收取的定金、保证金和预付款，在土地出让合同生效后可以抵作土地价款。

（二）土地使用权出让收入征收改革

1. 四项非税收入划转到税务部门征收

根据2021年《关于将国有土地使用权出让收入、矿产资源专项收入、海域使用金、无居民海岛使用金四项政府非税收入划转税务部门征收有关问题的通知》的规定，将国有土地使用权出让收入、矿产资源专项收入、海域使用金、无居民海岛使用金四项政府非税收入，由自然资源部门负责征收全部划转给税务部门负责征收。

2. 划转路径

（1）政策先试点后推开。自2021年7月1日起，选择在河北、内蒙古、上海、浙江、安徽、青岛、云南等省、自治区、直辖市、计划单列市，开展征管职责划转试点，探索完善征缴流程、职责分工等，为全面推开划转工作积累经验。暂未开展征管划转试点地区要积极做好四项政府非税收入征收划转准备工作。

（2）自2022年1月1日起全面实施征管划转工作。

3. 部门管理职责

（1）税务部门负责征收工作。

（2）国土资源管理部门和财政税务部门应当督促土地使用者严格履行土地出让合同，确保将应缴的土地出让收入及时足额缴入地方国库。地方国库负责办理土地出让收入的收纳、划分、留解和拨付等各项业务，确保土地出让收支数据准确无误。

4. 收缴管理制度改革范围

土地出让收入纳入政府非税收入收缴管理制度改革范围，统一收缴票据，规范收缴程序，提高收缴效率。任何地区、部门和单位都不得以"招商引资""旧城改造""国有企业改制"等名义减免土地出让收入，实行"零地价"，甚至"负地价"，或者以土地换项目、先征后返、补贴等形式变相减免土地出让收入。

（三）征收管理政策

1. 缴费人

缴费人包括取得国有土地使用权的法人、非法人组织以及自然人。取得土地使用权的法人包括境内外的法人。

2. 征收对象

《国务院办公厅关于规范国有土地使用权出让收支管理的通知》（国办发〔2006〕100号）和《财政部 国土资源部 中国人民银行关于印发〈国有土地使用权出让收支管理办法〉的通知》（财综〔2006〕68号）对国有土地使用权的征收范围做了明确的规定，概括起来大体可分为：出让；出租、划拨；保证金（定金、预付款）等。

（1）出让

①以招标、拍卖、挂牌和协议方式出让国有土地使用权所取得的总成交价款。《招标拍卖挂牌出让国有建设用地使用权规定》（国土资源部令第39号）中明确，招标出让国有土地使用权，是指市、县国土资源管理部门发布招标公告或者发出投标邀请书，邀请特定或者不特定的法人、自然人和其他组织参加国有土地使用权投标，根据投标结果确定土地使用者的行为。拍卖出让国有土地使用权，是指市、县国土资源管理部门发布拍卖公告，由竞买人在指定时间、地点进行公开竞价，根据出价结果确定土地使用者的行为。挂牌出让国有土地使用权，是指市、县国土资源管理部门发布挂牌公告，按公告规定的期限将拟出让宗地的交易条件在指定的土地交易场所挂牌公布，接受竞买人的报价申请并更新挂牌价格，根据挂牌期限截止时的出价结果或现场竞价结果确定土地使用者的行为。协议出让国有土地使用权，是指市、县国土资源管理部门以协议方式将国有土地使用权在一定年限内出让给土地使用者，由土地使用者支付土地使用权出让金的行为。出让国有土地使用权，除依照法律、法规和规章的规定应当采用招标、拍卖或者挂牌方式外，还可采

取协议方式。

②转让划拨国有土地使用权或依法利用原划拨土地进行经营性建设应当补缴的土地价款。

按照《城市房地产管理法》第四十条的规定，以划拨方式取得土地使用权的，转让房地产时，应当按照国务院规定，报有批准权的人民政府审批。有批准权的人民政府准予转让的，应当由受让方办理土地使用权出让手续，并依照国家有关规定缴纳土地使用权出让金。以划拨方式取得土地使用权的，转让房地产报批时，有批准权的人民政府按照国务院规定决定可以不办理土地使用权出让手续的，转让方应当按照国务院规定将转让房地产所获收益中的土地收益上缴国家或者作其他处理。

③处置抵押划拨国有土地使用权应当补缴的土地价款。

《城市房地产管理法》第五十一条规定，设定房地产抵押权的土地使用权是以划拨方式取得的，依法拍卖该房地产后，应当从拍卖所得的价款中缴纳相当于应缴纳的土地使用权出让金的款额后，抵押权人可优先受偿。

《中华人民共和国城镇国有土地使用权出让和转让暂行条例》第四十五条规定，依照本条例第二章的规定签订土地使用权出让合同，向当地市、县人民政府补交土地使用权出让金或者以转让、出租、抵押所获效益抵交土地使用权出让金后，经市、县人民政府土地管理部门和房产管理部门批准，其划拨土地使用权和地上建筑物、其他附着物所有权可以转让、出租、抵押。

④转让房改房、经济适用住房按照规定应当补缴的土地价款。

对于已购公有住房和经济适用住房上市问题，《财政部 国土资源部 建设部关于印发〈已购公有住房和经济适用住房上市出售土地出让金和收益分配管理的若干规定〉的通知》（财综字〔1999〕113号）明确，已购公有住房和经济适用住房上市出售补交土地出让金或相当于土地出让金价款的计算公式为：

$$\text{补交土地价款（元）} = \text{标定地价（元/平方米）} \times \text{缴纳比例（$\geq 10\%$）} \times \text{上市房屋分摊土地面积（平方米）} \times \text{年期修正系数}$$

《国土资源部关于已购公有住房和经济适用住房上市出售中有关土地问题的通知》（国土资用发〔1999〕31号）明确，土地出让金或相当于土地出让金价款由购买方缴纳，购买方应在交易双方签订房屋买卖合同后，持房屋买卖合同、原房屋产权人的房屋所有权证及国有土地使用证或土地产权证明等材料到房屋所在地市、县土地行政主管部门办理有关手续。已购公有住房和经济适用住房所在宗地为划拨土地的，需缴纳出让金，办理土地出让手续；已购公有住房所在宗地为出让土地的，需缴纳相当于土地出让金的价款，办理土地使用权转让手续。购房者在缴纳了有关价款后，方可领取国有土地使用证，取得出让土地使用权。

⑤转让划拨国有土地使用权或依法利用原划拨土地进行经营性建设应当补缴的土地价款。

《城市房地产管理法》第十八条规定，土地使用者需要改变土地使用权出让合同约定的土地用途的，必须取得出让方和市、县人民政府城市规划行政主管部门的同意，签订土地使用权出让合同变更协议或者重新签订土地使用权出让合同，相应调整土地使用权出让金。第四十四条规定，以出让方式取得土地使用权的，转让房地产后，受让人改变原土地使用权出让合同约定的土地用途的，必须取得原出让方和市、县人民政府城市规划行政主管部门的同意，签订土地使用权出让合同变更协议或者重新签订土地使用权出让合同，相应调整土地使用权出让金。《中华人民共和国城镇国有土地使用权出让和转让暂行条例》第十八条规定，土地使用者需要改变土地使用权出让合同规定的土地用途的，应当征得出让方同意并经土地管理部门和城市规划部门批准，依照本章的有关规定重新签订土地使用权出让合同，调整土地使用权出让金，并办理登记。

此外，《协议出让国有土地使用权规定》（国土资源部令第21号）第十六条规定，以协议出让方式取得国有土地使用权的土地使用者，需要将土地使用权出让合同约定的土地用途改变为商业、旅游、娱乐和商品住宅等经营性用途的，应当取得出让方和市、县人民政府城市规划部门的同意，签订土地使用权出让合同变更协议或者重新签订土地使用权出让合同，按变更后的土地用途，以变更时的土地市场价格补交相应的土地使用权出让金，并依法办理土地使用权变更登记手续。

同时，《财政部 国土资源部 中国人民银行 监察部 审计署关于进一步加强土地出让收支管理的通知》（财综〔2009〕74号）要求，对于经依法批准改变土地用途等土地使用条件的，市县国土资源管理部门必须在土地出让或租赁合同中明确应补缴的土地价款、缴款人应及时按合同有关规定缴款。

国有企事业单位改制以作价出资或者入股、授权经营方式处置的国有建设用地，依据法律法规改变用途、容积率等规划条件的，应按相关规定调整补交出让金。

（2）出租、划拨

①自然资源管理部门依法出租国有土地向承租者收取的土地租金收入。

采用协议方式出租国有土地使用权的，参照《协议出让国有土地使用权规定》（国土资源部令第21号）执行，采用以招标、拍卖、挂牌方式租赁国有建设用地使用权的，参照《招标拍卖挂牌出让国有建设用地使用权规定》（国土资源部令第39号）执行。

②出租划拨土地上的房屋应当上缴的土地收益。

按照《城市房地产管理法》第五十六条的规定，以营利为目的，房屋所有权人将以划拨方式取得使用权的国有土地上建成的房屋出租的，应当将租金中所含土地收益上缴国家。

③土地使用者以划拨方式取得国有土地使用权，依法向市、县人民政府缴纳的

土地补偿费、安置补助费、地上附着物和青苗补偿费、拆迁补偿费等费用（不含征地管理费）。

根据《城市房地产管理法》第二十三条的规定，土地使用权划拨，是指县级以上人民政府依法批准，在土地使用者缴纳补偿、安置等费用后将该幅土地交付其使用，或者将土地使用权无偿交付给土地使用者使用的行为。依照该法规定以划拨方式取得土地使用权的，除法律、行政法规另有规定外，没有使用期限的限制。

（3）保证金（定金、预付款）

按照规定依法向国有土地使用权受让人收取的定金保证金和预付款，在国有土地使用权出让合同生效后可以抵作土地价款。划拨土地的预付款也按照上述要求管理。

3. 征收标准

目前掌握的一些规定加以列举，各种具体的情形，由自然资源部门依职权确定。

（1）土地价款的征收标准

①以招标、拍卖、挂牌和协议方式出让国有土地使用权的，为总成交价款。总成交价款不得低于国家规定的最低标准。低于最低价时，国有土地使用权不得出让。依据《招标拍卖挂牌出让国有建设用地使用权规定》（国土资源部令第39号）的规定，市、县人民政府国土资源行政主管部门应当根据土地估价结果和政府产业政策综合确定标底或者底价。标底或者底价不得低于国家规定的最低价标准。依据《协议出让国有土地使用权规定》（国土资源部令第21号）的规定，协议出让最低价不得低于新增建设用地的土地有偿使用费、征地（拆迁）补偿费用以及按照国家规定应当缴纳的有关税费之和；有基准地价的地区，协议出让最低价不得低于出让地块所在级别基准地价的70%。低于最低价时国有土地使用权不得出让。

②转让划拨国有土地使用权或依法利用原划拨土地进行经营性建设的，按照市场价补缴国有土地使用权出让收入。

根据《国务院关于深化改革严格土地管理的决定》（国发〔2004〕28号）的规定，经依法批准利用原有划拨土地进行经营性开发建设的，应当按照市场价补缴土地出让金。经依法批准转让原划拨土地使用权的，应当在土地有形市场公开交易，按照市场价补缴土地出让金；低于市场价交易的，政府应当行使优先购买权。

③转让已购公房、经济适用住房征收土地出让金，按照规定的计算公式补缴国有土地使用权出让收入。

$$\text{补缴土地价款（元）} = \text{标定地价（元/平方米）} \times \text{缴纳比例（≥10\%）} \times \text{上市房屋分摊土地面积（平方米）} \times \text{年期修正系数}$$

④改变出让国有土地使用权土地用途、容积率等土地使用条件的，对需补缴国有土地使用权出让收入进行评估。

根据《国有建设用地使用权出让地价评估技术规范》（国土资厅发〔2018〕4号）的规定，土地出让后经原出让方批准改变用途或容积率等土地使用条件的，在评估需补缴地价款时，估价期日应以国土资源主管部门依法受理补缴地价申请时点为准。调整容积率的，需补缴地价款等于楼面地价乘以新增建筑面积，楼面地价按新容积率规划条件下估价期日的楼面地价确定。调整用途的，需补缴地价款等于新、旧用途楼面地价之差乘以建筑面积。新、旧用途楼面地价均为估价期日的正常市场价格。多项用地条件同时调整的，应分别核算各项条件调整带来的地价增减额，合并计算应补缴地价款。

（2）保证金的征收标准

根据现行规定，国有土地招拍挂过程中，需缴纳的竞买保证金不低于出让最低价的20%。竞得人缴纳的保证金在土地出让合同生效后，可以抵作土地出让金。经同财政部和自然资源部商定，招拍挂阶段的保证金仍由自然资源部门、公共交易中心收取。土地竞得，并签订土地出让合同后，再由自然资源部门、公共交易中心将保证金抵作国有土地使用权出让收入，待竞得人向税务部门缴纳除保证金外的余款，由竞得人向税务部门缴纳。

（3）利息征收标准

国有土地使用权出让收入采取分期付款方式支付的利息，拟由税务部门负责征收。《国有建设用地使用权出让合同》示范文本（国土资发〔2008〕86号）明确，"分期支付国有建设用地使用权出让价款的，受让人在支付第二期及以后各期国有建设用地使用权出让价款时，同意按照支付第一期土地出让价款之日中国人民银行公布的贷款利率，向出让人支付利息"。

4. 缴纳期限

国有土地使用权出让收入按次缴纳。《财政部 国土资源部 中国人民银行 监察部 审计署关于进一步加强土地出让收支管理的通知》（财综〔2009〕74号）规定，市县国土资源部门与土地受让人在土地出让合同中依法约定的分期缴纳全部土地出让价款的期限原则上不超过一年。经当地土地出让协调决策机构集体认定，特殊项目可以约定在两年内全部缴清。首次缴纳比例不得低于全部土地出让价款的50%。土地租赁合同约定的当期应缴土地价款（租金）应当一次全部缴清，不得分期缴纳。

5. 优惠政策

《财政部 国土资源部关于新疆维吾尔自治区土地出让收入和新增建设用地土地有偿使用费政策问题的通知》（财综〔2011〕57号）规定，在对口支援受援地区城镇建设用地范围外，使用戈壁荒滩建设产业聚集园区、引进产业项目的，获得国有土地使用权的单位和个人免交土地出让价款。在城镇建设用地范围内使用国有未利用地的工业项目，工业用地出让最低价可按所在地土地等别相对应《全国工业土地出让最低价标准》的50%执行。根据对口支援新疆的工作安排，上述土地优惠政策执行至2020年12月31日。

6.法律责任

（1）税务部门征收的违约金标准

土地出让合同、征地协议等约定对土地使用者不按时足额缴纳国有土地使用权出让收入的，按日加收违约金额1‰的违约金。违约金随同国有土地使用权出让收入一并缴入地方国库。这种违约金由税务部门负责征收。起算的时间按照合同约定的付款时间，计算的比例也在合同中约定，因此违约金的征收需要根据每一份国有土地使用权出让合同确定，还涉及国有土地使用权出让收入、付款期限不超过一年，特殊情况不超过两年。如果发生了不可抗力，不收取违约金。除此之外的违约金均不属于划转税务部门征收的范围。

（2）其他法律责任

根据《国务院办公厅关于规范国有土地使用权出让收支管理的通知》（国办发〔2006〕100号）和《财政部 国土资源部 中国人民银行关于印发〈国有土地使用权出让收支管理办法〉的通知》（财综〔2006〕68号）规定，任何地区、部门和单位都不得以"招商引资""旧城改造""国有企业改制"等名义减免土地出让收入，实行"零地价"，甚至"负地价"，或者以土地换项目、先征后返、补贴等形式变相减免土地出让收入。对违反规定、擅自减免、截留、挤占、挪用应缴国库的土地出让收入，不执行国家统一规定的会计、政府采购等制度的，要严格按照《中华人民共和国土地管理法》、《会计法》、《审计法》、《政府采购法》、《财政违法行为处罚处分条例》（国务院令第427号）和《金融违法行为处罚办法》（国务院令第260号）等有关法律法规规定进行处理，并依法追究有关责任人的责任。触犯《刑法》的，要依法追究有关人员的刑事责任。

八、矿产资源专项收入

（一）概述

1.矿产资源

根据《中华人民共和国矿产资源法实施细则》的规定，矿产资源是指由地质作用形成的，具有利用价值的，呈固态、液态、气态的自然资源。我国的矿产资源可以分为能源矿产，如煤、石油、天然气、油页岩、地热等；金属矿产，如铁、铜、金、锂等；非金属矿产如菱镁矿、硫、金刚石等；水汽矿产，如地下水、矿泉水、二氧化碳气等。

2.矿产资源专项收入

矿产资源专项收入，是指国家基于自然资源所有权对在中华人民共和国领域及管辖海域勘查、开采、使用、占用矿产资源的探矿权人或采矿权人收取的各项收入。具体包括：矿业权出让收益、探矿权采矿权占用费和矿产资源补偿费。

（1）矿业权出让收益

矿业权出让收益是指国家基于自然资源所有权，将探矿权、采矿权出让给探矿权人、采矿权人（合称矿业权人）而依法收取的国有资源有偿使用收入。

（2）探矿权采矿权占用费

探矿权采矿权占用费由探矿权采矿权使用费整合而来。探矿权采矿权使用费指的是依据国家实行探矿权、采矿权有偿取得的制度向矿业权人收取的使用费用。

（3）矿产资源补偿费

矿产资源补偿费是指在中华人民共和国领域和其他管辖海域开采矿产资源的补偿费用。

3. 矿产资源权益金制度

2017年国务院印发了《矿产资源权益金制度改革方案》。按照《生态文明体制改革总体方案》要求，坚持以推进供给侧结构性改革为主线，以维护和实现国家矿产资源权益为重点，以营造公平的矿业市场竞争环境为目的，建立符合我国特点的新型矿产资源权益金制度。

一是在矿业权出让环节，将探矿权采矿权价款调整为矿业权出让收益。矿业权出让收益中央与地方分享比例确定为4∶6，兼顾矿产资源国家所有与矿产地利益，保持现有中央和地方财力格局总体稳定，与我国矿产资源主要集中在中西部地区的国情相适应，同时有效抑制私挖乱采、贱卖资源行为。

二是在矿业权占有环节，将探矿权采矿权使用费整合为矿业权占用费，矿业权占用费中央与地方分享比例确定为2∶8。

三是在矿产开采环节，组织实施资源税改革，按照清费立税原则，将矿产资源补偿费并入资源税。

（二）征收管理政策

由于矿产资源补偿费已并入资源税并且矿产权占用费相关的征收管理办法尚未出台，故本部分内容仅介绍矿业权出让收益。

1. 纳费义务人

在中华人民共和国领域及管辖海域勘查、开采矿产资源的矿业权人，应依照本办法缴纳矿业权出让收益。

探矿权是指在依法取得的勘查许可证规定的范围内，勘查矿产资源的权利。探矿权人是指取得勘查许可证的单位或者个人。采矿权是指在依法取得的采矿许可证规定的范围内，开采矿产资源和获得所开采的矿产品的权利。采矿权人是指取得采矿许可证的单位或者个人。

2. 计费方法

通过招标、拍卖、挂牌等竞争方式出让矿业权的，矿业权出让收益按招标、拍卖、挂牌的结果确定；通过协议方式出让矿业权的，矿业权出让收益按照评估价值、市场基准价就高确定。

3. 征收形式

矿业权出让收益原则上通过出让金额的形式征收。对属于资源储量较大、矿山服务年限较长、市场风险较高等情形的矿业权，可探索通过矿业权出让收益率的形式征收。

4. 征收期限

缴款人可在许可的范围内采取一次性或分期的方式缴款。

（1）分期方式缴款

探矿权人在取得勘查许可证前，首次缴纳比例不得低于探矿权出让收益的20%；剩余部分在转为采矿权后，在采矿权有效期内按年度缴纳。采矿权人在取得采矿许可证前，首次缴纳比例不得低于采矿权出让收益的20%；剩余部分在采矿权有效期内分年度缴纳。

（2）一次性缴款

一次性缴纳标准、首次缴纳比例和分期缴纳年限，由省级财政部门、矿产资源主管部门制定。

对于法律法规或国务院规定明确要求支持的承担特殊职能的非营利性矿山企业，缴纳矿业权出让收益确有困难的，经财政部、自然资源部批准，可在一定期限内缓缴应缴矿业权出让收益。

5. 欠款追征

矿业权人未按时足额缴纳矿业权出让收益的，县级以上矿产资源主管部门按照征收管理权限责令改正，从滞纳之日起每日加收千分之二的滞纳金，并将相关信息纳入企业诚信系统。加收的滞纳金应当不超过欠缴金额本金。

九、海域使用金

（一）概述

海域使用金是指国家以海域所有者身份依法出让海域使用权，而向取得海域使用权的单位和个人收取的权利金。海域使用金纳入政府性基金预算管理。

根据《中华人民共和国海域使用管理法》的规定，为适应海洋经济发展的要求，提高海域资源配置效率，单位和个人使用海域，必须依法缴纳海域使用金。用海单位和个人不按规定足额缴纳海域使用金并提供有效缴款凭证的，海洋行政主管部门一律不予核发海域使用权证书。依法申请减免海域使用金，应严格按照财政部、国家海洋局联合公布的《关于调整海域、无居民海岛使用金征收标准的通知》（财综〔2018〕15号）及《海域使用金减免管理办法》（财综〔2006〕24号）的规定执行，规范申请减免及审批程序。任何地区、部门和单位都不得以"招商引资"等名义违规越权减免海域使用金。

对渔民使用海域从事养殖活动收取海域使用金的具体实施步骤和办法，按照国务院有关规定执行。

（二）征收管理政策

1.缴纳义务人

依法取得海域使用权的单位和个人。

2.征收方式

海域使用金的征收管理在征管职责划转后的具体工作由国家税务总局北京市税务局承担。沿海省、自治区、直辖市、计划单列市应根据本地区情况合理划分海域级别，制定不低于国家标准的地方海域使用金征收标准。以申请审批方式出让海域使用权的，执行地方标准；以招标、拍卖、挂牌方式出让海域使用权的，出让底价不得低于按照地方标准计算的海域使用金金额。尚未颁布地方海域使用金征收标准的地区，执行国家标准。养殖用海海域使用金执行地方标准。

地方人民政府管理海域以外的用海项目，执行国家标准，相关等别按照毗邻最近行政区的等别确定。养殖用海的海域使用金征收标准参照毗邻最近行政区的地方标准执行。

3.征收标准

海域使用金统一按照用海类型、海域等别以及相应的海域使用金征收标准计算征收。其中，对填海造地、非透水构筑物、跨海桥梁和海底隧道等项目用海实行一次性计征海域使用金，对其他项目用海按照使用年限逐年计征海域使用金。使用海域不超过6个月的，按年征收标准的50%一次性计征海域使用金；超过6个月不足1年的，按年征收标准一次性计征海域使用金。经营性临时用海按年征收标准的25%一次性计征海域使用金。对于一次性计征的海域使用金，用海单位和个人一次性缴纳确有困难的，经海洋行政主管部门批准后，可以采取分期缴纳方式，但最后一次缴纳海域使用金的期限不得超过项目用海的施工期限。考虑到各地农业填海造地用海、盐业用海、养殖用海具体情况不同，上述用海海域使用金征收标准暂由沿海各省、区、市财政部门和海洋行政主管部门制定，并报财政部、国家海洋局备案后实施。

根据《中华人民共和国海域使用管理法》、《预算法》及《关于调整海域、无居民海岛使用金征收标准的通知》（财综〔2018〕15号）的规定，自2018年5月1日起正式执行的海域使用金征收标准分为六等五类，用海方式每公顷从0.05万元到2 700万元不等，具体详见以上相关标准。

以招标、拍卖、挂牌方式出让的项目批准时间，以政府批复出让方案的时间为准（此前批准的项目仍执行原海域使用金和无居民海岛使用金征收标准）。

已获批准按规定逐年缴纳海域使用金的用海项目，项目确权登记时间在通知施行前的，仍执行原海域使用金征收标准，出让合同另有约定的除外，缴款通知书已有规定的从其规定；因海域使用权续期或用海方案调整等需重新报经政府批准的，批准后按照新标准执行。

新标准施行后批准的逐年缴纳海域使用金的用海项目，如海域使用金征收标准调整，自调整后第二年起执行新标准。

地方海域使用金征收标准（含养殖用海征收标准）制定工作，于2019年4月底前完成，并报财政部、国家海洋局备案。

财政部会同国家海洋局将根据海域、无居民海岛资源环境承载能力和国民经济社会发展情况，综合评估用海用岛需求、海域和无居民海岛使用权价值、生态环境损害成本、社会承受能力等因素的变化，建立价格监测评价机制，对海域、无居民海岛使用金征收标准进行动态调整。

4.减免规定

为规范海域使用金减免行为，切实保障海域使用权人的合法权益，依据《中华人民共和国海域使用管理法》的有关规定，制定专门的《海域使用金减免管理办法》，涉及申请人申请减免海域使用金，由县级以上（含县级，下同）人民政府财政部门和海洋行政主管部门审查批准减免海域使用金。减免国务院审批的项目用海应缴的海域使用金，减免县级以上地方人民政府审批的项目用海应缴中央国库的海域使用金，由财政部和国家海洋局审查批准。减免县级以上地方人民政府审批的项目用海应缴地方国库的海域使用金，由省、区、市人民政府财政部门和海洋行政主管部门审查批准。减免养殖用海应缴的海域使用金，由审批项目用海的地方人民政府财政部门和同级海洋行政主管部门审查批准。

（1）下列项目用海，依法免缴海域使用金：

① 军事用海。

② 用于政府行政管理目的的公务船舶专用码头用海，包括公安边防、海关、交通港航公安、海事、海监、环境监测、渔政、渔监等公务船舶专用码头用海。

③ 航道、避风（避难）锚地、航标、由政府还贷的跨海桥梁及海底隧道等非经营性交通基础设施用海。

④ 教学、科研、防灾减灾、海难搜救打捞、渔港等非经营性公益事业用海。

（2）下列项目用海，依法减免海域使用金：

① 除避风（避难）以外的其他锚地、出入海通道等公用设施用海。

② 列入国家发展改革委公布的国家重点建设项目名单的项目用海。

③ 遭受自然灾害或者意外事故，经核实经济损失达正常收益60%以上的养殖用海。

（3）符合以上情形的项目用海，申请人应当在收到项目用海批复通知书之日起

30日内，按照下列规定提出减免海域使用金的书面申请：

① 申请人申请减免国务院审批项目用海应缴的海域使用金，应当分别向财政部和国家海洋局提出书面申请。

② 申请人申请减免县级以上地方人民政府审批项目用海应缴的海域使用金，应当分别向项目所在地的省、自治区、直辖市人民政府财政部门和海洋行政主管部门提出书面申请。其中：申请减免应缴中央国库海域使用金的，应当由省、区、市人民政府财政部门和海洋行政主管部门审核后，提出书面审核意见分别报财政部和国家海洋局审批。

（4）申请人申请减免海域使用金，应当提交下列相关资料：

① 减免海域使用金的书面申请，包括减免理由、减免金额、减免期限等内容。

② 能够证明项目用海性质的相关证明材料。

③ 县级以上人民政府财政部门和海洋行政主管部门认为应当提交的其他相关材料。

（5）批复程序：

① 财政部和国家海洋局在收到申请人的书面申请或者省、区、市人民政府财政部门和海洋行政主管部门的书面审核意见后30日内，由国家海洋局对申请减免海域使用金的合法性提出初审意见，经财政部审核同意后，由财政部会同国家海洋局以书面形式联合批复申请人或者省、区、市人民政府财政部门和海洋行政主管部门。

② 省、区、市人民政府财政部门和海洋行政主管部门在收到申请人的书面申请后30日内，由省、区、市人民政府海洋行政主管部门对申请减免海域使用金的合法性提出初审意见，经同级财政部门审核同意后，由省、区、市人民政府财政部门会同海洋行政主管部门以书面形式联合批复申请人。其中：涉及减免应缴中央国库海域使用金的，省、区、市人民政府财政部门和海洋行政主管部门在批复申请人之前，应当依照规定报经财政部和国家海洋局审批。

③ 按照规定程序依法经批准减免海域使用金的用海项目，发生转让、出租海域使用权或者经批准改变海域用途或者用海性质的，海域使用权受让人或者海域使用权人应当按照财政部、国家海洋局关于印发《无居民海岛使用金征收使用管理办法》的通知（财综〔2010〕44号）重新履行海域使用金减免申请和报批手续。

5. 法律责任

除法律规定以外，其他任何部门和单位均不得批准减免海域使用金。县级以上人民政府财政部门和海洋行政主管部门应当严格按照规定权限批准减免海域使用金。违反规定批准减免海域使用金的，按照《中华人民共和国海域使用管理法》和《财政违法行为处罚处分条例》的有关规定进行处理。

申请人应当严格按照规定，如实提供有关资料，不得弄虚作假，骗取减免海域使用金。违反规定骗取减免海域使用金的，按照《中华人民共和国海域使用管理法》和《财政违法行为处罚处分条例》的有关规定进行处理。

减免养殖用海海域使用金的申请和审批程序，按照审批项目用海的地方人民政府财政部门和同级海洋行政主管部门的规定执行。

各省、区、市人民政府财政部门和海洋行政主管部门可以结合各地实际，制定具体实施办法并报财政部和国家海洋局备案。

十、无居民海岛使用金

（一）概述

无居民海岛使用金，是指国家在一定年限内出让无居民海岛使用权，由无居民海岛使用者依法向国家缴纳的无居民海岛使用权价款，不包括无居民海岛使用者取得无居民海岛使用权应当依法缴纳的其他相关税费。无居民海岛使用金纳入政府性基金管理。

根据《中华人民共和国海岛保护法》和《预算法》等法律规定，应加强和规范无居民海岛使用金的征收、使用管理，有效促进无居民海岛的有效保护和合理开发利用，因此国家实行无居民海岛有偿使用制度。单位和个人使用无居民海岛，应当经国务院或者沿海省、区、市人民政府依法批准，并按照《无居民海岛使用金征收使用管理办法》（财综〔2010〕44号）规定缴纳无居民海岛使用金。未足额缴纳无居民海岛使用金的，海洋主管部门不得办理无居民海岛使用权证书。

无居民海岛使用权可以通过申请审批方式出让，也可以通过招标、拍卖、挂牌的方式出让。其中，旅游、娱乐、工业等经营性用岛有两个及两个以上意向者的，一律实行招标、拍卖、挂牌方式出让。未经批准，无居民海岛使用者不得转让、出租和抵押无居民海岛使用权，不得改变海岛用途和用岛性质。

无居民海岛使用金实行中央地方分成。其中20%缴入中央国库，80%缴入地方国库。地方分成的无居民海岛使用金在省级及市县级之间的分配比例，由沿海各省级人民政府财政部门确定，报省级人民政府批准后执行。

无居民海岛使用金纳入一般预算管理，主要用于海岛保护、管理和生态修复。

（二）征收管理政策

1.缴纳义务人

经国务院或者沿海省、区、市人民政府依法批准用岛的单位或个人是无居民海岛使用金的缴纳义务人。

2.征收方式

无居民海岛使用金征收管理在征管职责划转后的具体工作由国家税务总局北京市税务局承担。

无居民海岛使用金按照批准的使用年限实行一次性计征。应缴纳的无居民海岛使用金额度超过1亿元的，无居民海岛使用者可以提出申请，经批准用岛的海洋主管部门商同级财政部门同意后，可以在3年时间内分次缴纳。分次缴纳无居民海岛使用金的，首次缴纳额度不得低于总额度的50%。在首次缴纳无居民海岛使用金后，由国务院海洋主管部门或者省级海洋主管部门依法颁发无居民海岛使用临时证书；全部缴清无居民海岛使用金后，由国务院海洋主管部门或者省级海洋主管部门依法换发无居民海岛使用权证书。

无居民海岛使用者申请分次缴纳无居民海岛使用金的申请和批准程序，按照《无居民海岛使用金征收使用管理办法》中规定的免缴无居民海岛使用金的申请和核准程序执行。

3. 征收标准

无居民海岛使用权出让实行最低价限制制度。无居民海岛使用权出让最低价标准由国务院财政部门会同国务院海洋主管部门根据无居民海岛的等别、用岛类型和方式、离岸距离等因素，适当考虑生态补偿因素确定，并适时进行调整。具体参考无居民海岛的等别划分、用岛类型界定和无居民海岛使用权出让最低价标准相关文件。

无居民海岛使用权出让价款不得低于无居民海岛使用权出让最低价。

无居民海岛使用权出让最低价的计算公式为：

$$\text{无居民海岛使用权出让最低价} = \text{无居民海岛使用权出让面积} \times \text{使用年限} \times \text{无居民海岛使用权出让最低价标准}$$

公式中无居民海岛使用权出让面积以无居民海岛使用批准文件确定的开发利用面积为准。

无居民海岛使用权出让前应当由具有资产评估资格的中介机构对出让价款进行预评估，评估结果作为政府决策的参考依据。有关评估管理规定由国务院财政部门会同国务院海洋主管部门制定。

无居民海岛使用金属于政府非税收入，由省级以上财政部门负责征收管理，由省级以上海洋主管部门负责具体征收。

4. 缴费期限

无居民海岛使用者应按规定及时足额缴纳无居民海岛使用金，无居民海岛使用者未按规定及时足额缴纳无居民海岛使用金的，按日加收1‰的滞纳金。滞纳金随同无居民海岛使用金按规定分成比例和科目一并缴入相应级次国库。

5. 减免规定

（1）下列用岛依法申请并经核准后免缴无居民海岛使用金：

① 国防用岛；

② 公务用岛，指各级国家行政机关或者其他承担公共事务管理任务的单位依

法履行公共事务管理职责的用岛；

③ 教学用岛，指非经营性的教学和科研项目用岛；

④ 防灾减灾用岛；

⑤ 非经营性公用基础设施建设用岛，包括非经营性码头、桥梁、道路建设用岛，非经营性供水、供电设施建设用岛，不包括为上述非经营性基础设施提供配套服务的经营性用岛；

⑥ 基础测绘和气象观测用岛；

⑦ 国务院财政部门、海洋主管部门认定的其他公益事业用岛。

（2）申请规定：

符合以上规定情形的项目用岛，申请人应当在收到"无居民海岛使用金缴款通知书"之日起30日内，按照下列规定提出免缴无居民海岛使用金的书面申请，逾期不予受理：

① 申请人申请免缴国务院审批项目用岛应缴的无居民海岛使用金，应当分别向国务院财政、海洋主管部门提出书面申请。

② 申请人申请免缴省级人民政府审批项目用岛应缴的无居民海岛使用金，应当分别向项目所在地的省级财政、海洋主管部门提出书面申请。

（3）申请人申请免缴无居民海岛使用金，应当提交下列相关资料：

① 免缴无居民海岛使用金的书面申请，包括免缴理由、免缴金额、免缴期限等内容；

② 能够证明项目用岛性质的相关证明材料；

③ 省级以上财政、海洋主管部门认为应当提交的其他相关材料。

（4）申请批复：

① 国务院财政、海洋主管部门原则上应当在收到申请人的申请后60日内，由国务院海洋主管部门对免缴无居民海岛使用金的合法性提出初审意见，经同级财政部门审核同意后，由国务院财政部门会同同级海洋主管部门以书面形式批复申请人。

② 省级财政、海洋主管部门原则上应当在收到申请人的申请后60日内，由省级海洋主管部门对免缴无居民海岛使用金的合法性提出初审意见，经同级财政部门审核同意后，由省级财政部门会同同级海洋主管部门以书面形式批复申请人。

（5）经依法核准免缴无居民海岛使用金的用岛项目，申请转让无居民海岛使用权或者改变海岛用途和用岛性质的，应当按照有关规定重新履行无居民海岛使用金免缴申请和报批手续。

（6）省级以上财政、海洋主管部门应当严格按照本办法规定权限核准免缴无居民海岛使用金。其他任何部门和单位均不得核准免缴无居民海岛使用金。

6.监督检查与法律责任

（1）各级财政、海洋主管部门应当加强对无居民海岛使用金征收、使用情况的管理，定期或不定期地开展无居民海岛使用金征收、使用情况的专项检查。

（2）拒不缴纳无居民海岛使用金的，由依法颁发无居民海岛使用权证书的海洋主管部门无偿收回无居民海岛使用权。

（3）无居民海岛使用金项目承担单位未按照批准的用途使用无居民海岛使用金的，由县级以上财政部门会同同级海洋主管部门依据职权责令限期改正；逾期不改正的，项目承担单位应将无居民海岛使用金按原拨款渠道退回批准预算的财政部门，并给予5年内不得申请无居民海岛使用金项目的处理。

（4）单位和个人有下列行为之一的，依照《财政违法行为处罚处分条例》（国务院令第427号）等国家有关规定追究法律责任：

① 不按规定征收无居民海岛使用金的；

② 不按规定及时足额缴纳无居民海岛使用金的；

③ 违反本办法规定核准免缴无居民海岛使用金的；

④ 申请人不如实提供有关资料，弄虚作假，骗取免缴无居民海岛使用金的；

⑤ 截留、挤占、挪用无居民海岛使用金的。

参考文献

［1］丁学娜．社会保险实务实训教程［M］．西安：西安电子科技大学出版社，2018．

［2］赵越，马兵．社会保险实务［M］．北京：北京师范大学出版社，2015．

［3］林义．社会保险［M］．4版．北京：中国金融出版社，2016．

［4］邵文娟，奚伟东．社会保险理论与实务［M］．北京：清华大学出版社，2016．

［5］孙树菡，朱丽敏．社会保险学［M］．2版．北京：中国人民大学出版社，2018．

［6］张新民，张照新．助益养老企业年金［M］．北京：中国民主法制出版社，2016．

［7］邓大松，杨红燕．医疗保险与生育保险［M］．北京：人民出版社，2013．

［8］胡晓义．医疗保险和生育保险［M］．北京：中国劳动社会保障出版社，2017．

［9］郭清．中国医疗保险政策解读［M］．北京：人民卫生出版社，2015．

［10］周建文．伤有所救：工伤保险［M］．北京：中国民主法制出版社，2016．

［11］郑建新．政府非税收入管理十年纵论［M］．北京：经济科学出版社，2014．

［12］刘寒波，易继元，郭平，等．政府非税收入概论［M］．长沙：湖南人民出版社，2015．

［13］孙忠欣．政府非税收入制度建设与理论探讨［M］．北京：中国财政经济出版社，2012．

［14］赵海益．中国地方政府行政罚没问题研究——基于政府间财税分配体制的视角［M］．上海：立信会计出版社，2016．